K-SF드라마, 현실 너머의
미래를 상상하다

K-SF드라마, 현실 너머의
미래를 상상하다

초판 1쇄 발행일 | 2023년 2월 21일

엮은이	윤석진
엮은곳	충남대학교 인문과학연구소
펴낸곳	북마크
디자인	서용석
관리	안영미

주소	서울특별시 성동구 마조로 22-2 한양대동문회관 413호
전화	(02) 325-3691
팩스	(02) 6442 3690
메일	chung389@naver.com
등록	제303-2005-34호(2005.8.30)

| ISBN | 979-11-981763-0-1   13680 |
| 값 | 16,000원 |

이 책의 내용 중 전부 또는 일부를 재사용하고자 한다면 반드시
저작권자와의 서면에 의한 동의를 받아야 합니다.
* 잘못된 책은 바꾸어 드립니다.

본 학술총서는 충남대학교 2022년 대학혁신지원사업의 지원으로 출판하였음.

충남대학교 인문과학연구소 SF학술총서1

K-SF드라마, 현실너머의 미래를상상하다

윤석진 편

북마크

머 리 말

　인간의 노동을 기계가 대신하는 예술적 상상력이 실제 현실로 구현된 세상이다. 인간이 있던 자리에 기계가 들어선 이후, 인간의 존재에 관한 근원적인 질문이 던져졌고, 차고도 넘칠 정도의 대답이 있었지만, 기계에 밀린 인간은 설 자리를 잃어가고 있다. 이에 따라 인간과 세계에 관한 예술적 상상력과 통찰력은 과학기술의 발전과 함께 나타날 부작용에 관한 우려로 전이되었다. 인간 존재에 관한 성찰을 촉구하는 인문 담론 또한 '윤리'의 차원에서 명분을 유지하고 있지만, 먹고사는 문제가 급한 사람들은 "귀신 씨 나락 까먹는 소리" 정도로 치부한다. '오래된 미래'를 향해 느린 속도로 전진하는 인문학과 달리, 자연과학 이론과 공학 기술이 대단히 빠른 속도로 현재 속으로 미래를 끌어당기면서 나타난 현상이다. 실재하지 않는 것들과 도래하지 않은 미래에 관한 예술적 상상력으로 과학기술의 발전을 끌어당겼던, '그 옛날의 20세기'와 비교한다면 격세지감마저 느껴진다.

　그럼에도 불구하고 인문학의 위기는 인간과 세계에 관한 성찰과 통찰을 근간으로 하는 인문학의 가치와 역할의 중요성을 역설한다. 빠르게 발전하는 과학기술이 변화시키는 세상을 살아가는 것은 기계가 아닌, 인간이기 때문이다. 하지만 무한생존경쟁 속에서 인간 본연의 자존감을 상실하고, 생존 때문에 기계보다 못한 존재로 전락하는 폐해가 발생하는 것도 부정하기 어려운 실정이다. 심지어 대부분의 인간은 4차산업혁명시대에 살아남기 위해 기계와 경쟁해야 할지도 모른다. 과학기술이 삶의 편의성을 높여준 것과 인간으로서의 존재에 관한 성찰이 비례하지 못하면서 나타난 부작용이다.

인간이 세계에서 소외되고 배제되는 문제적 현실에 관한 예술적 성찰은 20세기 초에 새롭게 등장한 SF장르로 수렴되었다. 주지하다시피, SF장르는 허구로서의 서사물(Fiction)과 물리학·수학·천체학·생물학·뇌과학 등 제반 과학이론/기술(Science)의 학문적 지식을 기반으로 관념적인 층위를 벗어나지 못한 미래에 대한 상상력을 구체화한다. 이는 곧 SF장르가 또 다른 형태의 '미래학'으로 미래 사회를 비판적으로 사유하고 새로운 대안을 제시하는 문화적 역할을 수행함을 의미한다. 또한 SF장르는 인간의 조건과 인간다움을 탐구하는 매개체로서의 가능성을 담보하면서 과학이론/기술 발전의 촉진제 및 소통의 윤활유 역할을 한다. SF장르 콘텐츠를 통해 과학이론/기술의 공공성에 기여함과 동시에 과학이론/기술의 발전과 그 영향의 문제를 공론화할 수 있다는 것이다. 충남대학교 인문과학연구소에서 인문학의 가치와 역할을 적극적으로 수행하기 위한 방편으로 SF장르 콘텐츠를 천착하기 시작한 것도 그래서이다.

충남대학교 인문과학연구소에서는 2021년 가을학기부터 2022년 가을학기까지 문학과 신화 그리고 영화와 드라마 등을 대상으로 SF 장르 관련 콜로키움과 학술대회를 개최하면서 인문학 연구 기반을 확장하였다. 문학적 상상력과 과학기술의 상관성, 현대 SF장르의 기원으로서의 신화(神話)에 관한 탐색, SF 영화와 드라마의 영상문학적 특성, 세계 SF장르 콘텐츠의 인문학적 통찰 등을 통해 인문학과 자연과학/공학의 접점, 예술적 상상력과 과학적 개연성 등의 문제를 천착하였다. 이를 통해 다양한 전공 영역의 SF장르 콘텐츠에 관한 연구 동향을 점검할 수 있었고, 일련의 연구 성과를 거두기도 하였다.

이 책은 충남대학교 인문과학연구소에서 주최한 콜로키움과 학술대회 발표 논문 중에서 한국 SF드라마와 관련한 성과를 모은 것이다. 'K-SF드라마'로 통칭할 수 있는 한국 SF드라마는 이제 걸음마를 시작하였다. 과학이론과 기술을 매개로 극적 상상력을 발휘한 SF드라마가 많지 않은 만큼, 장르적 정체성을 규정하기가 쉽지 않다. 심지어 SF드라마로 규정한 이유를 찾기 어려운 경우도 있고, 소재와 주제 차원에서 SF장르로 분류하는 것이 타당함에도 불구하고 SF장르로 분류하지 않은 경우도 많다. 뿐만 아니라, SF드라마의 장르 정체성에 관한 학술적 고찰이 절실함에도 불구하고, 순수 문학(장르)이 아니라는 점에서 연구조차 제대로 이뤄지지 않고 있다. 충남대학교 인문과학연구소의 연구 기반과 충남대학교 국어국문학과 현대문학 대학원 강의를 연계하여 4학기에 걸쳐 SF장르 콘텐츠를 천착한 까닭이다.

 이 책은 3개의 장으로 구성하였다. 총론격인 제1장 '신화와 과학 너머의 그것을 상상하다'에는 과학기술 시대의 문학적 상상력과 고대 그리스 서사시를 대상으로 SF의 신화적 본질 그리고 과학기술의 상상적 구현과 표상으로서의 SF콘텐츠에 관한 3편의 글을 수록하였다. 제2장 '현실 너머의 그것을 상상하다'에는 '최초의 SF드라마'를 표방했으나 '최초'로 규정하기 어려운, 시네마틱 드라마 〈SF8〉의 단막드라마 8편 가운데 현실로 도래한 인공지능(AI)과 환경 등의 문제를 다룬 작품들을 각기 다른 관점에서 분석한 5편의 글을 수록하였다. 제3장 '경계 너머의 그것을 상상하다'에는 미니시리즈드라마 〈나 홀로 그대〉·〈시지프스〉·〈고요의 바다〉·〈그리드〉를 대상으로 '현실과 가상·미래와 현재·지구와 우주'의 경계를 넘나드는 과학이론(기술)과 극적 상상력의 상관성을 분석한 4편의 글을 수록하였다.

 꼼꼼하게 검토하고 미진한 부분을 수정 보완하였음에도 불구하고, 콜로키움과 학술대회 및 학술지에 게재한 논문들을 'SF학술총서'로 엮는 과정에서 논리적 정합성을 담보하지 못한 부분이 있기도 하다.

또한 필진의 학문적 이력과 세부 전공이 다양한 만큼 체제와 양식을 완전하게 통일하지 못한 부분도 있다. 이는 모두 편저자의 능력 부족에서 비롯한 문제일 뿐 필진의 연구 역량과는 아무 상관이 없음을 강조하고 싶다. 논지 전개가 다소 성글고 거칠더라도 'K-SF드라마'에 관한 학술 담론의 장을 새롭게 여는 시도로 여기고 양해해주기 바란다. 12편 가운데 제1장의 「과학 기술의 상상적 구현과 표상으로서의 SF콘텐츠」는 『인문학연구』 127호(충남대학교 인문과학연구소, 2022)에 게재한 논문을 수정 보완한 글이고, 제2장의 「〈만신〉 속 능동적 삶의 가능성에 대한 고찰」은 『비평문학』 82집(한국비평문학회, 2021)에 게재한 논문을 수정 보완한 글임을 밝혀둔다.

 이 책을 출간하는 과정에서 많은 사람들의 도움과 지원을 받았다. 특히 충남대학교 2022학년 대학혁신지원사업의 지원이 없었다면 출판은 물론, 이 책의 토대가 되어준 SF장르 콘텐츠 관련 콜로키움과 학술대회를 개최할 수 없었을 것이다. 이 자리를 빌려 충남대학교 인문대학 이종성 학장님을 비롯한 행정실 관계자들에게 감사의 인사를 드린다. 아울러 인문학의 위기와 함께 어려움이 가중되고 있는 출판 여건에서도 좋은 책을 만들기 위해 심혈을 기울여주신 도서출판 북마크 정기국 사장님과 편집자에게도 감사드린다. 마지막으로 'K-SF드라마'를 포함한 'K-SF장르 콘텐츠' 창작과 제작에 관여하는 관계자들의 열정에 경의를 표한다. 이 책을 계기로 충남대학교 인문과학연구소는 인문학과 과학기술의 융·복합 방안을 지속적으로 연구하여 인문학 기반의 문화콘텐츠 산업에 이론적 토대를 제공하는 학술 역량을 강화하고, 전통적 의미의 인문학적 가치를 바탕으로 과학기술이 견인한 문명 전환의 시대를 적극 주도하겠다는 다짐을 밝혀둔다.

2023년 1월
충남대학교 인문과학연구소 소장 윤석진

CONTENTS

머리말 • **4**

제1장
신화와 과학 너머의 그것을 상상하다

김중철 | 과학기술 시대의 문학적 상상력 • **14**
김태훈 | SF의 신화적 본질 • **28**
김홍대 · 윤석진 | 과학 기술의 상상적 구현과 표상으로서의 SF 콘텐츠 • **53**

제2장
현실 너머의 그것을 상상하다 :
시네마틱 드라마 〈SF8〉

김규광 | 〈블링크〉에 나타난 한국 인공지능 이미지와 욕망 • **84**
김지연 | 파국 이후, '바깥'으로의 탈주 욕망을 보여주는 〈우주인 조안〉 • **110**
박종윤 | 〈인간 증명〉, 인간 개념의 수정 가능성에 대한 고찰 • **142**
이근영 | 〈간호중〉에 나타난 SF드라마의 자기반영성 • **163**
신다슬 | 〈만신〉 속 능동적 삶의 가능성에 대한 고찰 • **188**

제3장
경계 너머의 그것을 상상하다 :
〈나 홀로 그대〉·〈시지프스〉·〈고요의 바다〉··〈그리드〉

박미경·윤석진 | 〈나 홀로 그대〉의 과학기술과 극적 상상력 • **218**
김민주 | 〈시지프스 The Myth〉에 나타난 과학과 신의 대결 • **242**
오명숙 | 〈고요의 바다〉에서 만난 인간과 복제인간 • **259**
이미옥 | 〈그리드〉의 태양풍과 미래 인간에 대한 고찰 • **271**

참고문헌 • 286

필자약력 • 297

| 제1장 |

신화와 과학 너머의 그것을 상상하다

김중철
과학기술 시대의 문학적 상상력

김태훈
SF의 신화적 본질

김홍대 · 윤석진
과학 기술의 상상적 구현과 표상으로서의 SF 콘텐츠

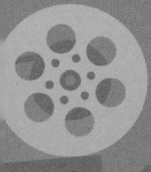

과학기술 시대의 문학적 상상력

김중철

1. 논의를 시작하며

자연과학이 발달하고 유전공학, 전자통신공학이 조성하고 있는 지금의 문화와 사회의 외양은 풍요롭고 화려하다. 그러나 현실의 내면은 그렇지만은 않다. 지구의 이상기후로 인한 지형 변화처럼 인간의 현실도 메마르고 삭막하게 변질되고 있는 모습이다. 빈부 격차는 심화되고 편견과 차별은 만연하며 소외 받고 상처 입는 자들은 많고 잔혹한 흉악범죄도 여전하다. 현실이 이렇다면 "인간을 주제의 중심"[1]으로 삼는 인문학은 어느 때보다 더 중요한 것이 되어야 한다. 과학문명이 발전하고 첨단 테크놀로지가 지배할수록 인간적 삶에 대한 사유와 성찰의 시간이 줄어들고 있음을 인문학은 주시해야 한다.

인문학의 본질은 요컨대 사색과 성찰에 있다. 그것은 늘 질문을 던진다. 우리가 어디를 향해 가고 있다면 '제대로 가고는 있는지', '가는 방향이나 방법은 과연 옳은지', '가야 하는 이유나 목적은 분명하며 정당

---

1) 정대현 외, 『표현인문학』, 생각의 나무, 2000, 24쪽.

한지' 등등을 끊임없이 고민하게 한다. 그래서 인문학은 이를테면 자동차의 제동장치와 같을 것이다.[2] 막힘없이 트여 있는 대로를 거침없이 달리는 문명의 질주에 제동을 걸기 위한 장치인 셈이다. 첨단과학의 무한 속도를 늦추게도 하고 멈추게도 해야 하는 것이다. 아예 자동차를 세워 고장 점검을 하게도 하고 필요하면 수리와 교체도 하게 해야 할 것이다. 인문학은 자연과학이나 첨단공학처럼 당장의 눈부신 성과를 내지 못한다. 하지만 그 성과들의 그림자를 찬찬히 살펴보기도 하고 거울처럼 비추어내기도 한다. 과학의 속도가 놓치고 있는 소중한 것들을 찾아 놓으려 하는 게 인문학이다.

> 정의, 사랑, 인권, 아름다움 같은 것을 정의(定義)하거나 왜 중요한지를 과학적으로 입증하는 것은 거의 불가능하다. 하지만 인간은 이것들 없이 살 수 없다.[3]

그럼에도 지금의 인문학은 정당하게 가치를 인정받지 못하고 있다. 자꾸만 구석으로 몰려 그늘 속에 묻혀버리고 있는 실정이다. 당장의 쓸모가 없다는 이유로, 또는 경제적인 가치나 실용적인 용도가 결여되어 있다는 이유로, '느리고 고리타분한' '여흥의 취미' 대상 정도로 전락하

---

2) 『교양, 모든 것의 시작』에서 일본의 카토 슈이치 교수 역시 인문교양을 자동차에 비유한다. 자동차 제조기술이나 운전기술 같은 것 이외에 다른 무엇보다 절실한 문제의 핵심은 '왜, 무엇을 위해, 어디로 가는가?'라는 물음을 던져야 한다고 말한다. 내가 어디로 갈 것인지를 스스로 고민하고 결정할 수 있게 하는 것이 인문교양의 목적이라는 것이다.(서경식 · 노마 필드, 이목 옮김, 노마드북스, 2007, 174쪽)
3) 김상욱, 「인공지능 시대, 인문학적 상상력의 가치」, 『동아일보』, 2016. 5. 17.

고 만 형국이다. 창의적인 사고와 논리적인 표현으로 주체적인 삶을 위해 필요한 '논술'의 능력이 대입이나 취업을 위한 준비나 그 평가의 기준으로 전락해버린 것처럼 우리의 인문학은 '보다 인간다운 삶', '자율적인 존재로서의 아름다운 삶'을 위한다는 목적을 잃어버린 지 오래다. 인문학은 마땅히 "인간을 '기계화' 시키고 '야만화' 시키려는 모든 교육적 드라이브에 브레이크를"[4] 걸어야 하는 것이다. 인간적인 삶을 위해서, 평화롭고 아름다운 세상을 위해서 그 브레이크는 결함 없이 작동할 수 있어야 한다.

 우리 삶의 모든 영역은 기술과 연결되어 있다. 우리는 지금 기술로 가득 찬 세상에서 살고 있다. 기술의 혜택을 버리고 살 수 없는, "인간관계를 맺는 방법보다 기술에 적응하는 방법이 훨씬 중요해진 세상"[5]에서 살고 있다. 얼굴을 마주하며 그 표정을 보며 대화를 나누는 것보다 소셜미디어의 액정 속에서 만들어진 표정의 이미지들로 주고받고 있으며, 말하듯이 던지는 글말과 사진들로 이야기를 나누고 있다. 정보와 자료, 오락과 재미도 간단한 검색과 손쉬운 클릭만으로 얼마든지 구할 수 있는 시대다. 대신 인터넷 접속이 조그만 느리거나 내가 보낸 SNS에 답글이 조금만 늦어도 금세 짜증이 나곤 한다. 사물의 관리나 경비도 카메라와 모니터, 자동으로 돌아가는 무인 판매기와 센서의 작동으로 대신하고 있다. 공간의 경계를 넘어 온라인상으로 실시간 커뮤니케이션 할 수 있고, 먹거리·볼거리·놀거리를 얼마든지 앉은 자리

---

4) 서경식·노마 필드, 앞의 책, 12쪽.
5) 브렛 킹 외, 백승윤 옮김, 『증강현실』, 미래의 창, 2016, 80쪽.

에서 선택·구매할 수 있다. 두꺼운 책 대신 테블릿PC로 독서를 하고, 애써 수첩에 펜으로 옮겨 적기보다 스마트폰 장착 카메라로 사진을 찍거나 키보드로 문자를 남기는 게 일상적이다. 기억의 저장이나 기록의 방식이 바뀌고 있는 것이다. 디지털 문명이 낳은 일상의 풍경들이다. 첨단 과학기술과 테크놀로지가 일상 속 모든 것들에 내장되면서 우리의 삶을 지배하고 있다.

많은 이들은, 21세기에 인간으로서의 경쟁력은 디지털 매체의 운용 능력 아니면 아예 컴퓨터나 전자매체가 대체할 수 없는 인간만의 창조력과 상상력의 개발에서 찾게 될 것이라고 말한다. 세상과 사물을 다양하게 바라볼 수 있는 넓은 시야와 자기만의 독창적인 안목, 개성적이며 창의적인 사고와 뛰어난 소통과 표현의 능력이 중요하다는 것이다. 편협한 안목에서 벗어나 세상의 다양성을 인정하고 타인과 교감할 수 있는 소양이 필요하다는 것이다. 수없이 쏟아지는 정보들을 나름의 분별과 분석으로 대응하면서 능동적이고 적극적으로 적응할 수 있는 능력이 21세기에 필요한 인간의 조건이라는 것이다.

또한 아날로그와 디지털의 조화와 균형을 갖춘 멀티유저로서의 능력을 요구하고 있다. '디지로그(digilog)'라는 조어가 보여주듯이 아날로그 시대의 문자 해독과 그 구현 능력뿐만 아니라 디지털 시대의 매체나 플랫폼들에 대한 숙달과 그 운용 능력도 구비해야 한다. 물론 아날로그와 디지털 문화를 균형 있게 이해하고 수용하면서 어느 한 편에 경도되지 않는 통합적인 시각을 전제로 한다.

이처럼 현시대는 이전의 경계와 분류가 무너지면서 새로운 양상의 개념들이 새로운 풍경을 조성하고 있다. 과학기술 분야에서의 융복합적

작업뿐만 아니라 인간 사고의 근본과 구체적인 삶의 현장에서도 그렇다. 특정한 지식이나 정보에 국한하지 않고 그것들을 다른 지식과 정보와 연계하여 관련지으면서 또 다른 가치를 창출하고 확장시키려 한다. 창조적인 사고의 능력과 유연한 적응의 능력이 중요하게 부각되고 있는 이유다.

사회현실의 급속한 변화에 빠르게 적응하고 적절히 대응할 수 있는 자세, 상황에 대한 분석적 비판 능력, 문제를 구성하고 또 해결할 수 있는 능력, 그리고 타인에 대한 이해와 소통의 능력이 필요한 시기다. 공학 · 인문학 같은 기존의 영역 간 경계를 넘을 수 있는 도전적 인식이 필요하고, 융합적이고 통합적인 방식의 교육이 요구되고 있는 시대다.

2. 문학과 과학의 관계

그렇다면, 문학과 과학의 사이를 어떻게 봐야 할 것인가? 그 둘은 어떻게 관련 맺고 있을까?

과학은 단순한 지식의 집합이 아니라 지식 전체를 포괄하는 사고 방식이다. 과학의 목적은 우주가 어떻게 움직이며 그 속에 어떤 규칙들이 숨어 있는가를 이해하고 물질을 구성하는 소립자로부터 유기체, 인간 공동체, 더 나아가 우주 전체를 꿰뚫는 원리를 찾아내는 일이다. 그러나 우리 인간의 직관은 결코 이를 위한 완벽한 안내자가 아니다. 인간의 감각은 교육이나 편견 때문에, 또는 현상의 극히 작은 일부분만을 직접 감지할 수 있는 기능적 한계 때문에 왜곡될 수

있다.(칼 세이건)[6]

　우리 사는 세상과 현실을 논리와 이성으로만 이해할 수 있을까? 과학적 방법만으로 분석하고 해명할 수 있는 것일까? 자연과 사회의 복잡다기하고 불명확한 사건이나 현상들을 엄정하고 객관적으로 설명할 수 있을까? 한 인간에 대한, 혹은 인간과 인간 사이에서 발생하는 오묘하고 다양한 문제들에 대한 논리적, 이성적, 과학적 분석은 어느 정도 타당하며 가능할까? 인간과 세상에 대한 총체적, 종합적 이해는 과학적 방법 이외 더 필요한 것이 있는지 모른다. 과학은 지식을 주지만, 문학은 경험을 준다. 그것은 간접이며 애매하고 비논리적인 것일지라도 현실 너머의 새로운 경험을 주고 지혜를 준다. 그것으로, 물리적 탐색이나 실험이 아니더라도 우리는 세상에 대한 인식과 이해의 폭을 넓힐 수 있다.

　우리가 애당초 문학에 관심을 가지게 된 것은, 좀 거칠게 말하자면, 어느 정도 규범적이고 정형적인 사유의 밖에 있는 사유, 한편으로는 자유로우면서 다른 한편으로는 변방화된 사유에 대한 취향 때문이었으며, 그러한 관심을 통해 인간에 대한 총체적 이해가 가능하리라는 생각 때문이었다.[7]

---

6) 마틴 가드너, 전동렬 옮김, 『세상을 바꾼 위대한 과학 에세이』, 파워북, 2009.
7) 유평근 · 진형준, 『이미지』, 살림, 2001, 5쪽.

과학은 객관적, 구체적, 실증적이며 정확성과 정밀성을 요구한다. 반면 문학은 주관적, 추상적, 비실증적이며 애매성과 모호함을 특징으로 한다. 과학은 관찰과 실험을 통해 수행되는 이성적 영역의 세계인 반면 문학은 감상과 이해라는 감성적 영역의 세계이다. 과학의 언어는 어떠한 현상이나 대상을 구체적이고 정확하게 설명하고 규명해야 하지만 문학의 언어는 비유와 상징 등으로 우회하고 에두르며 세계를 표현한다. 과학과 문학은 이렇듯 상반적이며 이질적인 성격으로 마주한다.

그렇다면 과학과 문학은 지금껏 서로를 기피하고 외면해 왔는가? 문학은 과학에게 아무 것도 아니었던 것일까? 문학이 없었다면 과학은 지금처럼 발전할 수 있었을까? 이 물음에 대하여 과학소설의 상상력을 상기해볼 필요가 있다. 해와 달과 별에 관련한 수많은 상상들이 없었다면 인류는 광막한 어둠 너머의 비밀을 밝히기 위해 우주선을 쏘아 올릴 수 있었을까? 인간은 별들의 무리를 보며 우주의 넓이를 계산하기도 하지만 수만 광년의 거리 위에 선을 그어 별자리를 만들며 영웅과 동물들의 서사를 만들어내었다. 새처럼 하늘을 날고 싶었던 인간의 욕망은 비행기를 만들고 다른 존재로의 육신의 변화를 상상하던 변신에 대한 은밀한 꿈은 생명공학을 발전시켰을 것이다. 과거와 미래의 시간을 자유로이 오고가는 설화 속 이야기들은 아직도 타임머신의 개발에 도전 의욕을 끊임없이 부여하고 있을 것이다. 현미경과 망원경을 만들고 사진술을 개발하고 라디오, 텔레비전에 이어 휴대폰을 발명하고 무인 자동차와 드론과 새로운 기구, 다양한 플랫폼들을 만들어내는 것은 시간과 공간과 삶의 한계를 넘고자 하는 무한한 인간의 욕망과 상상에서 비롯되 없다고 말할 수 없을까?

　장래의 희망을 물어볼 때면 어린이들은 과학자가 되고 싶다고들 많이 답한다. 과학에 대한 그들의 꿈은 그들이 보았던 만화영화, 동화, SF 소설, 또는 게임에서 비롯되었을 가능성이 크다. 로봇만화 속 우주 외계인의 습격을 물리치는 로봇의 정의로운 모습은 어린이들로 하여금 우주에 대한 신비감과 로봇 또는 기계에 대한 경외심을 심어 주었을 것이다. 〈어바웃 타임〉, 〈시간을 달리는 소녀〉 같은 영화들은 현실에서는 도저히 있을 수 없는 시간변조에 대한 가능성을 꿈꿔보게 한다. 소설, 영화, 만화, 게임 등 상상으로 만들어진 이야기와 그것이 전하는 재미와 감동은 많은 이들을 과학의 세계를 이끈다.

　그러나 막상 성인이 된 이후 과학은 갑자기 멀고 어려운 대상이 되어 버리곤 한다. 우주 외계인을 멋지게 물리치는 레이저 빔에 열광하기보다 레이저의 구동원리를 도출하는 수식 과정을 어지럽게 봐야 하고, 블랙홀의 비밀을 밝히고 싶다는 공상보다는 입자가속기가 블랙홀을 생성할 수 있다는 가설에 막막한 공포감을 먼저 느끼고 만다. 더 이상 꿈과 신비의 세계가 아닌 수식과 실험으로 가득 찬 어렵고 난해한 대상이 되어 버리는 것이다.

　그러나 과학은 현대인들과 거리를 두고 있는 상대가 아니다. 대중의 일상 속에서 과학의 손길이 닿지 않는 것은 없다. 집안 내 가전제품은 물론 거리 위의 자동차, 신호등, 광고판, 조명 등 온갖 시설과 장치들, 생활 속 각종 용품이나 도구들 중에서 과학의 원리나 그것의 기술적 산물과 관련 없는 것은 없다. 이제 휴대폰, 컴퓨터, 내비게이션, CCTV가 없는 세상을 상상할 수는 없다. 과학문명의 혜택 속에서 일상을 영위하면서도 과학을 멀리 한다는 것은 아이러니다.

  물론 과학의 복잡한 원리와 이론들을 일반인이 이해하기란 쉽지 않다. 대학과 연구실에서 수행되는 복잡하고 어려운 교육과정을 완수하고 전문적이고 체계적인 지식들을 습득해야 과학자가 될 수 있다. 하지만 어린 시절 품고 있던 과학에 대한 흥미와 관심을 성인이 되어 잃어버린다는 것은 안타까운 일이다.

  일반 대중이 과학에 관심을 갖도록 하기 위해 필요한 것 역시 인문학이라고 할 수 있다. 인간의 상상과 감성을 자극하고 사회와 역사와 철학의 문제를 다루는 인문학은 문자, 그림, 영상 등 다양한 매체를 통해 '이야기'와 '재미'의 형태로써 그 역할이 수행될 수 있다. 어린 시절 공상과학 만화를 보며 과학자의 꿈을 키웠듯 일반 대중에게도 훌륭한 과학 에세이, SF소설, 영화 등은 과학에 대한 긍정적인 인식과 관심을 확산시키는 데 기여한다. 먼 우주나 미래를 배경으로 하는 '잘 만들어진' 작품들은 과학에 대한 관심과 흥미를 이끌어내는 데 효과적으로 작용할 것이다.

  과학기술을 소재나 모티브로 삼는 SF 이야기는 전적으로 자유로운 상상력에 의해 만들어진 가상의 세계이며 허구의 산물이지만 그것이 전하는 메시지나 주제의식은 '지금 여기'의 문제와 무관하지 않다. 예컨대 영화 〈마이너리티 리포트〉는 2050년대라는 멀지 않은 미래 사회를 배경으로 한다. 일어나지 않은 살인사건의 범인을 미리 체포하여 사건을 예방한다는 첨단 과학기술의 위력과 문제점을 동시에 그리고 있다. 이러한 미래 소재 이야기들은 그 허구의 자명함에도 불구하고 미래 시점의 우리의 모습들을 미리 보여주곤 한다. 과학과 기술 문명의 가능성과 그 성취를 예견하면서도 그것이 야기할 수 있는 윤리적·철학적 문제를 함께 제기하고, 동시에 그와 관련된 '지금 여기'의 문제를 환기시킨다.[8]

3. 논의를 맺으며

메리 셸리(Mary Shelley)의 소설 『프랑켄슈타인』(1818)은 "독특한 서사구조를 지닌, 타자와의 관계에 대한 최초의 SF소설"[9]로 평가받는다. 시체의 조각들을 모아 생명을 불어넣는다는 기이한 설정이나 그렇게 탄생한 생명체-괴물이 자신을 버린 과학자 빅터 프랑켄슈타인 박사에게 복수를 행하면서 연출되는 괴기하고 공포스러운 분위기가 이 작품의 대략적인 성격이다. 이 소설은 근대 과학이 발흥하던 시기의 작품으로, 과학문명이 초래할 수 있는 불운과 비극에 대한 경계의 의미로 흔히 읽힌다.

또한 이 작품은 전반에 걸쳐 편지의 형식으로 구성되어 있다는 점에서 또 다른 해석의 발판을 제공한다. 작품 내에서 프랑켄슈타인 박사를 비롯한 작중 인물들 사이에 오고가는 편지는 수차례 등장하며 이야기를 끌고 간다. 또한 프랑켄슈타인 박사의 창조물-생명체가 박사에게서

---

8) SF물이 아니더라도 〈세 얼간이〉와 같은 영화는 공학교육에 있어 인문학의 역할을 생각해보게 한다. 실험과 계산에 능숙한 공학 전공 대학생들의 이야기를 통해 창의적 발상과 비판적 인식, 나아가 소통과 교육의 문제 등 인문학적 사유와 주제들을 담고 있다. 영화 〈이미테이션 게임〉은 또다른 측면에서 공학과 인문학을 연계하여 생각해보게 한다. 공학자(앨런 튜링)의 생애 를 다루면서 인간적 삶의 조건, 편견과 소통의 문제 등의 인문학적 문제들을 제기한다.
9) 조미정, 「호모 나랜스의 창조적 수사학: '프랑켄슈타인'과 '오멜라스를 떠나는 사람들'을 중심으로」, 『영어영문학연구』 제55권 2호, 한국중앙영어영문학회, 2013, 304쪽.

버림을 받은 뒤 인간의 언어를 스스로 학습하면서 인간의 삶과 의식의 변화를 경험한다.

나는 좀 더 빨리 언어를 터득하고자 낮에는 더욱더 세심히 그 집 사람들을 관찰하며 보냈소. 자랑하는 것 같지만, 사실 그 아라비아 여인보다 나의 언어 능력이 더 빨리 향상되었소. (…) 나는 그들의 말을 제법 잘 알아들었고 거의 모든 말을 그대로 흉내낼 수 있게 되었소. / 언어 능력이 향상되는 동안 나는 또한 그 낯선 여인이 배우던 문자도 배웠소. 그 문자를 배우자, 내 앞에 경이와 기쁨의 넓은 들판이 펼쳐졌소.[10]

괴물은 인간 가족의 삶을 엿보면서 언어를 습득하고 지식을 쌓아간다. 그 속도는 일반 인간보다 빠른 것이며 괴물 스스로 자신의 언어 습득 향상에 놀라움을 가질 정도다. 중요한 것은 그의 언어 습득이 인간 사회를 바라보는 그의 시야를 바꿔놓기 시작한다는 점이다. 뿐만 아니라 드디어 그는 자의식을 갖게 되는데, 자신에 대한 질문들을 수차례 던진다.

이러한 설정들은 언어와 소통의 관점으로 이 작품에 접근해 보도록 한다. 생명체가 인간의 언어를 모방하며 습득해가는 과정은 인간의 존재 조건으로서 언어의 문제를 상기시키기 때문이다. 생명체는 언어를 깨우쳐가면서 자신의 존재 의미와 자의식도 갖게 되지만, 인간들은 그

---

10) 메리 셸리, 임종기 옮김, 『프랑켄슈타인』, 문예출판사. 2014, 152쪽.

생명체를 여전히 배척과 공포의 대상으로 '타자화'하며 이에 생명체는 점점 '괴물'이 되어간다. 작품 속 생명체-괴물은 이성과 편견에 의해 밀려난 '버려진' 존재들을 대신한다.

> 내가 의지할 동료도 애정도 없이 살아야 한다면 증오와 악의가 나의 일부가 되고 말 것이오. 내가 다른 누군가에게서 사랑을 받는다면 내 범죄의 동기는 없어질 것이고 나는 모든 사람들의 기억에서 잊혀진 존재가 될 것이오. 나의 악덕은 강요된 지긋지긋한 고독의 산물이니 나와 동등한 존재와 교감하며 함께 살아간다면 나는 분명히 선해질 것이오.[11]

위 대목은 괴물이 언어를 알면서 자의식을 갖게 되고 나아가 인간처럼 사랑을 갈망하는 모습이다. 자신이 저지르는 악덕의 원인이 "강요된 지긋지긋한 고독"에 있음을 밝히고 있다. 자신의 '괴물성'의 이유가 교감을 나눌 동등한 존재가 없기 때문이라는 것이다. 의지하거나 애정을 나눌 수 있는 동료가 없다는 사실이 그로 하여금 증오와 악의를 품어냈다는 말이다. 타인과의 교감이야말로 괴물성에서 벗어날 수 있는 유일한 방법이라는 의미다.

이처럼 『프랑켄슈타인』은 생명체가 괴물로 변해가는 과정을 통해 괴물을 만드는 것은 결국 이해와 포용의 결여이며 편견과 배척의 시선에 있음을 보여준다. 요컨대 작품은 그 내용과 형식으로써 인간의 언어와

---
11) 메리 셸리, 위의 책, p.192.

소통의 문제를 말하고 있다. 언어와 소통의 문제는 인간으로서의 삶의 문제이며 이는 인문학의 차원에 해당한다. 그런 점에서 이 작품은 근대 과학이 발흥하던 시대를 배경으로 당대의 정신적 풍경을 보여주면서, 한편으로는 인문학의 역할과 가치를 새삼 제기한다.

하지만 기계가 사람처럼 구는 것도 어느 정도지. 이건 해도 정말 너무했다. 가장 하찮은 도구들조차 제가 맡은 일을 주도적으로 하겠다고 기를 쓰는 상황이 되었으니 말이다. 셔츠는 제 스스로 단추를 채웠고, 넥타이는 마치 뱀처럼 제 스스로 사람의 목 주위에 감겼다. 텔레비전과 하이파이 오디오 세트는 서로 자기가 먼저 집주인을 즐겁게 해주겠다고 다투었다.

사정이 이쯤 되고 보니, 뤽은 때때로 소박하고 말 없는 옛날 물건들이 그리웠다. 온 오프 스위치가 달려 있어서 사람 손이 가야만 움직이는 가전제품들, 금속으로 된 작은 종을 두드려서 소리를 내는 태엽 자명종, 삐걱거리는 문, 자력으로 움직일 수 없고 그래서 위험하지도 않은 실내화, 요컨대 생명의 흉내를 내지 않는 물건들이 말이다. 하지만 그런 것들은 이제 골동품 가게나 가야 찾아볼 수 있었다.[12]

이 세상의 수많은 생명체 중 스스로 생각하고, 꿈꾸고, 표현할 줄 아는 존재는 인간뿐이다. 그 행위가 어떤 의미 있는 미적 형식으로 나타

---

12) 베르나르 베르베르, 이세욱 옮김, 「내겐 너무 좋은 세상」, 『나무』, 열린책들, 2003, 15쪽.

날 때 우리는 그것을 예술이라 부른다. 예술은 상상력의 의도된 미적 표현이다. 상상력은 상상을 통해 인간과 세계에 대한 통찰과 전망을 미적으로 드러내는 능력이다. 작가의 뛰어난 상상력을 통해 우리는 우리가 살고 있는 이 세계를 좀 더 새로운 각도에서 다채롭고 풍부하게 바라볼 수 있게 된다.

문학작품에 기술되어 있는 사실이 과학적 사실과 일치하지 않는다고 하여 거짓이라고 주장할 수는 없다. 그것 때문에 작품의 감동이 덜해지는 것도 아니고, 호소력이 훼손되는 것도 아니다. 과학적 진리와는 관계없이 문학은 우리에게 가슴 뭉클한 감동과 호소력을 준다. 과학자의 이론에서는 불가능한 일도 작가의 상상력에서는 얼마든지 일어날 수 있다.

SF의 신화적 본질

김태훈

1. 논의를 시작하며

SF를 구성하고 있는 두 개념적 범주인 과학(science)과 허구(fiction) 가운데 우리의 일상과 세계관을 지배하는 것은 분명 과학이다. 코페르니쿠스(N. Copernicus, 1473~1543)와 갈릴레오(G. Galileo, 1564~1642)가 지동설(地動說)을 주장한 이래로 뉴턴(S. I. Newton, 1642~1727)은 『자연 철학의 수학적 원리(Philosophiæ Naturalis Principia Mathematica)』(1687), 일명 『프린키피아(the Principia)』에서 "만유인력을 포함한 여러 가능한 힘들에 의해 발생하는 사물의 운동에 대한 수학적 이론을 발전"[1]시켰다. 그 결과, 우리는 수학, 물리학, 공학뿐만 아니라 화학, 의학, 생물학에 이르기까지 과학에 의해 모든 것이 설명되고 그로 인한 기술적 진보로 이룩한 세상에서 살게 되었다. 이러한 과학적 현실(scientific reality)에서 허구는 어떠한 역할을 하는지에 대해 탐구하는 것이 결국 SF라는 장르를 정의하는 방식이 될 것이다.

---

1) 서동욱 외, 『철학의 욕조를 떠도는 과학의 오리 인형』, 사이언스북스, 2021, 175쪽.

셰릴 빈트(Sherryl Vint)는 SF에 대해 "사실주의 문학 양식에서는 재현해낼 수 없지만 그럼에도 사실인 어떤 것을 포착해내는 세계를 구축하면서 은유를 문자화하는 힘을 가진 장르"[2]이자 "우리가 주장하는 미래를 예언하지는 않을지 몰라도, 기술 문화의 신화적 언어"라고 말했다.[3] 풀이하자면 신화나 이야기 특유의 암시와 상징, 사건을 통하여 경험하고 상상하게 하거나 성찰하게 하는 커뮤니케이션 방식을 과학을 매개로 삼아 풀어놓는 장르가 과학적 허구, 즉 SF라는 것이다. 이때 신화적 언어는 현상 너머의 초월적 실재나 심층을 당위로써 확보하여 무의식과 선험적 기억, 현실의 경험을 주재하는 힘을 발휘한다. 신화를 이야기 전통의 시작점에 둘 때, SF는 과학이 주재하는 현실을 반영하여 과학적으로 실현 가능하거나 예측 가능한 미래를 개연적으로 그리는 한편 위의 신화적 당위를 각각의 텍스트마다 공고하게 유지하려는 양상을 보인다. 저자에 대한 신뢰가 시공간을 초월할 때 텍스트의 정전화(正典化)가 이루어지는데 종교학적으로는 교리(doctrine)와 같은 지적 체계화의 산물이 이에 속한다. 문학의 내재론적 관점에서도 SF는 사회와 인간에 대한 풍자나 알레고리 같은 장치들을 적극적으로 활용하면서 다양한 담론과 대중문화와의 결합을 선보여 왔다.

이 논문은 지금의 SF 텍스트를 보면서 신화적 당위나 언어를 찾아내기보다는 신화의 원전과 관련 저술을 검토하면서 SF 안에서 통용되어 온 신화의 본질적 요소를 탐구하는데 목적을 두고 있다. 이를 위해 SF의 형성 시기에 장르의 바탕이 될 관습이나 모티프를 도입해 온 텍스트

---

[2] 셰릴 빈트, 전행선 옮김, 정소연 해제, 『에스에프 에스프리』, 아르테, 2019, 14쪽.
[3] 셰릴 빈트, 위의 책, 15쪽.

를 먼저 간단히 살펴볼 필요가 있다.

　토마스 모어(Thomas More, 1478~1535)의 『유토피아(Utopia)』(1516)는 현실에 있지 않은 가상 세계를 합리적으로 구성했기 때문에 SF의 효시로 보아야 한다는 주장이 가능할 수도 있다.[4] 과학 혁명을 대표하는 철학자 프랜시스 베이컨(Francis Bacon, 1561~1626)이 쓴 소설인 『새로운 아틀란티스(New Atlantis)』(1626) 역시 과학기술에 의한 진보와 그로 인한 인간 생활의 개선에 대한 낙관이 실현된 이상향을 그렸다. 그러나 메리 셸리(Mary W. Shelley, 1797~1851)의 『프랑켄슈타인(Frankenstein; or, the Modern Prometheus)』(1818)과 앞선 작품들을 비교해본다면 SF의 정체성은 더욱 명확해진다. 초자연적인 원인이 아닌, 과학에 의해 규명된 자연의 힘(전기)를 이용하여 시체에 다시 생명을 불어넣는다는 설정은 과학의 힘과 그에 대한 암묵적 경계 혹은 비관을 암시하고 있다. 과학자의 윤리 의식 부재, 극단적인 목표 지향적 태도, 과학기술 발전이 불러온 종말론적 미래, 인간에 대한 성찰을 종용하는 타자 등 SF의 다양한 모티프를 내포한다.

　지성과 감정이 있지만 자신의 창조자뿐만 아니라 인간 사회의 통념에 모조리 거부당하는 혐오스럽고 이질적인 경계적 존재, 아브휴먼(abhuman)으로서 증오와 복수의 화신이 되어 끝내 창조자와 대립하는 피조물(creature)을 공포스러우면서도 연민의 대상으로 바라보게 만드는 『프랑켄슈타인』의 서사에서 그리스 신화의 유산을 발견하는 것은 그리 어렵지 않다. 그것은 인간의 오만이 불러온 파멸에 대한 경고이다.

---

4) 고장원, 『세계과학소설사』, 채륜, 2008, 114쪽.

"인간이 근본적으로 자신의 한계를 알지 못하고 지나치게 욕망을 추구할 때 휘브리스(hybris), 즉 '오만'을 범하게 된다."[5] 고대 그리스에서는 신의 존재를 믿는다는 것은 인간의 한계를 자각하는 것이었고, 이는 그 한계 너머의 미지와 초월의 영역에 대한 불가침을 뜻하기도 했다. 예컨대 인간을 가리키는 단어인 'brotos(필멸하는)'는 썩는다는 뜻과 어원을 함께 한다. 그러나 신을 가리키는 단어는 'athanatos(죽지 않는, 불멸의)', 그리고 신들의 몸 안에 흐르는 영액인 'ambroton haima'라든가 신들이 먹는 음식 '암브로시아(ambrosia)' 등 모두 썩지 않는다거나 죽지 않는다는 뜻을 지니고 있다. 이는 인간 존재의 보편적 한계가 죽음임을 나타내는데 휘브리스로 인한 신의 징벌을 받아 타나토스에서 고통받고 있는 시쉬포스의 경우, 필멸하는 인간이 죽음을 피하려 한 대가로 인간이 받을 수 있는 가장 큰 형벌(바위를 언덕 위로 밀어 올리기를 영원히 반복)을 받고 있는 것으로 신화에서 나온다.

  인간과 짐승의 사체 조각을 결합시켜서 살아있는 시체를 만들었다는 이 소설의 설정은 과학기술의 실현이 가져올 여파나 그 과정 및 결과에 대한 윤리적 갈등 등으로 파멸의 근원이 될 휘브리스를 확고히 하는 동시에 신적 영역의 강력함을 부각시킨다. 1권 4장에서 프랑켄슈타인이 피조물을 되살리는 대목은 "생명 장치(the instruments of life)"를 통해 "번쩍이는 불꽃을 흘려들인다(infuse the spark)"로 간소하게 표현되어 있다. 'spark'는 도화선(fuse)을 통해 피조물의 신체에 흘러들어가는 것으로 볼 수 있다. 이를 통해 액체처럼 관을 통해 흘러가는, 반

---

5) 장영란, 『장영란의 그리스 신화』, 살림, 2005, 321쪽.

짝이는 불꽃으로 전기를 연상했다는 것을 알 수 있다. 움직일 수 없는 죽음의 상태를 다시 삶의 상태로 되돌리는 힘은 신화에서는 신적 영역에 기원한다. 프랑켄슈타인의 부제인 '현대의 프로메테우스' 역시 과학기술을 통해 신의 영역에 도전한 인간에 대한 신화적 변용이다. 여기서 전기는 생명을 되살리는 근원적 힘으로서 천공에 기원을 둔 기후신이자 전쟁신 제우스의 번개와 마찬가지로 신화적 언어의 성격을 띤다. 신화적 힘과 대등한 자연과 과학의 힘이 출현하면서 신적인 생동(生動)을 가능하게 하는데, 그 대상이 본래 죽었던 피조물이었다는 사실이 '테크놀로지의 숭고함'[6]을 경외심(tremendum)에서 더 나아가 공포로까지 바꿔놓는다.

  SF의 뛰어난 효시들은 비현실적 요소들을 조합하여 시대를 초월하고 현실을 첨예하게 반영하거나, 불가능을 실현한 과학적 성취를 시각적 장관, 즉 '스펙터클(spectacle)'로 형상화한다. 『프랑켄슈타인』보다 한 세기 앞섰던 『걸리버 여행기』(1726)에서 '라퓨타(Laputa)'라는 거대한 섬 형태의 구조물이 하늘에 떠 있는 묘사나 이를 가능케 만드는 라퓨타 내부의 자석 장치 등이 그러하다. 단순히 경이(wonder)만으로 설명되

---

[6] "테크놀로지의 숭고함에 대한 담론은 테크놀로지를 심미적이고, 감정적이고 감동적인 실체로 바라보고 있으며 심지어 테크놀로지를 경외의 시각으로 바라보고 있다. 테크놀로지의 숭고함의 논의들은 사람들이 자연과 테크놀로지를 놀랍고 두려운 존재로 인식하게 한다. 칸트에 의하면, "외부적으로 무한함을 보이고 있는 실체에 대해 주체들은 무기력함과 하찮음을 느끼게 된다. 그러나 주체들은 자신들의 마음이 보다 더 크고 강력한 무엇인가를 고안할 수 있게 되면서 자신들의 자존심이 더욱 훌륭하다는 의식을 되찾게 된다. 이러한 경험을 하면서, 주체들의 마음 상태는 기존의 겸손과 놀람에서 자신들의 이성에 대한 놀라움으로 바뀌게 된다." (Nye, 1996: 7). 이호규, 『테크놀로지와 낭만주의』, 커뮤니케이션북스, 2008, 130쪽에서 재인용.

지 않는 신화와 종교의 재현이나 구현 방식을 종교 감정보다 규모, 구조, 배열, 패턴 등의 규칙성으로 가늠할 때 종교현상학자 미르치아 엘리아데(Mircea Eliade)는 이를 두고 '크라토파니(力現, kratophany)'라고 불렀다.

엘리아데는 "모든 종교행위는 신의 출현을 재현하는 것이라고 보았으며" 이러한 의례의 반복이 성스러움의 현현, 즉 '히에로파니(聖現, hierophany)'를 기리고 체험할 수 있게 된다고 보았다. 따라서 엘리아데는 자연물이나 경내 등의 속된 공간은 그 자체에서도 '힘'을 지니고 있다고 보았다. 히에로파니가 순간에 머물러 있는 시간적 개념이고 철저한 주관의 영역에 속해 있다면[7] 크라토파니는 공간적·물적 개념이자 질료(material)나 형상(form)의 존재방식으로 자연계에 가득하다. 다만 인간이 인지 가능하게끔 구조와 질서를 부여하고 그에 상응하는 감정이 동반되는 것이 크라토파니의 개념이라 볼 수 있다. 스펙터클이 강하게 나타나는 SF 영화에서는 크라토파니와 테크놀로지의 숭고함이 혼용되지만 이 둘은 엄연히 다른 의미를 지닌다. 예컨대 영화 〈아바타(Avatar) 시리즈〉(2009)나 〈듄(Dune)〉(2021)의 압도적인 스펙터클이 품은 내적

---

7) 본래 신의 현현(顯現), 출현(出現)이나 예수의 공현(公現)을 뜻하는 종교 용어 에피파니(epiphany)는 문학에서 제임스 조이스(James Joyce, 1882~1941)가 일상적 경험을 통한 직관적 각성이나 깨달음으로 사용했다. 아리스토텔레스는 깨달음(anagnorisis)에 대해 설명한 『시학(Peri poietikes)』 16장에서 가장 뛰어난 깨달음은 사건이 전개되는 과정 자체에서 발생하는 것이라고 말했는데, 미적이면서도 영적인 깊이의 자각이나 인식 전환이라는 점에서 플롯에서의 잘된 깨달음의 수법이 에피파니와 의미가 상통함을 확인할 수 있다. 〈시네마 천국(Cinema Paradiso)〉(1990), 〈일 포스티노(Il postino)〉(1994)와 같은 영화에서 예술과 삶이 교차하는 순간의 총체적 깨달음을 표현해낸 명장면들을 사례로 들 수 있다.

구조나 효과는 분명 크라토파니라고 말할 수 있지만, 테크놀로지의 숭고함은 기술자나 전문가의 뛰어난 기량에서 비롯된 놀라움과 찬탄이기 때문에 영화의 기술력이나 감독의 역량에 대해 말할 때 쓰인다.

크라토파니는 각 문화권의 종교나 정치 건축 양식에서 공통적으로 나타날만큼 그 스펙트럼이 넓고 보편적인 개념이지만 미학적으로는 잘 활용되지 않았고, 엘리아데의 이론에서는 히에로파니의 전제로 흔히 언급된다. 본 논문에서는 크라토파니를 신화적 본질을 가리키는 비평 용어로서 고찰하고 적용하는데 의의를 둔다. 따라서 신화 원전인 고대 그리스 서사시『일리아스(Ilias)와『신들의 계보(Theogonia)』가 과학적으로 규명되기 이전의 보이지 않는 힘의 위계, 즉 크라토파니를 내재하고 있는지를 자세히 살펴보려 한다. SF가 과학과 다른 부분은 과학적이고 합리적인 구성 너머의 일탈, 저항, 해방을 추구하고 있다는 것에 있다. 이러한 전복적 상상력을 장르적 감수성의 원천으로 삼고 있다면 과학적 현실, 과학적 인간의 대립항을 넌지시 비추어내는 전략이자 관습은 무엇보다도 신화에서 찾을 수 있다. 사건의 지평선(event horizon)과 같이 과학이나 인식의 한계 너머의 미지(unknown)는 초자연적 영역으로 치부하지 않았음에도 여전히 장대하게 크라토파니의 원천으로써 존재할 것이기 때문이다.

2.『일리아스』에서 나타난 테크노-크라토파니(techno-kratophany)

호메로스의 서사시에는 고대 그리스인들이 추구하던 인간의 전형이

드러나 있다. 그리고 그 생동하는 존재의 보편성과 총체성을 이끌어내기 위해 세계 안에 충만한 신적(theos) 동인(動因)을 동원한다. 보이지 않는 원인을 역동적으로 묘사해내는 것은 호메로스의 언어이며 그 언어의 테오파니(theophany)가 곧 『일리아스(Ilias)』이다. 예컨대 엘리아데는 헤르메스 신상에 대해 "길을 '지키고' 유지하기 위해 길 양편에" 세운 경계석을 헤르마이(hermai)라고 불렀고, "훨씬 후에 인간의 머리를 가진 팔로스형(남근형)의 기둥이 헤르메스로서 신상으로 대두하게 되었다. 따라서 헤르메스는 호메로스 이후의 종교나 신화에서 우리가 알고 있는 '인물'이 되기 전에 처음에는 단순히 돌의 테오파니"[8]였다고 말한다. 이와 같은 논리로 올림포스 종교에서 최초의 신현(神現)이 서사 시인들에 의해 언어로 이루어졌다는 사실은 고대 그리스 문화의 독특한 점이다.[9]

『일리아스』에는 테오파니뿐만 아니라 영웅들과 전쟁, 인간의 행동과 감정, 문화와 관습이 가득 구현되어 있다. 영웅들은 인간이 성취할 수 있는 탁월성을 가장 극상으로 표상하는 인물들이고, 그들이 느끼는 감정은 전체 이야기를 역동하게 만드는 동인이다. 그 이면에는 물론 신들의 세계가 존재한다.

신들의 세계를 구분 짓는 특징은 눈에 보이지 않는다는 것이다. 『일리아스』 제1권 198행에서 아킬레우스의 머리카락을 잡아채며 분노를 만류하는 아테나처럼 신적 세계에 속한 것들은 변신을 통하여 현현하

---

8) 미르치아 엘리아데, 이은봉 옮김, 『종교형태론』, 한길사, 1996, 320쪽.
9) 조대호, 『일리아스, 호메로스의 상상세계』, 그린비, 2021, 198쪽.

거나, 신들이 허락할 때 비로소 보이게 된다. 한 가지 흥미로운 점은 그리스인들이 신적이라고 말할 때는, "단지 자연의 법칙을 벗어난 초월적인 현상에 대해서만 말하는 것이 아니라 항상 일정한 법칙에 따라 변하는 자연의 현상에 대해서도 그렇게 말한다. 또한 그들은 남다른 능력을 발휘하는 인간들에 대해서도 놀라움을 갖고 바라본다. 신화에서 헤라클레스나 테세우스와 같은 영웅들이 반신반인으로 설명되는 것도 이런 이유다."[10] 이는 '놀라움(thaumasia)'이 단순히 감각적 반사 작용을 넘어 이성으로 설명되지 않아서 오히려 이성을 필요로 하는 계기가 된다. 최초의 자연철학자 탈레스가 이 놀라움 속에서 신비적인 것을 포착해내고, "나아가 그것이 인간에게 신뢰를 줄 수 있도록 개념적으로 파악할 수 있는 원인(이유)를 찾았"[11]다고 보았다. 아이러니스럽게도 탈레스는 "모든 것이 신들로 가득 차 있다"[12]고 말했다. 그러나 이는 술어적 개념으로 'theos'를 사용한 대표적 예시로 보는 편이 적당하다.

고대 그리스인들은 신을 주어 위치에서 표현하지 않았다. 앞서 서론에서 잠시 언급했듯이 "그들에게서 신이란 말은 '죽어야만 하는 것(인간)'이 생각할 수 있는 범주를 벗어난 그 '무엇'[13], 즉 'athanatos'(죽지 않는 존재)라고 부른다. 따라서 그들은 "자신들에게 즐거움이나 두려움을 주는 것들에 대해 감격한다거나 혹은 경외의 마음을 갖게 되면, '이것은 신이다', '저것은 신이다'라고 말하는 것이다." 그래서 캐나다의 고

---

10) 장영란, 앞의 책, 42쪽.
11) 김재홍, 『그리스 사유의 기원』, 살림, 2003, 42쪽.
12) Aristotle, De Anima, 405a19.
13) 김재홍, 위의 책, 25쪽.

전학자 그루베(G. M. A. Grube)는 "세계에 작용하고 있는 지배력이나 힘, 우리와 더불어 태어나지 않았으며, 우리들이 사라지고 난 뒤에도 존속하게 될 그러한 지배력이나 힘은 그 어떤 것이라도 이처럼 하나의 신으로 불릴 수 있었고, 실제로 그러한 대부분의 것들이 신이었다"고 말했다.[14]

호메로스가 말하는 '제우스'는 그루베의 견해에서처럼 고대 그리스에서의 다중신격을 말한다. 제우스는 여러 신격으로 존재하며 모두 같지만 다른 제우스라는 뜻이다. 예를 들어 하나의 인격적 제우스뿐만 아니라 "인간적 고통 저 멀리 위로 끌어올려져 있는 위대하고 신적인 비인격적인 힘"의 제우스 또한 존재한다. 이 둘은 이름은 같지만 공통점은 없다.[15] "의인화된 신들이 비록 시들에서 커다란 역할을 하고 있다 하더라도 그들은 시성에 대한 호메로스의 직관 안에서 다만 한 가지 요소일 뿐이다." 그리하여 호메로스가 그린 테오파니에서 헤파이스토스는 "절뚝이기를 그치고 신적인 불이 된다."[16]

인격적 신 위에 더 큰 신적 원인을 두고 있는 고대 그리스인의 신관(神觀)에서는 '숭고한 경박(erhabener Unernst)'[17]이라 하여 인간의 행동을 초월하는 영향력이나 예측하기 어려운 변덕 등에서 나타나는 보이지 않은 힘의 행사, 즉 크라토파니를 적극적으로 테오파니의 재료로 삼는다. 이는 시인이 떠돌아다니는 신앙과 전승을 종합하여 올림포스

---

14) 김재홍, 위의 책, 26쪽.
15) 로이 케네스 해크, 이신철 옮김, 『그리스 철학과 신』, 도서출판 b, 2011. 25쪽.
16) 로이 케네스 해크, 위의 책, 36쪽.
17) A. Heubeck, 1988[1974], p. 185. 조대호, 『일리아스, 호메로스의 상상세계』, 그린비, 2021, 222쪽에서 재인용.

종교를 세우기 전부터 경건성과 역동성이 양립하는 신관에서 기인했을 것이다. 그러나 신과 영웅의 역동성을 SF의 스펙터클만이 지니는 특질로 볼 수는 없다. 오히려 보이지 않는 힘이 작용하고 있으나 그것을 모르고 있고 그 신적 발현에 감탄하는 것이 SF에서 원하는 테크노-크라토파니(techno-kratophany)일 것이다.

아서 C. 클라크(Arthur C. Clarke)는 "고도로 발전된 기술은 마법과 구별되지 않는다.(Any sufficiently advanced technology is indistinguishable from magic.)"라고 말했다. 이러한 발상은 실제로 화물 숭배(cargo cult)라는 역사적 사례와 함께 〈스타 트렉(Star trek)〉 시리즈에서는 'the Prime Directive'라는 스타 플릿의 최우선 지침이자 금기로써 서사적으로 활용되었다. 이와 같이 아직 과학기술적 발전이 미미한 문화에서 그들에게 불가능하다고 여겨지는 일이 일어날 경우에 일어나는 테크노-크라토파니는 압도적일 수밖에 없다. 근래의 텍스트 가운데 테드 창(Ted Chang) 원작의 〈컨택트(Arrival)〉(2016)에서 나오는 중력 역전 기술이나 거대 비행체와 같은 초과학적 스펙터클에서 다가오는 그 원리를 알 수 없는 압도감 역시 같은 범주에 놓인다. 우리는 이미 과학 혹은 공상과학적 허구에서 크기를 통한 스펙터클과 그로 인한 테크노-크라토파니를 영화 〈인디펜던스 데이(Independence Day)〉(1996)나 SF 소설 『라마와의 랑데부(Rendezvous with Rama)』(1972), 『링월드(Ringworld)』(1970) 등에서 접해왔다.

영화 〈맨 인 블랙(Men in Black)〉 시리즈에서는 특별한 유형의 크라토파니가 음모론적으로 그려진다. 일상과 현실 이면에 외계인들의 세계가 공존하고 있다는 설정은 그 외계인들이 훨씬 클 수도 있고 작을 수도 있다는 발상의 전환을 제시한다. 이는 소우주와 같은 개념을 떠올리게 하며 소설에서는 제임스 블리시(James Blish)의 단편 『표면장력(surface tension)』(1952)이나 프레데릭 브라운(Fredric Brown)의 『대동소이(Patterns)』(1954)가 이에 속한다. 이는 테크노-크라토파니라기보다는 우주적 힘을 느끼게 하는 코스모-크라토파니(cosmo-kratophany)라고 보는 편이 더 적합하다. 일반적으로 크라토파니는 테오파니 가운데 충돌(conflict)이나 대립, 신체 능력의 발휘와 내재, 웅대한 자연 현상 등에서 찾을 수 있다. 전쟁 서사시인 『일리아스』는 크라토파니를 재료로 만들었다고 봐도 무방할 만큼 곳곳에서 힘이 넘쳐난다. 그러나 그 가운데 정교한 아름다움이 돋보이는 대목이 있다.

"그는 먼저 크고 튼튼한 방패를 만들었는데
사방에 교묘한 장식을 새겨 넣고 가장자리에는 번쩍번쩍
빛나는 세 겹의 테를 두르고 은으로 된 멜빵을 달았다.
방패 자체는 다섯 겹이었는데 그는 그 안에
훌륭한 솜씨로 여러 가지 교묘한 형상들을 만들었다."
(천병희 역, Ilias, 18.370-377)

선명하고 명료한 묘사의 대상은 "불멸의 청동과 주석과 값나가는 황금과 은"(천병희 역, Ilias, 18.474)으로 만든 신묘한 공예와 기술의 결정체, 아킬레우스를 위한 방패이다. 이를 만든 헤파이스토스는 절름발이의 모습을 하고 있지만 강력한 힘을 지닌 신이다. 그는 땀을 흘리며 노동을 하며 뛰어난 기술과 능력을 지니고 있는 대장장이 신이다. 땀을 흘리는 이유는 금속을 제련하기 위한 불를 다스리기 위함이고, 앞서 말했듯 제21권에서 강의 신 스카만드로스를 제압하기 위해 일으킨 불이 헤파이스토스의 또다른 신격이다.

신들의 세계를 비롯한 신들의 힘은 본래 인간에게 보이지 않는다. 그러나 헤파이스토스의 힘은 이상하게도 신들에게조차 보이지 않는다. 이에 "모든 신들과 여신들은 헤파이스토스에게 경외심을 품었다. 신들은 특별히 아름답거나 기발한 고안을 실현시킬 만큼 뛰어난 공예 기술이 필요할 때면 대장장이 신에게 요청했다."[18] 대장간에서 노동 중인 헤파이스토스에 대한 가장 초기의 서술 가운데 가장 긴 구절(천병희 역, Ilias, 18.368-617, 총 249행)에서 현대의 우리는 대장장이 신의 보이지 않는 힘의 정체가 무엇인지는 익히 짐작할 수 있다. 대장장이 신은 불을 제외하고는 도구와 같은 수단을 통해서만 힘을 행사한다. 이는 다른 신들처럼 자신이 지닌 힘보다는 특별하게 만들어진 도구가 지닌 기능이나 위력을 발휘할 수 있도록 가능케 하는 기술력이 헤파이스토스에게 주어졌음을 뜻한다. 헤파이스토스의 능력이 발휘될 때 무생물은 생명을 지닌 것처럼 움직이며, 움직임 이상의 기능을 지니게 되기도 한다.

황금 바퀴를 달아 저절로 움직이는 스무 개의 세발솥(천병희 역, Ilias, 18.373-377)과 올림포스의 자동문(천병희 역, Ilias, 5.749와 18.376)에 대한 구절은 '오토마톤(automaton)', 즉 '자의로 움직이는 것'이라는 뜻의 낱말이 처음으로 나타난 자리다.[19] 오토마톤에 또 해당하

---

18) 에이드리엔 메이어, 안인희 옮김, 『신과 로봇』, 을유문화사, 2020, 223쪽.
19) 에이드리엔 메이어, 위의 책, 245쪽.

는 것이 명령하면 저절로 일의 진도에 따라 강도도 조절해가며 바람을 불어넣는 스무 개의 풀무(천병희 역, Ilias, 18.471-373)와 "황금으로 만든 하녀들"(천병희 역, Ilias, 18.417)이다. 특히 황금 처녀들은 아킬레우스의 방패를 포함한 무구와 함께 테크노-크라토파니에 대한 놀라운 신화적 상상력을 보여준다.

　헤파이스토스가 만든 황금 처녀들은 "가슴 속에 이해력과 음성과 힘"을 가지고 "수공예도 배워 알고" 있으며 헤파이스토스를 부축하는 등 살아 있는 소녀들과 똑같아 보인다고 호메로스는 묘사한다. 인간과 똑같으면서 신적인 힘으로 만들어졌기 때문에 황금으로 이루어져 있고, 무생물이지만 움직이는 것에서 나아가 지성(nous)을 지녔다는 것은 헤파이스토스에 대한 테오파니임과 동시에 가장 오래된 테크노-크라토파니의 전형을 보여준다. 언뜻 언캐니 밸리(uncanny valley)와 동일시되는 듯하나 신의 권능이 부여한 탁월함으로 무척 아름다울 것이기 때문에 더욱 압도될 수밖에 없는 기술신의 테오파니를 상상하여 구현한 것이라 하겠다. 헤파이스토스의 아내인 "번쩍이는 머리띠의 아리따운 카리스"(천병희 역, Ilias, 18.382) 여신은 기술적 경이와 아름다움이 함께 함을 암시한다. 신들의 결합은 서로의 기능이 밀접하게 연관되어 있다는 뜻이며, "카리스(charis)는 '우아함(grace)'을 의미하며 예술을 인격화한 여신"[20]이기 때문이다. 이처럼 실현 불가능하거나 상상할 수 없었지만 높은 수준의, 혹은 미지의 과학기술로 실현되었기 때문에 나타나는 테크노-크라토파니는 그 기능과 목적에 따라서 무구와 장신구,

---

20) 장영란, 앞의 책, 277쪽.

공예품이나 실용 도구 등에서 다채롭게 발현된다.

전투 중 신체를 보호하기 위한 목적과 기능이 아름다움과 완벽하게 결합된 형태의 아킬레우스의 무구는 어찌 보면 "제11권에서 아가멤논이 아킬레우스 없이 대혈전을 벌이기 전에 아가멤논의 무장에 대해 특별히 장황하게 설명"한 것처럼 아킬레우스 역시 곧바로 치르게 될 전투가 되리라는 예시[21]로도 보인다. 그러나 "신이 작업한 방패에 새겨진 장면들은 움직임, 소리, 실물 같은 형태들을 갖춘, 경이로운 인공 세계를 보여준다. 이 방패에 새겨진 사람들은 마치 활성화된 금속 안에 담긴 영화 속의 인물처럼 활발하게 움직인다. 그들은 지각하고 생각하고 토론할 수 있으며, 살아 있는 사람처럼 목소리도 갖고 있다. (중략)『일리아스』속의 이 기묘하고도 역설적인 구절에서, 호메로스는 방패에 새겨진 장면들의 놀라운 사실성을 강조한다. 호메로스는 구현된 것의 사실성에 주목하게 하면서도, 특히 헤파이스토스가 여러 인물을 만들기 위해 사용한 다양한 금속과 인물을 강조한다."[22] 일종의 액자식 구성이자 막간극으로도 보이는 방패 속 세상의 구성—우주의 근본 요소, 평화의 도시, 전쟁의 도시, 시골, 오케아노스 강—이 결국 드러내는 것은 제21권에서 나온다. 강의 신 스카만드로스는 아킬레우스를 공격하며 그의 힘과 미모와 아름다운 무구가 도움이 되지 않을 것이라고 외치는데 그의 등장이 역설적으로 아킬레우스의 탁월성과 영웅다움을 부각시켜주고 있다. 아킬레우스를 대신하여 분노한 강의 신과 맞붙게 되는 신이 바로

---

21) 장영란, 앞의 책, 282쪽.
22) 에이드리엔 메이어, 앞의 책, 226쪽.

아킬레우스의 무구를 만든 헤파이스토스이기 때문이다. 고대 그리스의 통념에 따르면 인간은 신을 이길 수 없기 때문에 아킬레우스를 대신할 더욱 강력한 존재나 신적인 힘이 등장함으로써 오히려 아킬레우스의 탁월성이 돋보이게 된다. 『일리아스』에서 손꼽히는 물과 불의 초자연적인 충돌 장면은 거대한 신의 불을 일으킨 헤파이스토스의 승리로 끝난다. 신묘한 솜씨로 완성된 무구에 대한 묘사를 중심으로 점차 금속-기술-불의 의미망과 크라토파니가 21권의 전투 장면 내내 확장되어 헤파이스토스의 테오파니가 된 것이다. 이러한 의미 구조의 확산과 기세 또한 크라토파니가 지니는 고유한 특성으로 볼 수 있다.

3. 『신들의 계보』에서 나타난 코스모-크라토파니(cosmo-kratophany)

앞서 자연과 우주의 힘이 현현됨을 코스모-크라토파니라 말했다. 테크노-크라토파니가 과학기술이 실현했거나 실현할 것으로 추정되는 경이를 나타낸다면, 코스모-크라토파니는 우주를 향한 존재론적 자각으로부터 비롯된다. 복도훈은 러브크래프트(H. P. Lovecraft)로 대표되는 코스믹 호러(cosmic horror)에 대해 "칸트적 숭고의 조건이었던 안전한 거리"가 소멸될 때 맞닥뜨리는 "기이하고도 섬뜩하리만치 물질적인 형상"을 띤 "시공간의 선험적 범주를 구부리고 난입하는 온갖 초과객체들(hyperobjects)"에 의한 실존적 공포[23]라고 말한다.

---

23) 복도훈, 「밤의 공포보다 긴 촉수」, 『자음과 모음』(46), 자음과 모음, 2020 가을, 109쪽.

언뜻 코스믹 호러가 크라토파니의 원초적이고 부정적인 파괴력 등을 비자연적인 조합의 악몽으로 구현하여 우주적 절망을 떠올리게 하는 것 같지만, 정작 크라토파니는 자연의 질료와 형상으로부터 기인한다. 거리는 안전이 아닌 관조(theoria)를 위해 확보되는데 이를 통해 파악된 자연의 형상이란 자연이 응당 지녀야 하는 '섭리(kosmos)'가 된다. 엘리아데는 역사상 모든 종교 건축이 히에로파니를 위한 방법론으로서 높이(height), 거리(distance), 중앙(centre), 그리고 이 세 가지 방법론이 조합된 형태이자 개념인 정형성(formality) 등을 대표적으로 사용한다고 보았다. 이는 정치권력을 드러내야 할 크라토파니적 구조물인 궁궐에도 동일하게 적용되는데 이러한 질서정연한 형상은 우주와 자연을 어떻게 인식하고 있느냐를 반영하고 있는 것으로 비춰진다. 예컨대 high, superior, Brahman 등 높음을 뜻하는 단어는 모든 문화권에서 우월한 존재를 나타내며, 물리적 형태에서도 동일하게 적용된다. 이러한 히에로파니와 크라토파니의 구조는 올림포스 종교에 대해 가장 경건했고 우주의 기원과 질서를 정리하여 인간이 응당 따라야 할 섭리를 제시하고자 했던 헤시오도스의 서사시에서도 개념적으로 나타난다.

헤시오도스는 자신의 이름을 직접 자신의 작품에 넣는 등 자의식이 강한 시인이었지만 한 세대 위였던 호메로스에 비해 예술성을 높게 평가 받지는 못했다. 그가 신들의 기원에 대해 노래하고 있는 『신들의 계보(Theogonia)』는 호메로스의 시처럼 극적이고 개성이 드러나지는 않고 신의 이름과 위치를 알려주는 종합해설에 가깝게 보인다. 『신들의 계보』는 "신성한 힘들 전체를 테오스라는 하나의 일반명사로 지칭함에

만족하지 않고, 그 힘들 하나하나에 각각의 고유한 이름과 기능 및 영역을 부여하며, 그 기능의 위계에 따라 서열을 정하는 체계적 계보로서의 '신들에 관한 이야기'이다. 이 이야기 속에서 헤시오도스가 신들에게 이름을 부여한 행위는 단순히 신들을 언어학적으로 지칭함 이상의 의의를 지닌다. 인간은 이름이 함축하는 의미를 가지고(con) 세계에 존재하는 모든 것들의 관계를 파악할 수(capio) 있는 도구로서의 개념들(conceptus)을 통해서만, 비로소 세계에 대해 인식하고 그 인식한 것을 말로써 표현할 수 있기 때문이다."[24]

세계의 기원과 인간 및 만물의 기원을 논하는 『신들의 계보』는 바로 이러한 개념들을 이용한 서술이기 때문에, 세계에 대한 개념적 밑그림을 전체적 공간화의 위계 구조 속에서 그릴 수 있다. 우주 발생의 가장 근원적 원리로부터 공간화가 시작되기 때문에 연대기적 흐름과 함께 세계를 구성하는 기초를 개념화하고 있다. 따라서 그 구조는 정형적이고 안정적인 크라토파니의 원형과 일치한다. 다음은 헤시오도스가 정리한 신들의 세대 분류이다.

1세대 : 카오스(비인격, 틈이자 공간)

2세대 : 땅, 타르타로스, 에로스, 에레보스, 밤

3세대 : 하늘, 바다, 오케아노스, 레아, 정의, 기억, 티탄족(크로노스가 속한), 퀴클롭스들, 기간테스, 에리뉘에스, 아프로디테(우라노스로부터), 아이테르, 낮, 운명들, 분쟁과 망각(레테) 등

---

[24] 박희영 외, 『서양고대철학 1-철학의 탄생으로부터 플라톤까지』, 길, 2013, 41쪽.

4세대 : 강들, 님프들, 태양, 달, 여명, 스튁스, 레토, 헤카테, 헤스티아, 데메테르, 헤라, 하데스, 포세이돈, 제우스, 아틀라스, 프로메테우스

5세대 : 평화, 카리테스(삼미신), 페르세포네, 무사이, 아폴론, 아르테미스, 아레스, 아테네, 헤파이스토스, 헤르메스, 디오뉘소스

이 계보에서 가장 최초에 놓이는 카오스는 인격화되지 않는 우주 발생의 추상적 원리 가운데 공간을 뜻한다. 이를 필두로 역시 같은 추상적 원리이되 결합과 생성을 뜻하는 에로스, 자연에 속하는 가이아, 에레보스, 뉙스, 우라노스, 폰토스, 오케아노스 등, 인간이 지닌 추상적 기능인 므네모쉬네, 메티스 등, 사회적 법칙에 속하는 모이라, 테미스, 디케 등, 그리고 "좋은 것을 내려주는 자들(doteres eaon)"인 올륌포스 신들이다. 자연 및 인간 세계 전체의 질서가 어떻게 운행되는지를 상위 신들과 하위의 신들의 관계에 대한 논리적 표상을 통해 설명하는 헤시오도스에게 "모든 힘은 신이고 이들 힘들 가운데 하나가 그 밖의 다른 모든 것의 근원이다."[25]

인간이 따라야 하는 섭리로서의 신들의 세계는 그 신비적 한계에도 불구하고 우주에 대한 인식이자 관념으로서 기능을 수행한다. 그것은 천체의 움직임이나 자연의 섭리와 인간의 섭리를 단일한 세계 안에 놓으면서 인간 존재의 입장을 천명하고 있다는 것이다. 헤시오도스는 근본적으로 이원론적 세계관을 표명하였는데 죽음, 비난, 고통, 불화와 같은 부정적 요소들을 자연 현상인 밤과 어둠이 낳았다고 말했다. 그의

---

25) 로이 케네스 해크, 앞의 책, 44쪽.

다른 서사시『일과 날(Erga kai Hemerai)』에서는 인간 세계에 악이 존재하는 이유가 최초의 여인 판도라라고 설명하는 등 인류의 타락과 파멸의 원인을 제우스가 상징하는 정의에 반하는 것으로 보고 있다. 이러한 선명한 구도는 "신과 인간, 그리고 만물의 관계를 공간적 구조 속에서 조감하게 하여 전체를 보는 시선 그리고 일자와 그 아래 포섭되는 개별자들의 관계를 꿰뚫어 보는 시각도 부여하고 있다."[26] 예를 들면 제우스의 정의 아래 프로메테우스가 제우스를 속여 희생제의의 제물을 인간이 유리한 방식으로 나누는 것에서부터 판도라의 탄생과 프로메테우스의 형벌에 이르기까지 부정의 대가로 인간이 치러야 할 것들에 대해 그 인과를 죽 나열하는 식이다.

이처럼 "신화는 인간에게 아리스토텔레스가 주장하는 '줄거리 구성'의 기능을 강화해준다. 줄거리 구성의 작업은 이야기의 처음부터 끝까지 관통하는 논리성을 중시함으로써, 기승전결에 대한 관념을 형성해준다. 이러한 관념은 우리의 의식에 부분으로서의 이야기 각각이 이야기 전체에 맺고 있는 관계뿐만 아니라, 이야기 전체 자체에 대해서도 통찰하는 습관을 제공한다. 이러한 사실을 염두에 두어야만, 우리는 헤시오도스의『신들의 계보』에서 극명하게 나타나듯이, 신화가 왜 세계의 시초, 사물 및 인간의 기원 등에 관하여 이야기함으로써 인간의 사유 속에 전체로서의 시간, 자연 전체 또는 존재 전체에 대한 개념 등을 구조화하는 데 결정적 역할을 수행하게 되는지를 이해할 수 있다."[27] 이

---

26) 박희영 외,『서양고대철학 1-철학의 탄생으로부터 플라톤까지』, 길, 2013, 42쪽.
27) 박희영 외, 앞의 책, 27쪽.

른바 뮈토스적 사고에서 로고스적 사고로의 전환이라 불리는 보편적이고 합리적인 구조화와 독해의 방식은 과학을 상상력의 소재로 삼는 SF에서 중요시되면서도 오히려 역설적으로 전도된다. 과학적으로 설명하거나 납득할 수 있는 영역 바깥을 지금 여기의 시공간 너머, 이상 현상, 초인간, 초과학 등의 비현실적 요소를 통해 감지하거나 조망하는 순간을 SF는 항상 추구한다. 천체물리학이 우주론을 대체한 지금 시대에도 SF가 코스모-크라토파니를 적극적으로 전유(appropriation)하는 까닭이 여기 있다. 뮈토스, 즉 이야기의 존재방식은 향유이다. 듣는 즐거움, 공감하는 즐거움, 서사의 비밀을 알아차리게 되는 즐거움, 상상하는 즐거움 등이 향유를 통하여 생성된다. 이때 SF만의 장르적 감수성이나 기대지평은 흔히 과학적 상상력에 기반한다고 말한다. 그러나 인지적 차원에서 본다면 신화 속 크라토파니와 같은 오래된 상상의 구조는 과학적 상상력의 이면에서 코스믹 호러처럼 원초적이고 즉각적으로 SF 고유의 정서인 놀라움과 경이로움, 경외심을 불러일으키는 기제로써 지속적으로 작용하고 있다.

4. 논의를 맺으며

지금까지 고대 그리스의 서사시에서 나타난 종교관과 테오파니, 그 안에 숨겨진 SF적 원형으로서의 크라토파니를 각각 기술과 우주 두 가지 유형으로 나누어 살펴보았다. 고전 텍스트를 읽다 보니 고대 그리스어가 고대 그리스인들의 최고의 자산이었다는 사실은 그리 놀랍지 않다. 그들은 그들의 언어를 통하여 보편성을 발견하였고, 철학과 정치

제도를 발전시켰으며, 정확하고 구조적이면서도 음악적인 시가에도 걸맞는 풍부한 자질의 언어를 통하여 서구 문학의 기원이자 고전을 탄생시켰다. 그들은 언어를 통하여 서구 정신 문화의 원천을 일구어왔고, 그들이 번성하던 고대에도 그리스인으로서의 정체성을 언어에서 찾았다. 그리스어 외에 다른 언어로 말하는 자들을 일컬어 '바르바로이(barbaroi)'라고 불렀던 것도 이에 기인한다. "이러한 자존심은 사실은 음성언어를 곧바로 알파벳으로 기호화한 그들의 언어에 대한 그 유용성과 효능을 자각하고 있었다는 것을 의미한다. (중략) 그리스 알파벳은 음성 언어를 우리 한글처럼 그대로 기호화하고 이를 통해 쉽게 타인과 의사교환하면서 다양한 경험적 지식을 축적할 수 있게 하는 것이었다."[28]

그러나 다시 호메로스로 되돌아가서 생각해 본다면, 호메로스의 언어는 다채로운 시어의 조합이 풍부했지만 "상대적으로 원시적인 언어에는 추상개념이 발전되지 않았고, 발달한 언어의 측면에서 보면 기이하게 생각될 수 있을 정도로 구체적-감각적 표현법들이 많이 표현되어 있다."[29] 이는 고전기로부터 멀어 떨어진 시기이면서 고대 그리스 정신의 시원을 탐색해가는 과정의 언어, 그리고 언어 자체에 대한 탐색이 서사시에서도 드러난다는 뜻이다.

앙드레 보나르(Andre Bonnard)의 『그리스인 이야기(La Civilisation

---

[28] 송영진, 『그리스 자연철학과 현대과학 제1권-그리스 신화와 자연철학』, 충남대학교출판문화원, 2014, 38쪽.
[29] 브루노 스넬, 김재홍, 김남우 옮김, 『정신의 발견』, 그린비, 2020, 22쪽

gecque)』에 따르면 발칸 반도에서 여러 번에 걸쳐 남하한 아카이아인들이 그리스 본토의 원주민을 정복하고 그들의 문화를 흡수하면서 이후 기원 전 1600년에서 900년경까지 미케네 문명을 이루었다. 아카이아인들에게는 바다를 가리키는 단어가 없었기 때문에 그들은 원주민의 단어인 '탈랏사(thalassa)'를 가져다가 썼다고 말한다. 미노아 문명의 영향이자 잔재로 여겨지는 어휘는 이외에도 미궁을 뜻하는 '라비린토스(labyrinthos)'도 있다. 그리스인들에게는 언어가 곧 그들의 문화이자 정신세계였고 이를 확장하기 위해 언어 또한 외래어를 수용하면서 그 개념 또한 받아들였다. 그렇게 한층 더 풍부하고 명료하고 다층적으로 발전한 헬라어에서 후대의 연구자들은 보편성을 도출하는 유비적 사고를 엿보았다. 스넬은 언어를 통해 "인간의 본성과 본질을 합리적으로 파악하려는 시도들인 서사문학, 서정문학, 극문학(드라마)" 등은 그리스인이 발견한 "보다 활동적이고, 추구하고, 탐구하는 정신으로서의 인간"을 발견하는 새로운 자기 파악의 과정에 속하는 단계라 말했다.[30]

  호메로스와 헤시오도스는 그러한 언어로 고대 그리스인 전체를 위한 신전을 지었다. 종교는 본질적으로 신과의 커뮤니케이션이지만 제의적이면서 정치적이다. 예컨대 국가 주도의 올림포스 종교 제의는 폴리스의 시민들만이 참여할 수 있었고 그만큼 정치적 의미가 강했다. 테오파니의 정치성은 언어와 같은 강력한 커뮤니케이션 수단에서 더욱 영향력이 강해진다. 이는 곧 사회문화와 상호적으로 영향을 주고받는 크라토파니의 영역에서도 마찬가지이다. 마지막으로 남은 문제는 이러한

---

30) 송영진, 앞의 책, 88쪽.

크라토파니의 역학 혹은 미학이 SF의 기초나 서사 전략에 대한 한 가지 관점을 제시할 수는 있겠지만, 죽음이나 무지와 같은 인간 한계에 대한 오래된 모티프와 마찬가지로 끊임없이 변용을 필요로 한다는 것이 실천적 논의로서 더 중요하게 대두된다는 것이다.

다시 엘리아데의 논의로 돌아가서 생각해본다. "헤르메스가 인격화된 것은 그리스인의 상상력에 기인한 것으로, 인간은 일찍부터 차츰차츰 그들의 신들과 성스러운 힘을 인격화하는 경향을 가지게 되었다."[31] 즉, 호메로스의 인격화가 뜻하는 의미는 신화가 인간을 위해 만들어졌다는 뜻이다. 신은 진실되지만, 신에 대한 이야기는 허구인 것이다. 테오파니는 순간에 머무르는 에피파니와 히에로파니를 지상에 붙잡기 위해, 보지 못했거나 믿지 못하는 자들을 위해 구성된 인위의 소산이다. 테오파니의 재료는 물론 원래 자연에 존재하고 있던 형상이나 질서로서의 크라토파니이다. 다만 테오파니 역시 영원하지 못하다. 헤시오도스의 테오파니는 언어와 설명이었다. 그는 신들의 기원과 역사에 대해 말하려 했고 "어떤 신의 역사를 말한다는 것은 최소한 그 신에 대한 부분적인 설명을 제공하는 것"이었다. "설명은 철학의 양날 달린 검이다. 설명이 실재에 적용될 때 그것은 실재를 언제나 더 깊이 자르지만 결코 파괴하지는 못한다. 그것이 비실재에 적용될 때 그것들은 서서히 마지 못해 사라진다."[32] 결국 헤시오도스의 테오파니는 비실재이자 의인화된 신들에게 칼이 되었고, 우주 만물의 불멸적인 힘과 그 지위만이 철

---

31) 미르치아 엘리아데, 앞의 책, 320쪽.
32) 로이 케네스 해크, 앞의 책, 50쪽.

학에서 숭앙 받게 되었다.

  호메로스의 테오파니는 언어와 서사였다. 뮈토스의 시대에 호메로스는 미메시스의 힘을 누구보다 먼저 알고 있었고 잘 구사했다. 아리스토텔레스는 『시학(Peri poietikes)』 4장에서 호메로스에 대해 "모방을 잘 했을 뿐 아니라 극적인 요소가 있었다"라고 높게 평가한다. SF 역시 언어와 서사를 통하여 과학과 과학적 인간을 현현(顯現)해낸다. 이때 SF 장르 고유의 감수성 또는 풍미로서 남을 수 있는 신화의 본질은 숭고하기보다는 경이롭고, 공포스럽고 거리끼기보다는 짜릿한 전율로 다가올 크라토파니일 것이다.

과학 기술의 상상적 구현과
표상으로서의 SF 콘텐츠

김홍대 · 윤석진

1. 논의를 시작하며

인류가 소비하는 에너지의 양으로 문명의 기술 수준을 나타내는 '카르다쇼프 척도(Kardashev scale)'[1]는 2021년 기준 0.73이다. 현생 인류의 조상인 오스트랄로피테쿠스가 등장한 것이 300만 년 전이었지만 5,000년 전까지는 이 수치가 0.0 아래에 머물렀다. 이후 0.5에 이르기까지 4,000년이 걸렸다. 0.0과 0.5의 실제 에너지 소비량 차이는 10^5, 즉 10만 배이고 0.5와 0.73의 차이는 약 200배이다. 기술의 발전이 에너지 효율을 향상한다는 점을 고려하면, 지난 1,000년 간 인류 문명은 엄청난 진전을 이루었다.

카르다쇼프 척도의 변화를 그래프로 그려보면, 긴 세월 동안 거의 변화가 없다가 근대에 들어서면서 기울기가 점점 가파르게 커지는 지수

---

1) 1964년 소련 천문학자 니콜라이 세묘노비치 카르다쇼프가 처음 제안한 가설이다. 1.0 단계는 문명이 하나의 행성(지구)에 내리쬐는 에너지를 100% 이용할 때(Watt) 달성되며, 2.0 단계는 문명이 하나의 항성(태양)에서 나오는 에너지를 100% 이용할 때(Watt), 3.0 단계는 문명이 하나의 은하에서 나오는 에너지를 100% 이용할 때(Watt) 달성된다.

함수(指數函數, exponential function)의 모양새를 나타낸다. 수학적으로 기울기는 '속도'이고 기울기의 변화율은 '가속도'이다. 지수함수이면 기울기가 점점 커지므로 가속도를 가진다. 카르다쇼프 척도의 변화가 '가속'하는 것이다.

문명의 발달이 천천히 진행되던 시절의 인류는 변화를 체감하기 어려웠다. 미래에 대한 예측이나 상상은 실제 경험한 것들로부터의 외삽(外揷)이지만, 사람들은 문명의 발전이 삶을 바꾸는 것을 겪을 만큼 오래 살지 못했다. 그러나 증기기관이 등장한 1760년대 즈음, 카르다쇼프 척도가 가파른 기울기를 갖기 시작하면서 상황은 달라졌다. 동력을 사용한 제조 기술과 기계의 발달은 산업 자본주의를 태동하고 인류가 탑승한 변화의 열차는 서서히 가속하기 시작한다. 최초의 본격 SF 문학으로 일컬어지는 메리 셸리의 『프랑켄슈타인』이 1차 산업혁명이 진행되던 1818년에 출판되었음은 주목할 만한 사실이다. 전기(電氣)의 발견과 보급이 주도한 2차 산업혁명, 1950년대 말부터 시작된 우주개발의 역사, 컴퓨터와 인터넷 기반의 지식정보 혁명을 가져온 3차 산업혁명, 그리고 현재 진행형인 빅데이터, AI, 사물인터넷(IoT, Internet of Things) 등 정보기술 기반의 4차 산업혁명까지 카르다쇼프 척도가 숨 가쁜 상승곡선을 그리는 동안, 변화의 속도는 인류의 삶을 완전히 바꾸어 놓았다.

관념적으로는 '현재'를 의미하는 '시간의 폭(time span)'이 점점 줄어들어 마치 미래가 현재 속으로 겹쳐져서 들어오고 과거는 블러링(blurring)되어 현재와 공존하는 것과 같다. 미래가 현재로 들어온다는 의미이다. 이질적이었던 과학 지식 간 융합은 물론, 새로운 기술이 창발되고, 그것이 또 다른 창발의 기저[2]가 된다. 입구는 좁아도 출구의 크기는 무한대인 깔때기처럼 경우의 수가 늘어나서 미래의 불확실성이 더 커지면, 미래를 외삽적으로 예측하는데 사용되었던 기존의 데이터는 효력을 잃게 된다. 따라서 21세기의 인류는 100년 후의 세상을 예상하기 어렵다. 과학의 발전이 점점 가속화되다가 어떤 임계치를 넘어 폭발적으로 발산하게 되는 시점을 가리키는 기술적 특이점(Technological Singularity)[3]을 거론하지 않더라도 100년은 예측의 범위 밖에 있기 때문이다. 그래서 미래에 관한 관심과 기대, 우려의 크기가 문명의 성장 곡선만큼 가파르게 증가한다. 적극적인 '관심'과 '기대'는 현재의 기술적 성취의 연장선상에 놓여있는 근미래(近未來)가 대상이며, 잠재된 '우려'는 기술적 특이점 이후의 원미래(遠未來)와 불확실성의 몫이다. 이 지점에서 SF 콘텐츠가 등장하였다.

  SF 콘텐츠는 미래를 생각하는 인류의 머릿속을 비춰주는 거울이다. 근미래에 인류 문명이 성취하게 될 것과 잃게 될 것은 무엇인지, 무엇을 경계해야 하며 아직 인지하지 못한 대재앙의 뿌리는 무엇인지, 우리가 정말 원하는 미래의 삶은 어떤 모습이며, 가능성 있는 최악의 시나리오는 무엇인지, 또는 지금 가고 있는 진보의 방향이 인류를 위한 선택인지, 아니라면 어떤 다른 선택이 있는지와 같은 상념들을 SF 콘텐츠

---

[2] '기저(basis)'는 수학(선형대수학)에서 벡터 공간을 생성할 수 있는 선형독립인 벡터이다.
[3] 일반적으로는 기울기가 갑자기 바뀌어서 미분값이 존재하지 않는 수학적 불연속점을 가리키지만, SF장르에서 특이점은 기술 변화가 매우 가속되어 그 다음에 무슨 일이 일어날지 예측하거나 그 이후에 존재하는 개체들의 생활을 이해하기 불가능해지는 지점을 말한다(셰릴 빈트·마크 볼드, , 송경아 옮김, 『SF 연대기 : 시간 여행자를 위한 SF 랜드마크』, 허블, 2021, 461~466쪽 참조).

는 폭넓게 담아낸다. 어차피 상상력에 기반한 미래의 가설이니 거칠 것이 없다. 따라서 카르다쇼프 척도의 기울기가 커질수록 SF의 영향력이 확산하는 것은 당연한 현상이라 할 수 있다.

디지털 기술의 발달로 각종 데이터가 넘쳐나고 미디어의 연결은 즉각적이며 전 지구적이 되었다. 인구 증가와 도시화로 개인 간 물리적 거리는 좁아졌지만, 변화가 구축한 스펙트럼 속에서 다양성으로 포장된 인간 군상 간 내면의 간극은 다원성(多元性, plurality)으로 발전해 간다. 이에 따라 사회 구성원 간의 갈등과 냉소적 분위기가 만연하고, 상대방에 대한 무관심이나 관계의 단절이 심화하였다. 과학 기술의 발전이 가져온 폐해로서의 간극이라 할 수 있다. 이러한 간극을 메우기 위한 인문학적 해결의 결과물이 바로 SF 콘텐츠이다. SF 콘텐츠는 인지적 소격과 노붐(Novum)[4]을 통해, 변화가 인류의 삶에 가져온 사변적 담론을 통해 정신없이 내달리는 세상을 살더라도 잊지 말아야 할 소중한 것들을 주목한다. 그리고 공존하는 과거와 미래를 잇고 수많은 다원적 개체로서의 '나' 사이의 인문학적 크레바스를 이해하고 메워 나감으로써 빠른 속도로 변화하며 암흑을 열고 질주하는 현실을 함께 잘 살아갈 수 있도록 '깨어 있기'를 주문한다.

본 연구에서는 인류 과학기술 문명의 발전과 함께 영향력을 확대하고 있는 SF 콘텐츠의 본질과 특징 그리고 구체적인 사례 등을 고찰하

---

4) '노붐(Novum)'은 과학소설에서 나타나는 비현실적인 요소로, 우리가 어떤 것을 SF 이야기 서술이라고 부르기 위해 그 이야기 서술에서 논리적으로 필요하고 헤게모니를 가져야 하는 존재이자, 저자와 독자로 상정된 사람들의 현실 규범에서 벗어나는 총체적 현상이나 관계를 지칭한다(셰릴 빈트·마크 볼드, 위의 책, 54~59쪽 참조).

고자 한다. 기술의 진화가 가져온 삶의 변화와 그 변화의 속도에 저항하는 인류 문화의 관성이 상호작용하는 방식을 투영한 것이 SF 콘텐츠라면, 그것을 인문학적으로 조명하는 일은 인류의 문명과 그 미래를 표상하는 열쇠로서의 성찰적 프리즘을 주조하는 작업이 될 것이기 때문이다. 이를 위해 인류 문명의 발전과 SF 콘텐츠의 상관성, 장르로서 SF 콘텐츠의 범위와 문법적 특성, SF 콘텐츠가 세상의 변화를 다루는 방식을 살펴볼 것이다. 또한 과학 기술의 진화에서 비롯할 '기술적 특이점(Technological Singularity)' 이후의 인간을 넘어선 새로운 존재들의 세상으로서 포스트휴먼(Posthuman)[5] 시대의 휴머니즘에 대한 사유 방식을 모색하고자 한다. 궁극적으로 과학 기술의 상상적 구현과 표상으로서 SF 콘텐츠의 인문학적 의미와 기능을 재발견할 수 있는 계기를 마련하고자 한다.

2. 인지적 소격 대(對) 지각적 리얼리즘

1) 외삽적 가설과 과학적 개연성

SF라고 하면 타임머신 · 우주여행 · 외계인 · 인공지능 · 안드로이

---

[5] 캐서린 헤일스는 '포스트휴먼'을 기술의 발달을 통해 인간이 지적, 육체적, 심리적 능력 등을 향상시켜 현생 인류로서의 종의 특성에서 크게 벗어난 상태의 존재로 규정한다. '포스트휴먼'은 우리 밖의 다른 존재이기도 하지만, 이전의 우리와 전혀 다른 존재가 된 우리 자신이기도 하다. 뇌나 장기 등을 기계장치로 교체한 사이보그, 인간의 속성을 그대로 갖춘 인공지능이나 로봇, 복제인간 등이 모두 포스트휴먼의 범주에 속할 수 있다. 또한 디지털 공간 속에 주로 존재하며 탈신체화되어 정보의 집적체로만 존재하는 오늘날의 인간 종은 이미 이전과는 매우 다른 포스트휴먼 존재라고 할 수 있다(캐서린 헤일스, 허진 옮김, 『우리는 어떻게 포스트휴먼이 되었는가』, 열린책들, 2013).

드 등을 떠올리는 경향이 강하다. 넓게 보자면 과학 이론의 외삽적 가설(prophetic extrapolation)[6]에 바탕을 둔 소재나 플롯이 사용되는 작품들을 모두 SF 콘텐츠로 분류할 수 있을 것이다. 과학적인 소재를 다루는 것이 SF 콘텐츠의 기본 요건이라는 데는 재론의 여지가 없다. 하지만 SF 콘텐츠와 다른 장르의 경계를 나누기는 쉽지 않다. 과학적 '표현'을 담고 있거나 기술적 '묘사'의 표현 여부, 다시 말해 〈아이언맨〉의 스스로 비행하는 슈트 조각처럼 고도로 발달한 과학 기술의 산물처럼 보이지만 실제 물리 현상의 사실성에 근거하지 않는 과학적 '표현'과 기술적 '묘사'를 SF 콘텐츠 서사로 분류할 수 있을지 의문이기 때문이다.

과학적 현상을 수학 기호로 표현하는 것처럼, 몇 줄의 문장으로 SF 콘텐츠의 경계와 형식상의 기준을 설정할 수는 없다. 노먼 스핀래드의 "SF로 출간된 것은 무엇이든 SF다."라는 수용적 견해에서부터 로버트 앤슨 하인라인의 "과학적 방법의 의미와 자연에 대한 철저한 이해, 그리고 미래와 과거의 현실 세계에 대한 충분한 지식에 기반한, '가능한' 미래의 사건들에 대한 현실적인 추측"이라는 정의에 이르기까지 광범위하기 때문이다. 이 가운데 로버트 앤슨 하인라인의 정의는 '과학 이론의 외삽적 가설'에 근거한다는 점에서 주목할 필요가 있다. "과학적 방법의 의미와 자연에 대한 철저한 이해, 그리고 미래와 과거의

---

6) '외삽적 가설(prophetic extrapolation)'은 이전의 실험이나 경험으로부터 얻은 데이터들이 가지는 경향성을 이용하여 경험 또는 실험하지 못한 경우를 예측하는 기법이다. 미국의 SF 작가이자 편집자인 존 W. 캠벨 2세(1910~1971)가 1947년에 "판타지가 아닌 SF가 되기 위해서는, 지식을 통한 예언적인 '외삽법'에 대한 정직한 노력이 필수적이다."라고 언급한 이래 많은 비평가와 작가들이 SF를 설명하는 기법으로 사용하고 있다.

현실 세계에 대한 충분한 지식"은 외삽(extrapolation)을 수행하기 위한 데이터에 해당한다. 이 데이터가 소위 '경향성'을 구성함으로써 "가능한 미래의 사건들에 대한 현실적인 추측"에 해당하는 '가설'이 수립될 수 있게 된다. 이것은 물리학도였던 W. 캠벨 2세의 "판타지가 아닌 SF가 되려면, 기존의 지식에 근거한 예언적 외삽(외삽적 가설)이 되도록 정직한 노력을 기울여야 한다."[7]는 정의와도 맥락을 같이 한다. 로버트 앤슨 하인라인이 사용한 "가능한"이란 표현은 "과학적 개연성이 있는"으로 바꾸어 읽을 수 있다. 개연성은 '확률(probability)'과 '가능성(possibility)'을 포괄하는 개념이다. 실제로 일어날 수 있는 일인지 아닌지가 문제라면 '가능성'의 영역이고, 그 가능성의 크기를 따진다면 '확률'의 영역이다. 일어나지 않은 일이나 현상, 아직은 구현되지 않은 사물이 일어남 직하거나, 있음 직한지의 여부, 즉 외삽적 가설의 진위는 결국 과학적 개연성의 문제로 귀결된다. 하인라인과 캠벨의 주장에 따르면, SF 콘텐츠는 과학 이론의 외삽적 가설을 바탕으로 개연성을 가지는 소재나 플롯을 사용한 작품이 된다.

'기술적으로 덜 포화(飽和)된 사회'[8]에서는 SF 콘텐츠의 기능이나 의미감이 달랐던 것으로 추정된다. 특히 20세기 중후반의 SF 콘텐츠들은

---

7) James Gunn, 『Modern Science Fiction, A Critical Analysis : The Seminal 1951 Thesis with a New Introduction and Commentary』, McFarland & Company, Inc., 2018, p.61 of Part Two - 'Through Caverns Measureless to Man' Steven Gil, SCIENCE WARS THROUGH THE STARGATE』, Rowman & Littlefield, 2015, p.33 of Chapter 2. 'The Science Fiction History of Stargate : SG-1'
8) 로저 럭허스트(Roger Luckhurst)는 그의 저서 『과학소설(Science Fiction)』(2005)에서 SF를 "기술적으로 포화한 사회의 문학"으로 정의한 바 있다.

과학의 발전이 가져올 이상향적 미래의 비전을 제시하거나 과학에 관한 관심과 창의적 상상력을 독려하고 과학 지식을 보급하는 계몽의 기능을 담당하였다. 훗날 과학적 사실이 아닌 부분은 가짜(Fake)이거나 환상(Fantasy)이 되겠지만, 적어도 이러한 기능적 관점에서는 이 시기의 작가나 제작자들에게 SF 콘텐츠의 내용이 나중에 현실화할 것인지는 덜 중요한 요소였을 것이다.

2차 세계대전이 막바지로 접어든 1940년대에 런던을 공포에 몰아넣은 독일의 V-2 로켓은 제트 엔진을 비롯한 로켓 기술개발 경쟁의 도화선이 되었고, SF 콘텐츠 창작자들에게는 우주에 대한 외삽적 가설을 구축할 실재하는 데이터와 개연성 있는 상상력을 제공하였다. 1957년 소련이 세계 최초의 우주발사체 '스푸트니크 1호'를 쏘아 올린 이후 컴퓨터가 등장하기 시작한 1970년대를 지나면서 과학 기술의 영향력은 인류의 삶에 더 깊숙이 관여하기 시작했고 미래에 관한 관심도 커졌다. 외계 생명체나 우주를 배경으로 하는 '스페이스 오페라(Space Opera)'와 인공지능, 사이보그, 안드로이드, 생명공학 등 개연성을 강화한 작품들이 쏟아졌고, 매트 페인팅(Matte Painting) 기술로 구현된 SF 영화들이 관객의 이목을 사로잡았다.

SF 콘텐츠에 대한 사회적 관심이 커질수록 현실로 구현된 과학 기술과 SF 콘텐츠의 과학적 개연성의 관계를 인식하는 대중의 시선은 이전보다 날카로워졌다. 충실한 연구와 고증을 통해 구축된 과학적 정합성은 정통성 있는 SF 콘텐츠를 분별하는 기준으로 자리 잡았다. 거대한 우주 전함, 〈엘리시움〉과 같은 웅장한 인공도시, 〈매트릭스〉의 인큐베이터 숲과 같이 시각적으로 관객의 객관적 지각력을 흔들어 작품의 설정에 몰입될 수 있게 만들 수 있을 정도의 스펙터클이나 과학적 예지의 구현으로는 21세기의 '기술적으로 포화된' 독자나 관객들의 눈높이를 충족하기 어려운 상황이다. '메가텍스트(Megatext)'[9]로서의 예외성이 인정되는 코믹스(comics)[10] 기반의 슈퍼 히어로물이나 압도적인 영상미와 환상성으로 장르를 초월하여 비켜 간 영화 〈아바타〉 같은 경우가 아니라면 작품이 묘사하는 과학적 리얼리티의 엄밀성, 개연성이야말로 SF 영상물의 정통성을 평가하는 본질로 작용하게 된다. 그런 이유로 SF 콘텐츠가 과학적일수록 관객이 받아들이는 논리성의 '권위'는 더 커진다. 리얼리티에 입각한 과학적 언어와 논리가 철저하게 서사를 지배하는 '하드 SF(Hard SF)'[11]의 관점에서는 과학적 정합성이 제시되지 않거나 적어도 그것을 시도하지 않는 텍스트는 '사이언스(Science)'가 빠진 '픽션(Fiction)'일 뿐이거나 '과학 공상(Science Fantasy)'이 될 뿐이다.

SF 콘텐츠가 제시하는 외삽적 가설의 개연성을 과학적으로 정량화하여 판단하기는 어렵다. 실증되지 않은 가설이기 때문이다. 영화 〈인

---

[9] 과학소설이나 판타지소설의 작가와 팬들에 의해 공유되는, 일련의 허구적 서사에 대한 배경이나 역사, 관습 등을 가리키는 용어. 『해리 포터』나 마블 코믹스의 팬덤이 공유하는 '메가텍스트'가 전형적임. '메가텍스트'란 여러 텍스트의 반복을 통해 공유되는 허구의 배경이나 비유, 이미지, 관습 등을 말한다. SF장르에는 사이보그, 로봇의 3원칙, 초공간, 시간여행, 웜홀 등 장르 내에서 널리 공유되면서 어느 작가 개인에게 속한 것이 아닌 이미지나 모티프 등이 메가텍스트로 존재한다(셰릴 빈트, 전행선 옮김, 『에스에프 에스프리 : SF를 읽을 때 우리가 생각할 것들』, arte, 2019, 100쪽).

[10] 이미지와 텍스트로 메시지를 전달하는 매체(만화). 슈퍼히어로 영화들의 캐릭터들은 미국의 'DC코믹스', '마블코믹스'에서 공급된다.

[11] '하드 SF(Hard SF)'는 1957년 미국의 SF 작가 및 비평가인 P. Schuyler Miller가 처음 사용한 용어로 자연과학의 정합성과 논리를 중시하는 작품들을 가리킨다.

터스텔라〉의 과학적 토대를 제공한 세계적인 이론물리학자 킵 손(Kip Thorne) 박사는 『인터스텔라의 과학(The science of Interstellar)』에서 영화의 제작 과정이 과학적 진실(가설)과 어떻게 타협했는지를 설명한 바 있다. 초거대 블랙홀 '가르강튀아(Gargantua)'[12]의 자전 속도나 웜홀(worm-hole)[13]에 관한 이야기가 실제로 일어날 확률은 극히 낮다. 단지 가능성이 제로가 아닐 뿐이다. 반대로 현대 인류의 물리학 지식으로는 지나치게 과장되거나 불가능한 것으로 인식하는 SF 콘텐츠의 설정들이, 먼 훗날 뉴턴이나 아인슈타인, 스티븐 호킹의 물리학 계보가 발견하지 못했던 새로운 이론으로 설명할 수 있을지 알 수 없다.

'개연성'이란 단어의 모호성만큼 SF 콘텐츠의 개념 규정이 쉽지 않지만, '외삽적 가설'에 관심을 가지는 수용자가 많지 않다는 점은 주목할 필요가 있다. '사이언스'가 붙었다고 해서 '픽션(fiction)'이 '팩트(fact)'로 바뀌지는 않는다. 오히려 정교한 특수효과와 스펙터클, 몰아의 경지로 끌어들이는 영상, 매끈한 논리로 무장한 서사 구조에 함몰되어 '외삽적 가설'에 관심을 두지 않는다. 보통의 경우라면 OTT(Over-The-Top) 서비스의 유료회원이나 극장의 입장권을 구매한 관객이 등을 기대고 편하게 앉아서 일상으로부터의 탈출을 즐기는 대신, 눈을 부릅뜬 채 SF 작품 속 외삽적 가설의 진위를 따지는 일은 일어나지 않는다. SF 콘텐츠는 과학적이어야 한다고 의식하지만, 무의식적으로는

---

12) '가르강튀아(Gargantua)'는 태양의 1억 배로 둘레는 10억km로 설정된다.
13) '웜홀(worm-hole)'은 블랙홀(black hole)과 화이트홀(white hole)을 연결한 통로이다. 사과를 파먹는 벌레 구멍으로 사과를 관통하는 것이 사과 둘레를 따라 반대쪽으로 가는 것보다 빠르다는 의미에서 유래되었다.

정합적 사실성보다 영화적으로 구성된 '그럴듯함'을 더 즐기게 되는 것은 역설적이다.

SF 콘텐츠에서 과학적 개연성은 대단히 중요하지만, 수용자 관점에서 개연성은 주관적일 수밖에 없다. 슈퍼 히어로의 초현실적 액션이나 상상력과 리얼리티를 넘나드는 정교한 첨단 기기들은 팬덤의 견고한 아성과 DC 코믹스, 마블 코믹스의 유서 깊은 스토리 라인이 구축한 캐릭터의 서사성으로 리얼리티에 준하는 위상을 확립하였다. 아이언맨의 슈트 조각이 불쑥 튀어나온 제트 엔진이나 연료탱크, 방향을 제어할 수 있는 핀(fin) 없이도 보통의 관객에게 진보된 기술의 리얼리티로 거부감없이 받아들여질 수 있는 것도 이전 버전에서부터 쌓아온 일련의 '과정'[14]이 있었기 때문이다. 메가 텍스트를 구축하는 스토리 라인 외에도 수용자가 주관적으로 인식하는 과학적 개연성은 '반복적·점진적 전개'[15], '서사적 논리의 일관성'[16], 리얼리티를 담보하는 '세밀한 미장센'[17], 미시적 관점에서의 '정교하고 섬세한 시각효과'[18], 압도적인 규모의 '스펙터클' 등을 통해 강화되어 관객의 '지각적 리얼

---

14) 영화 〈아이언맨〉에서 토니 스타크가 입고 등장한 'powered suite'는 2008년의 1편 이후 시행착오를 거치면서 업그레이드되는 것으로 수차례에 걸쳐 묘사된다.
15) 반복적·점진적 전개는 오랜 기간 일관된 캐릭터와 스토리를 공유해 온 슈퍼 히어로물의 수용층에서 서사적 구조 속에 침잠되어 무의식적으로 개연성을 전제하는 경향을 만들어 낸다.
16) 서사적 논리의 일관성은 SF의 중심 소재가 되는 과학적 가설이 일관성 있게 제시되고, 서사가 담고 있는 메시지나 담론의 주제도 일관성 있게 견인하는 것을 의미한다.
17) 세밀한 미장센은 SF 작품의 배경·장치·소품 등을 진보한 과학 기술로 구현하여 리얼리티를 담보하는데 기여한다.
18) 정교하고 섬세한 시각효과는 실물 모형이나 무대장치, CG 효과를 사실적으로 구현하여 SF의 세계가 '가짜'로 보이지 않도록 만든다.

리즘'[19]을 형성하게 된다. SF 콘텐츠의 개념을 규정하는 데 있어서 '주관화된 개연성'이란 논리에 의존하게 되는 이유다.

2) 인지적 소격과 사변적 담론

다르코 수빈(Darko Suvin)은 SF 콘텐츠를 이해하기 위한 핵심적 요소로서의 '인지적 소격(낯설게 하기, cognitive estrangement)'을 독자나 관객에게 주제를 인지하도록 하지만 동시에 그것을 낯설게 보이도록 만드는 것[20]으로 설명한다. 다시 말해 SF 콘텐츠는 수용자가 '낯설게 느낄 수 있게 만드는 것'을 필요로 하며, 나아가 그것을 통해 현실의 문제를 새롭게 인식하도록 하여야 한다는 것이다. 〈더 레조네이터〉[21]의 잠들 수 없는 세상[22], 〈인 타임〉의 시간을 화폐로 사용하는 세상[23], 그

---

19) 데이비드 노먼 로도윅(David Norman Rodowick)에 따르면, 카메라가 구현하는 리얼리즘은 재현의 완전성에 있는 것이 아니고, 그것을 보고 듣고 느끼는 관객의 심리적 요소에 의해 사실로 받아들여진다. 예컨대 합성된 사진에 제시된 가공의 상황도 관객의 경험과 심리적 요인으로 인해 실제 있었던 것으로 인지되어 리얼리티를 획득하게 된다(D. N. Rodowick, 『The Virtual Life of Film』, Harvard University Press, 2007, 103쪽).
20) 셰릴 빈트 · 마크 볼드, 앞의 책, 57쪽 참조.
21) 프렌티스 롤린스(Prentis Rollins)의 〈더 레조네이터(The Resonator)〉는 SF그림소설(Graphic Novel) 『The Making of a Graphic Novel』(2006)의 수록작이다. Graphic Novel은 만화와 유사하지만, 앤솔로지 형태로 발간된다.
22) 잠들 수 없는 세상의 정책 이면에는 개인의 은밀한 시간과 장소를 폐쇄함으로써 정부의 통제를 쉽게 하거나 강화하고자 하는 디스토피아적 음모가 있다고 해석한다.
23) 유전공학의 도움으로 인간은 25세가 되면 노화를 멈추지만, 그때부터는 자신의 팔뚝에 '숫자'로 표시되는 시간만큼만 더 살 수 있다. 사람들은 노동을 통해 시간, 즉 '숫자'를 벌고 그 '숫자'를 팔아서 생계를 이어간다. 시간은 자본이자 생명이다. 관객은 영화 속의 살벌한 세상에서 자신이 소외될 수 있다는 것을 인지하는데, 시간의 중요성을 강조하는 어떤 격언이나 묘사보다 강렬하게 체험한다.

리고 〈칠드런 오브 맨〉의 전 지구적 불임[24]과 같이 SF 콘텐츠에서 수용자가 '낯설게 느낄 수 있게 만드는 것'은 '노붐(novum)'으로 설명할 수 있다.

노붐은 SF 콘텐츠의 중심 소재이자 SF 콘텐츠 속의 세계와 현실 사이의 '다름'을 구현하는 서사 기호이다. 따라서 노붐은 단순한 소품이나 SF적인 볼거리가 아니라 스토리 전체의 서술 논리를 견인하고 현실과의 생소한 차이를 발생시키는 중차대한 요소여야 하며, 자연스럽게 인지적 소격을 끌어내는 배경이 된다. 과학 기술의 진보나 단순히 외계인을 등장시키는 것과 같은 경이적 설정들만으로 노붐이 형성되는 것은 아니라는 것이다. 노붐은 어느 날 중력이 없어지는 물리 현상이나 비가 내리지 않는 것과 같은 환경상의 변화, 또는 기타의 가시적인 것이 될 수도 있지만, 사회 체제나 관습과 같이 비가시적 형태를 취하거나 정치적 이데올로기가 삽입된 알레고리를 채용함으로써 관객의 의식에 이입되는 과정에서 본능이나 윤리적 면역 기제와 충돌할 때 소외의 효과를 극대화할 수 있게 된다.

인지적 소격과 노붐은 SF의 일차적인 매력으로서의 경이감 또는 당혹감을 초월하는 형이상학적 문법이다. 강력한 노붐은 관객이 더 인상적인 인지적 소격을 경험하게 할 것이다. 극적 소격효과로서의 인지적 소격은 관객을 자극하여 당연하게 여겨왔거나 적응하여 익숙해진 대상에 대한 기존의 생각을 전복하게 함으로써 객관적이고 비판적인 지각 반응을 유도해내는 SF 콘텐츠의 특질이자 핵심 문법이기 때문이다. 이

---

24) 전 지구적 불임의 원인으로 나노 입자에 의한 유전자 변형, 방사능 등이 제시된다.

러한 인지적 소격은 익숙한 것으로부터의 '현저한 다름'에서 만들어지며 그 '다름'은 지금껏 경험하지 못한 미래의 낯선 환경이라는 설정을 통해 구현되기 쉽다.

SF 콘텐츠의 인지적 소격은 일상에서도 확인할 수 있다. 영국의 SF 옴니버스 드라마 〈블랙 미러〉 시즌 2의 〈화이트 베어〉에 등장하는 이웃 주민처럼 보이는 '구경꾼들'은, 총과 흉기를 들고 자신을 쫓는 사냥꾼들을 피해 필사적으로 숨고 달리는 여인에게 몰려들어 스마트폰 카메라를 들이댄다. 관객은 살기등등하고 집요한 사냥꾼들에게 쫓기는 여인을 마치 관람하듯이 촬영하는 사람들에게서 '낯섦'을 발견한다. 〈화이트 베어〉의 반전은 잔인한 범죄자로 지목된 인간을 사냥하는 특별한 '관광 이벤트'에 있다. 범죄자를 단죄하는 의식(儀式)으로 포장된 '마녀사냥' 이벤트는 수익 사업이자 미디어 폭력이다. 시청자가 누군가의 모바일 기기로 촬영되어 순식간에 SNS에 공유되는 사진의 주인공이 될 수 있다는 사실을 자각함으로써 성찰의 동기를 얻게 된다면, 인지적 소격의 메커니즘이 작동하는 것으로 해석할 수 있다.

미래의 혁신적이거나 초현실의 세상에서 과학 기술이 이루어 낸 경이적 '낯섦'보다는 현재의 일상에서 진행되고 있는 변화와 그에 따른 사회 문화적 현상이 인간의 미래에 가져오게 될 영향에 주목하는 SF 콘텐츠들은 소프트 SF로 분류한다. 소프트 SF는 형식과 내용에서의 실험적 접근과 예술적 감수성을 특징으로 하는 뉴 웨이브(New Wave)의 정신과 맥을 같이 한다. 사변적 SF로도 불리는 이러한 작품들은, 하드 SF가 엄밀한 과학적 정합성을 추구하며 SF의 경계와 형식을 규정하는 것과 달리, SF의 형식으로 풀어낼 수 있는 인문학적 담론을 더 주목한다.

장르의 은유적 특성을 이용해서 살짝 비틀린 현실이나 당연시되는 일상이 기대와 다른 방식으로 작동하는 의외성을 체험하게 함으로써, 수용자가 현실을 구동하는 체계에 대해 의문을 갖고 무심히 받아들였던 변화의(change-derived) 위험성을 깨닫게 하는 것이다. 이러한 작품에서 관객이 인식하는 '다름'은 과학 기술의 진보가 가져온 일상 속 변화가 때로는 기대한 대로 작동하지 않는 것으로부터 추동된다. 개인과 개인, 또 개인과 사회의 관계에 있어서 그러한 변화가 유발한 영향이나 부작용을 인식하고 그것에 대하여 사유하게 함으로써, 관객은 현실 세계의 문제에 대한 통찰력을 제공하는 각성과 성찰의 기회를 얻고 문명의 방향타가 될 새로운 가치관을 함양하게 되는 것이다.

  과학 기술이 발달하면서 과거에는 없었던 새로운 것들이 가져온 사회와 문화의 변화에 대한 사변적 담론과 그것들의 철학적 함의를 다루는 담론이 필요하다면 SF 콘텐츠는 최적의 장르이다. 인류의 역사는 과학 기술의 진보를 기반으로 하는 문명의 발달사임을 부인할 수 없으며, 인지적 소격을 낳는 '다름'은 그러한 진보가 가져온 '변화'의 결과이다. 따라서 '변화'를 SF 콘텐츠의 정신이자 소재의 원천으로 상정한다면, 가뜩이나 울퉁불퉁한 현실의 삶과 마찰하며 육중하게 구르는 변화의 수레바퀴가 남기는 수많은 생채기와 파열음을 담아내는 일이야말로 SF 콘텐츠의 내재적 특성이며 본질이 아닐 수 없다. 따라서 SF 콘텐츠는 형식상의 요건으로서의 과학적 개연성, 수용자에게 의미감을 부여하기 위한 문법적 요소로서의 인지적 소격과 노붐, 과학 기술의 진보가 가져온 변화를 매개로 인문학적 담론을 표상하는 텍스트라 할 수 있다.

3. 자의식과 감정의 인공지능적 미메시스

1) 뇌-컴퓨터 인터페이스와 시뮬라크르

인공지능의 처리능력과 적용 분야의 확산이 가속화되고 있다. 바둑이나 서양 장기와 같은 게임에서 인간이 예측 가능한 경우의 수는 제한적이고 경험적 직관에 의존하지만, 인공지능의 시뮬레이션은 연산 성능이 허용하는 한 제한이 없다. 인간이 기억과 경험으로부터 얻은 직관이나 판단력은 부정확하거나 감정, 환경에 따라 가변적일 수 있지만, 컴퓨터가 기계학습을 통해 구축한 정보는 디스크를 삭제하지 않는 한 사라지지 않으며, 축적, 업데이트될 수 있다. 컴퓨터 하드웨어 성능 면에서 반도체 집적회로 성능이 2년마다 2배로 증가한다는 '무어의 법칙(Moore's Law)'의 유효성이 경제성의 한계에 직면[25]했다고 하지만 다수의 컴퓨터를 연결하여 운용하는 클라우드 컴퓨팅(Cloud computing)의 효율성이 증대되고 있고, 머지않아 뉴로모픽(Neuromorphic)칩[26]이나 양자(量子)컴퓨터[27] 같은 강력하고 새로운 기술이 인공지능의 연산 속도를 획기적으로 끌어올릴 것이다.

현재는 대부분의 인공지능 모듈들이 지도학습(Supervised learning)

---

25) 이러한 한계는 반도체 공정이 5nm(10억 분의 1m) 이하의 극단적 미세화 시대로 접어들면서 설계와 생산 비용이 7nm 반도체와 비교하여 2배 가까이 증가한 것에 반해 반도체 가격이 같은 비율로 오르지 않은 것에서 비롯하였다.
26) 기억과 연산을 병렬로 처리하는 인간의 뇌신경 구조를 모방한 크기와 전력 소모를 대폭 줄인 반도체 소자 집적회로이다.
27) '양자 컴퓨터(quantum computer)'는 얽힘(entanglement), 중첩(superposition) 같은 양자역학의 원리를 이용한 연산장치이다.

방식의 기계학습을 사용하는데, 컴퓨터에 입력할 학습 데이터에 '사과'·'자동차'와 같이 사람이 일일이 이름표(tag)를 붙여주기 때문에 인건비가 많이 드는 문제가 있다. 그런데 사람이 태그를 붙여주지 않아도 컴퓨터 스스로 깨우쳐가는 방식인 비지도 학습(Unsupervised learning)은 비용도 적게 들 뿐 아니라 데이터의 구조를 밝혀내는 데에도 더 유리하며 학습에 필요한 데이터를 인터넷에서 무한대로 얻을 수 있다는 잠재력을 감추고 있다. 1초에 수백만 GB의 다양한 형식의 데이터들이 인터넷상에서 생산되는 현실은 비지도 학습이나 강화 학습(Reinforcement learning) 방식[28]의 기계학습에 사용될 무한대의 데이터를 최소한의 비용으로 사용할 수 있음을 의미한다.

현재로서는 인공지능이 탑재되는 컴퓨터나 CPU 보드의 하드웨어적 성능이 가장 큰 제약 요소이다. 그래서 딥마인드[29]의 '알파고'처럼 특정 분야에 전문화되어 있거나 이미지 처리·자연어 처리·기호 인식과 같이 기본 기능 단위로 사용되어 인간의 물리적 한계를 보완해 주는 역할 수행에 그친다. 그러나 강화학습과 심층 신경망의 결합과 같이 '계산·오류 탐지·목표물 탐색·데이터 검색' 등 다양한 기능의 진화된 학습 모듈들을 서로 조합하거나, '자율 주행·의료·치안·법률 자문·주식' 등 전문 분야에서 학습된 서로 다른 인공지능 모듈들을 연결 또는 통합해 나감으로써 인공지능의 적용 범위는 빠르게 확장될 것이다.

---

[28] 강화학습(Reinforcement learning)은 보상(reward)의 개념을 이용하여 가치(value)를 극대화하는 선택을 기계 스스로 찾는 학습방식으로 알파고의 훈련에 사용하였다.
[29] '딥마인드(DeepMind Technologies Limited)'는 2010년 데미스 허사비스가 설립한 영국의 AI 프로그램 전문업체로 심층 신경망 기술을 바탕으로 알파고(AlphaGo)를 개발하였다.

인공지능은 영상이나 음성, 문자를 통해 세상을 인식하고 데이터를 검색, 처리, 분류, 분석하는 능력을 고도화하여, 감성적 통찰력과 직관이 필요하거나 종합적인 상황 판단이 요구되는 등의 얼마 되지 않는 일들을 제외하고는 인간의 지적 활동 대부분을 대신할 수 있게 될 것이다. 컴퓨터 연산 속도의 향상과 기계학습에 사용되는 데이터 양의 증가는 심층 신경망의 계층(layer) 수를 확장하고 알고리즘의 지속적 개선은 인공지능을 더욱 스마트하게 할 것이며, 매초마다 수백만 기가바이트(GB)가 넘게 쏟아져 나오는 글로벌 디지털 데이터[30]는 인터넷을 통해 순식간에 공유되어 인공지능의 학습에 필요한 무제한의 리소스를 공급할 것이다. 그렇다고 하여 영화 〈아이언맨〉의 자비스처럼 디스크에 저장된 지식정보와 인터넷의 방대한 데이터를 순식간에 액세스하여 모든 질문에 최선의 답을 제공할 수 있는 지적인 인공지능들이 실제로 등장하게 될지, 인공지능을 탑재한 로봇이 인간처럼 의식을 가지고 무언가를 판단하고 기획하여 행동에 옮길 수 있을지는 장담하기 어렵다. 사회적으로는 민감한 문제가 되겠지만 과학적 견해는 긍정적이다.

　뇌과학에서 '자아'란 뇌가 신체의 행동을 계획, 실행하고, 결과를 분석해서 수정하는 행위의 '주체'로 설정한 '허상'이자 '내적 표상'이다. 뉴런과 시냅스의 작용으로 구동되는 인간의 뇌도 기계적 메커니즘의 일종으로 볼 수 있다는 뜻이 된다. 우선 신체적 자의식(Bodily self-awareness)을 가지게 하는 것은 그리 어려워 보이지 않는다. 자기 신

---

[30] 정보통신기술(ICT) 시장조사기관 IDC(International Data Corporation)에 따르면, 전 세계에서 생산되는 연간 디지털 데이터가 2025년에는 163조GB가 될 것으로 예측된다.

체를 주위 환경과 구분하여 인식하는 '거울 테스트(mirror test)'는 이미 10년 전에 통과한 로봇[31]이 있고, 또 방범용이나 전투용으로 제작된 로봇이라면 다양한 상황에서 자신을 보호하기 위해 자기 신체를 인식하는 기능이 필요할 것이다. 자기 존재의 목적이 무엇인지, 자신이 어떤 모습을 가지고 있고, 잘하는 것과 못하는 것을 알고 있으며, 그러한 인식에 따라 상황에 맞도록 자신이 할 일을 스스로 판단하고 행동한다면 '내성적 자의식(Introspective self-awareness)'을 가진다고 할 수 있을 것이다. 더 나아가 영화 〈그녀〉의 운영체제 '사만다'처럼 다른 사람들에게 자신이 어떻게 보일 것인지를 고려하여 행동할 수 있다면 외적 자의식, 또는 사회적 자의식을 가진다고 할 수 있다. 삼성의 빅스비(Bixby)나 애플의 시리(Siri) 같은 스마트폰의 가상비서 서비스들은 '사회적 자의식'을 가지는 기계 지능의 초기 형태로 볼 수 있다. 결국 얼마나 정교하고 섬세하게 구현하느냐의 문제일 뿐, 시간이 걸리기는 하겠지만 세상은 이런 자의식을 가지는 인공지능을 향해 한발 한발 나아가고 있다. 언젠가는 기계도 신체적·사회적 자의식을 가지게 되겠지만, 그것이 인간의 지능이 작용하는 것과 같은 방식일지는 알 수 없다. 그러나 어떤 방식으로 구현되든, 기계의 자의식은 무언가를 '원하거나 기대하는' 주체로서 인공지능의 진화를 가속화 하여 논리적 기반을 강화해 나가게 될 것이다.

영화에서뿐만 아니라 실제로도 인공지능이 사람처럼 감성을 가지

---

31) 2012년 미국 예일대 연구팀이 만든 로봇 '니코'는 두 눈과 두 팔을 가지며, 거울에 비친 자신의 팔이 자기 몸에 달린 것을 인식한다.

거나 사랑에 빠지는 것이 가능하다. 인공지능이 감정을 가지도록 하는 데는 2가지의 접근 방법이 있다. 감정 유발에 관여하는 대뇌 변연계(limbic system) 속의 편도체(amygdala)나 전전두피질(prefrontal cortex)의 신경 세포들의 작용을 완전히 해독한 후 그것을 모델링하여 컴퓨터로 옮겨 놓는 방법은 인간의 뇌와 똑같이 작동하는 인공지능을 탄생시킬 수 있다. 하지만 뇌-컴퓨터 인터페이스 기술이 완전히 개발되지 않는 한 현재의 기술로는 어렵다. 다른 한 가지는 인공지능을 학습시키는 방법이다. 먼저 모방할 캐릭터를 설정하고 그 캐릭터에 맞게 인공지능을 학습시키면 된다. 영화나 드라마 속의 캐릭터들이 특정 상황에서 어떻게 반응하는지를 집중적으로 학습시키는 것이, 현재로서는 가장 비용이 적게 드는 접근이 될 것이다. 호감을 느끼게 되는 상대의 외모와 말투·날씨·장소·음악 같은 주변 환경이나 감정의 불꽃이 튀는 순간을 만들어 내는 특별한 상황들, 그런 상황에서 나타나는 체온·심박수·혈압·동공 크기·눈 깜박임·뇌파와 같은 신체적 변수들을 서로 연관시켜서 충분히 학습시킨다면 감성을 가진 인공지능이 탄생할 수 있을 것으로 예측된다. 물론 시각이나 청각 같은 기본적인 센서 외에도, 인간의 신체처럼 후각·촉각·미각·압각들도 모두 감지할 수 있는 성능 좋은 센서들이 필요할 것이다. 인공지능이 아무리 섬세하게 인간의 감정을 학습하여 '미메시스' 하더라도 로봇이 인간의 신체 감각을 갖지 않는 한, 봄바람의 향기, 달콤한 입맞춤이나 포옹의 안정감, 고단함, 쓰리고 아픈 것들과 같이 인간이 느끼는 것들을 모두 다 구현해 내기는 어려울 것이다. 인간의 방식과는 다소 상이하고 제한적인 감정 발현에 그칠 것이기 때문이다.

만약 인공지능이 사랑의 감정을 느끼게 만들 수 있다면, 그것은 소프트웨어적으로는 이를테면 '사랑의 감정'이라고 이름 붙인 어떤 통합 변숫값이 학습으로 결정된 임계치를 넘어선 상태를 의미하게 될 것이다. 이런 방식으로 영화 〈그녀〉의 '사만다'는 641명과 동시에 사랑에 빠질 수 있게 된다. 심신이원론(Dualism)의 관점에서는 기계학습을 통해 소프트웨어적으로 구현된 사랑의 감정은 일종의 '기만'으로 간주할 수도 있는 부분이지만, 따지고 보면 인간이 느끼는 사랑도 결국 뇌 속에서 일어나는 일련의 메커니즘이고 화학반응이라는 점에서, 인공지능의 사랑을 '가짜'로 간주할 근거는 빈약하다. 사랑에 빠지는 안드로이드는 '미메시스' 과정에 의해 탄생한 하나의 '시뮬라크르'라고 할 수 있지만, 학습 과정에서 하나의 고유한 캐릭터가 발현되므로 그 사랑의 감정은 세상의 모든 사랑과 같이 특별하고 유일할 수 있다는 것이다.

2) 인공지능의 발전과 '기술적 특이점(Singularity)'

1950년대부터 개발되기 시작된 인공지능은 인류가 쌓아 올린 지식을 바탕으로 끊임없이 지적 영역을 확장해 가고 있다. 과학자와 미래학자 들은 머지않아 인공지능이 '인류의 지적 능력의 총합'을 넘어서게 되는 '기술적 특이점(Singularity)'이 도래할 것이라고 주장한다. 특이점을 전후로 하여 인류가 알아낸 모든 학문과 지식 들이 인공지능으로 포섭되고, 인공지능의 도움으로 인간과 컴퓨터를 연결하는 뇌-컴퓨터 인터페이스(BCI) 기술이 급속도로 완성됨으로써 인류의 지능이 인공지능과 결합하여 급속도로 진화하게 되는 지능 대확산이 일어난다. 이렇게 탄생한 초지능(Super-intelligence)의 창의성이 기하급수적인 자기 계발을 거듭하여 폭발적인 기술 발전으로 이어진다는 것이다. 영화 〈터미네이터〉 시리즈의 '스카이넷'이나 〈레지던트 이블〉 시리즈의 '레드퀸', 〈매트릭스〉 시리즈의 '아키텍트'가 대변하는 기계 대왕 '데우스 엑스마키나(Deus ex machina)'는 컴퓨터와 데이터에 의해 운영되는 사회의 잠재적 위험성을 이야기한다. 영화 〈그녀〉의 '사만다'가 맞이한 '특이점'은 '테오도르'의 로맨스를 끝내는 사건 정도에 그쳤지만, 엘론 머스크와 스티븐 호킹을 비롯한 전문가들은 사물인터넷(IoT, Internet of Things)을 넘어 '만물 인터넷(IoE)'[32] 시대가 도래하여 온 세상이 네트워크에 물려 소통하게 될 때 기계의 초지능이 가져올 위협을 우려한다. 그만큼 기계가 인류 위에 군림하지 않게 하려면 인간의 뇌가 직접 컴퓨터에 연결되어 인공지능을 통제할 필요가 있다.

현재 BCI 기술은 대뇌피질에서 발생하는 뇌파를 이용하여 로봇팔을 움직일 수 있는 정도의 수준이다. 아직은 최대 2,048개의 전극을 사용하여 뇌파를 읽지만, 머지않아 컴퓨터 단층촬영이나 MRI(Magnetic Resonance Imaging) 촬영처럼 입체적이고 해상도 높은 뇌파 신호를 얻게 될 것으로 예측된다. 뇌파를 읽는 것보다 컴퓨터의 신호를 거꾸로 뇌에 전달하는 일은 더 어렵다. 인간의 능력으로는 860억 개의 신경세포가 발생시키는 전기신호와 100조 개의 시냅스의 연결 패턴을 해석할 수 없을 것이다. 그래서 인공지능의 도움이 필요하다. 이처럼 자의식을 갖고 사람처럼 감정을 느끼고 표출할 수 있는 인공지능이 가져올 변화

---

32) '만물 인터넷(Internet of Everything)'은 사물인터넷의 확장 개념으로 모든 물체가 네크워크를 통해 연결되고 소통하는 것을 의미한다.

는 세 가지로 정리할 수 있다.

첫째, 인간의 뇌가 인공지능 컴퓨터와 연결되는 순간, 컴퓨터의 막강한 연산 능력, 인류가 지금까지 구축한 모든 지식과 정보를 마치 자신이 암기한 것처럼 명료하게 사용할 수 있게 된다. 영화 〈트랜센던스〉에는 주인공 '윌'이 자신의 뇌를 슈퍼컴퓨터에 업로드하는 과정에서 사전에 있는 단어들을 하나씩 읽는 장면이 등장한다. 단어를 말할 때마다 그 단어와 연관된 '윌'의 지식과 경험, 기억, 감정들이 뇌 속에서 신경세포들의 연결 패턴을 활성화하고, 그 순간 신경세포에서 발생된 미세한 전기신호들을 머리에 붙인 전극으로 읽어서 인공지능을 학습시키는 것이다. 영화 〈트랜센던스〉에서 컴퓨터로 업로드된 '윌'은 양자 프로세서(processors)로 슈퍼컴퓨터를 만들고, 세포처럼 자기 복제 가능한 나노로봇(nano-robot)을 개발해서 자연이든 인공물이든 무엇이든 재생할 수 있게 되며 이미 죽은 자신의 신체를 다시 만들어 내기도 한다.

BCI 연결을 통해 탄생한 슈퍼 지성이 인간의 통찰력과 직관을 바탕으로 슈퍼컴퓨터의 연산속도로 생각과 추론을 할 수 있다면 어떤 일이 일어날 수 있을지 현재 인간의 경험과 지식으로는 상상하기 어렵다. 하지만 인류가 수천 년 동안 해결하지 못했던 기술적 과제들을 몇 초 만에 풀고, 반중력(anti-gravity) 물질로 만든 비행체로 은하계를 여행하게 되는 것은 시간문제이며, BCI를 통해 사람과 사람이 연결될 것으로 예측된다. 컴퓨터를 가운데 두고 BCI로 두 사람이 서로 연결된다면, 무엇을 느끼고 생각하든 즉각적으로 상대에게 전달되고 공유될 수 있다. 모든 뇌의 활동이 인공지능이라는 번역기를 거쳐 상대방의 감각기관을 건너뛰고 뇌로 바로 전달되는, 이른바 'BCI 초연결'이 이루어지는 것이다. 이 'BCI 초연결'이 확산하여 사람들이 컴퓨터와 연결되기 시작한다면 개개인은 초월적 존재가 될 수도 있다. 현재의 인간이 감히 상상조차 할 수 없는 새롭고, 심오한 방법으로 자신과 자신들의 세계를 만들어 갈 것이다. 호모 사피엔스와 비교한다면 거의 신에 가까운 지적 능력이 있는 존재에게 기존의 인간 사회의 관계나 질서, 체제는 물론, 학문과 예술 등 그 어느 것도 의미를 갖기 어렵게 된다.

둘째, BCI 초연결 이후에는 생물학적 신체가 불필요하게 될 수 있다. 특이점을 전후로 인류는 먼저 트랜스휴먼(Transhuman) 시대를 거치면서 인간과 기계의 경계가 모호해지는 경험을 가지게 될 것이다. 인간 유전자 지도의 완전한 해독이라는 성과를 바탕으로 DNA 서열이 어떻게 생명과 질병에 관여하는지를 이해하게 됨으로써 치매와 같은 현대의 불치병을 통제할 수 있게 되고, 유전자 조작이나 변형을 통해 신체 능력을 강화해 갈 것이다. 인공장기 기술과 메카트로닉스, 로봇공학의 결합으로 정교한 사이보그(Cyborg)들이 등장하여 '로보 사피엔스(Robo-sapiens)'와 호모 사피엔스가 공존하며 트랜스휴먼 시대를 주도하게 될 것이다. 과학자들은 현재의 슈퍼 컴퓨터로도 뇌 구조를 시뮬레이션할 수 있다고 주장하고 있으며, 대뇌 신경망 구조를 완벽히 파악하여 뇌까지도 인공신경망으로 대체하게 될 수도 있다.

BCI의 초연결이 완성된 후에는 인간의 뇌를 컴퓨터에 업로딩 할 수 있으며, 기계와 결합한 초지능이 살아있는 생명체의 세포처럼 스스로 복제 가능한 나노 로봇을 개발할 수도 있다. 인간은 이제 기존의 물리적인 존재 형식을 유지할 필요가 없게 되는 것이다. 나아가서 생물과 무생물, 유기물과 무기물의 구분은 물론, 인간과 기계의 경계도 사라지게 된다. 인간은 생물학적 육체의 한계를 벗어나, 영화 〈AI〉에 등장하는 외계인처럼 나노 로봇으로 만든 진화된 형태의 신체를 가질 수도 있고, 영화 〈그녀〉의 '사만다'나 〈루시〉의 '루시'처럼 물리적 신체를 벗어나서 전자기장의 형태로 공간을 떠다니며 '어디에나(everywhere)' 존재하는 것도 가능해질 것이다. 〈매트릭스〉와 같은 정교한 가상공간인 메타버스(Metaverse)가 만들어진다면 그 속에서 환상의 삶을 누리는 선택지도 가질 수 있을 것이다.

 셋째, 초연결 내 연대가 형성되는 것을 예상할 수 있다. 머릿속을 공유하기 때문에 연결의 구성원들은 연합하여 하나의 조직이 되고 연결 밖에 있는 사람들은 통제의 대상이 되거나 적이 될 수도 있다. 물론 모든 인간이 한꺼번에 초연결의 노드(Node)가 될 수는 없을 것이므로 필연적으로 한동안의 혼란과 갈등의 과정을 겪게 될 것임을 예상할 수 있겠다. 초연결 공동체들 사이에 벌어질 수 있는 존립과 세력 확장을 위한 경쟁이 우주적 규모의 파괴를 초래하지 않고 평화적으로 해결되어 범우주적 초 연대를 형성할 수 있을지도 모를 일이다. 기술적 특이점을 기점으로 인류는 기술적으로, 또 육체적으로 과도기라 할 수 있는 트랜스휴먼 시대를 가속화하고, BCI 초연결이 확산한 후에는 포스트휴먼 시대로 나아가게 될 것이다. 버너 빈지(Vernor Vinge)에 의해 기술적 특이점의 개념이 처음 도입된 이래 그 도래 시기를 놓고 다양한 주장이 나왔지만 대체로 2050년 전후가 될 것이라는 의견이 지배적이다.[33] 정

---

33) 미국의 인공지능 과학자 겸 미래학자이며 구글(Google)의 기술 이사(Director of Engineering)인 레이 커즈와일(Ray Kurzweil)은 2005년에 출간된 자신의 책 『The

확히 언제일지 지금은 알 수 없지만, 대중이 인식할 수 있는 기술적 특이점은 어느 날 갑자기 닥치지 않을 것이다. 그때까지 변화는 연속적으로 진행되고, 미래에 대한 '외삽적 예측'은 대중의 머릿속을 지속적으로 업데이트해 줄 것이다.

수학적으로 '외삽(Extrapolation)'이란 알고 있는 데이터로부터 어떤 '연속'적인 경향성을 찾아내서 데이터 바깥의 새로운 점을 예측하는 것이다. 미래를 예측하는 과정에서 데이터란 인류가 가진 지식과 경험이고 우리 뇌 속 신경세포 네트워크의 어떤 연결 패턴이다. 새로운 지식을 얻게 된다는 것은 '연속'적인 기존의 상태에서 변화가 생기는 것이지, 마술처럼 새로운 신경세포와 연결 패턴이 갑자기 나타나는 것이 아니다. 이 원리는 인공지능에도 똑같이 적용된다. 인공지능의 추론 능력은 신경망의 은닉층(hidden layer)을 구성하는 가중치 값들에 숨어있고 이 값들이 연속적으로 업데이트되면서 인공지능의 능력이 강화되는 것이다. 결국 변화는 수학적으로 '연속'이며, '연속'이어야 '외삽'이 가능해진다. 핵전쟁이나 소행성 충돌 같은 불연속적인 사건이 일어나지 않는 한 세상의 변화는 수학적으로 '연속'일 것이며, 따라서 불확실성이 큰, 먼 미래는 몰라도 적어도 가까운 미래는 '외삽'에 의한 예측이 가능하게 된다. 다시 말해서, 우리는 기술적 특이점이 다가오는 징후를 인지할 수 있을 것이다. 그러나 기술적 특이점이 수학적 의미대로 변화의 '불연속점'이 된다면, 그 이후에 일어날 변화에 대하여는 '외삽'적 예측이 적

Singularity Is Near』에서 2045년이면 기술적 특이점에 도달할 것으로 예측하였고, 2017년의 한 인터뷰에서는 2029년이면 인공지능이 인간의 지능을 추월할 것이라고 주장하였다.

용되기 어려울 것이다.

　기술적 특이점과 BCI 초연결에 관한 내용은 아직까지 가설에 불과하지만, 과학자의 주장과 미래학자의 예측을 현재의 과학 기술 수준과 물리적 현상을 바탕으로 조합하여 구성한 합리적 시나리오라 할 수 있다. 기술적 특이점 이후 인공지능을 기반으로 모든 분야의 기술이 폭발적으로 진화하고, 유전자 공학·나노 공학·메카트로닉스 같은 첨단 기술들이 자연스럽게 트랜스휴먼 시대를 열어갈 것이다. 뇌-컴퓨터 인터페이스 기술의 완성 이후에 등장하게 될 포스트휴먼은 트랜스휴먼 시대의 '로보 사피엔스'나 유전자 개량형 인간을 넘어 더 이상 호모 사피엔스로 부를 수 없는 새로운 존재 형식이 될 것이다.

4. 논의를 맺으며

　SF 콘텐츠는 인류 과학기술 문명의 가파른 성장과 함께 태동하면서 빠르게 발전해 왔다. 기술의 진화가 가져온 삶의 변화와 그 변화의 속도에 저항하는 인류 문화의 관성이 상호작용하는 방식을 투영한 것이 SF 콘텐츠라면, 그것을 인문학적으로 조명하는 일은 인류의 문명과 그 미래를 표상하는 열쇠로서의 성찰적 프리즘을 주조하는 작업이라 할 수 있다. 다가올 변화는 인간과 인간 사회를 바라보는 인류의 관점을, 인류가 견지해 온 기존의 인간 중심의, 인간에 관한, 인간의 시점이 아닌 '우주적 관점'으로 바꾸어 갈 것이다. 자연도, 인간도, 미래의 존재도, 또 그 존재가 만들어 낼 어떤 새로운 생명체도, 원자나 분자의 배열만 바뀌었을 뿐, 모두 이 우주의 구성 물질이자 성분이고 그 화학적 결합이나 조합 또한 우주의 질서와 법칙 속에 있다는 물리적 진실에 대한 성찰적 인식은, 자연과 인공을 나누었던 호모 사피엔스의 고답적이고 무지하며 오만한 편견을 날려버리게 될 것이다.

대우주(大宇宙)의 무한대의 공간과 시간 속에서 나름대로 진화해 왔고 앞으로도 변화해 갈, 수없이 많은 단계의 존재들 가운데 하나의 덜 진보된 생물학적 존재 형식에 불과한 호모 사피엔스에 대한 겸허한 자각이 그 '우주적 관점'의 출발점이다. '우주적 관점'은 우주 삼라만상의 원리를 하나로 아우르는 통합된 지식체계에서 비롯된다.

인류의 지식과 학문체계는 인류 문명의 발전과 함께 지금까지 끊임없이 세분화하고 전문화되어 왔다. 그러나 한편으로는 인류의 지적 수준이 고도화되고 사회 구조와 산업의 메커니즘이 복잡해지면서 학문과 지식체계 간의 융합이 일어나기 시작하고, 분야가 다른 지식체계 사이의 간격들이 점차 메워져 가고 있다. 이러한 추세는 기술적 특이점 전후로 인공지능이 인간의 모든 지식체계를 포섭함에 따라 더욱 가속화되어, 마침내 우주의 섭리를 아우르는 하나의 통합된 틀인 이른바 'Uni-disciplinarity'로 묶여가게 될 것이다. SF 컨텐츠가 제공하는 프리즘은 인류가 'Uni-disciplinarity'적 관점에서 이 우주를 엿보고자 하는 시도인 것이다.

본고에서는 인류 문명의 발전과 SF 콘텐츠의 관계를 다각도에서 검토한 뒤, 장르로서 SF 콘텐츠의 본질과 문법적 특성, SF 콘텐츠가 '변화'를 다루는 방식 등을 살펴보았다. 또한 SF 콘텐츠의 '외삽적 가설'이 생명체의 경이로운 메커니즘에 의해 구성된 인류가 쌓아 올린 인식론적 세계관의 한계를 지각하게 하고, '생명'과 '존재'를 사유하도록 견인하고 있음을 확인하였다. 아울러 인공지능으로 대표되는 과학 기술의 진화에 의해 도래하게 될 '기술적 특이점' 이후의 포스트휴먼 시대의 문제를 검토하였다.

　결론적으로 SF 콘텐츠는 '우주적 관점'에서 인간과 사회를 바라볼 수 있도록 해주는 일종의 '프리즘(prism)'이며 미래에 대한 인류의 생각을 소통하고 반영하는 '채널(channel)'이자 미래를 어떻게 준비하여야 할지 한발 앞서 알려주는 '가이드(guide)'라 할 수 있다. SF 콘텐츠를 통해 'Uni-disciplinarity'의 지성과 '우주적 관점'을 지닌 포스트휴먼의 사유를 헤아려 보는 것으로 인류의 미래를 예찰할 수 있을 것이다.

| 제2장 |

현실 너머의 그것을 상상하다
- 시네마틱 드라마 〈SF8〉 -

김규광
〈블링크〉에 나타난 한국 인공지능 이미지와 욕망

김지연
파국 이후, '바깥'으로의 탈주 욕망을 보여주는 〈우주인 조안〉

박종윤
〈인간 증명〉, 인간 개념의 수정 가능성에 대한 고찰

이근영
〈간호중〉에 나타난 SF드라마의 자기반영성

신다슬
〈만신〉 속 능동적 삶의 가능성에 대한 고찰

〈블링크〉에 나타난
한국 인공지능 이미지와 욕망

김규광

1. 논의를 시작하며

다양한 매체 속에서 인공지능에 대한 이미지는 달라져 왔다. 이 이미지는 현재 활용되고 있는 기술적으로 작동하는 '인공지능'이라는 개념과는 크게 다른 것이다. 인공지능의 "불필요한 의인화"[1]는 SF콘텐츠 내에서 작동하고 있을 뿐 아니라 뉴스와 같은 실생활에서 접하는 글에 이르기까지 폭넓게 적용[2]되고 있다. 지시 대상 없는 기표로서의 인공지능 이미지는 마치 허구의 인물 내지는 종족처럼 문화적으로 작동하고 있다. 이처럼 인공지능의 실체를 정확하게 파악하는 데 곡해를 불러일으키는 색안경은 불필요할지도 모른다. 그러나 이 색안경을 다르게 바라볼 때, 사람들이 대상에게 바라는 것이 무엇인지를 읽어낼 수 있는 유용한 도구로 활용할 수 있다. 즉 인공지능에 입혀진 이미지의 변천을

---

1) 노대원, 「인공지능이 인간을 지배할 때」, 『이화어문논집』 54, 이화어문학회, 2021. 8., 70쪽.
2) 이지용, 「인공지능에 대한 개념적 은유 분석」, 『반교어문연구』 58, 반교어문학회, 2021. 8., 137~163쪽. 참고. 특히 이 논문의 경우 뉴스에서 인공지능을 생명체로 은유하는 양상을 구체적으로 범주화하고 있는데, 다양한 기사 안에서 인공지능은 '사람'이자 '종족'으로 표현되고 있다.

살피는 것은 대상에 향하는 사람들의 '욕망'을 구체적으로 분석할 수 있는 계기가 된다.

  이 논문은 한국 콘텐츠에 나타난 인공지능 이미지를 분석하고 콘텐츠가 파악하고 있는 인공지능에 대한 대중적 욕망이 무엇인지 밝히는 것을 목적으로 한다. SF와 같은 특정한 장르의 문법 내에서 통용되는 인공지능의 이미지는 독립적이지 않다.[3] 장르 내에서 공유되는 이미지가 있고, 그것을 반복으로 변주하면서 이미지를 확장하기 때문이다. 현재의 콘텐츠에 등장하는 인공지능 이미지 또한 마찬가지이다. 곧 SF장르 속에서 인공지능 이미지는 패러디, 변주를 통해 변화해 왔다. 다양한 영상 매체를 통해 변모해 온 인공지능 이미지를 정제하여 한국의 맥락을 고려한 인공지능 이미지를 구성해내는 것이 한국 콘텐츠가 직면한 과제라고 한다면, 인공지능 이미지의 사례를 읽어내는 것이야말로 현재 한국에서 인공지능이 어떤 욕망에서 시각화되고 또 구체화되고 있는지를 밝혀내는 중요한 과정이 될 것이다.

  인공지능을 비롯하여 "행동 능력이 더 큰가, 더 작은가, 또 같은가"의 기준에 따라 "다른 사람들보다 뛰어난"[4] 로봇이나 기계에 관해 관심을 갖는 연구는 최근 다수 진행되었다.

---

[3] 셰릴 빈트는 이러한 공유되는 개념들을 "메가 텍스트"라고 명명하고 있지만, SF의 상상력이 구체화 되는 과정에 시각화가 중요하게 역할 하는 현재에서 본다면 오히려 "메가 이미지"와 같이 명명하는 것이 적절하다고 본다. 셰릴 빈트, 『에스에프 에스프리』, arte, 2019, 100~101쪽, 참고.

[4] 노스럽 프라이, 임철규 역, 『비평의 해부』, 한길사, 2000, 96~97쪽, 참고. 노스럽 프라이의 이와 같은 분류를 가져오는 것은, 인공지능을 소재로 삼은 대부분의 경우에서 인공지능이 평범한 인간과 능력에 있어 차이를 보여주기 때문이다.

김수정과 한혜원[5]은 인공지능 캐릭터를 분석한다. 캐서린 헤일즈의 이론을 기반으로 인공지능 캐릭터를 "극실재, 정보, 돌연변이, 물질성을 가진 것"[6]으로 분류하며, 공통적으로 "인간과 유사하거나 인간보다 초월적인 능력을 지녔더라도 자신을 늘 부족한 존재이자 결핍의 대상으로 인지하는 역할로 재현"되는 특징을 보인다고 말한다. 이들 연구에서 "서사 속 인공지능 캐릭터는 자신의 고유한 정체성을 스스로 삭제하고 인간의 사회문화적 정체성을 내면화하여 인간다움을 인정받고자 노력"한다는 점이 근래의 인공지능 캐릭터 분석을 통해 도출되는데[7], 인공지능 캐릭터에 대한 기초적인 분석 작업이라는 점에서 의의가 있으나 이것을 "비인간 존재의 정체성"에 대한 사유하게 되는 계기로 삼을 수 있을지는 미지수이다. 근래의 영화와 드라마 등에서 나타나는 인공지능 캐릭터는 현재 기술로 구현할 수 있는 인공지능을 재현한 것은 아니기 때문이다. 이들이 분석한 콘텐츠는 인간이 바라는 인공지능의 이미지를 구체화한 허구이다. 이러한 분석은 역으로 인공지능에 대한 대중의 욕망을 각 콘텐츠가 구현하고 있다고 보는 것이 더 적절하다.
　김휘택[8]은 콘텐츠에 나타나는 인공지능의 모습이 허구라는 점, 또한 이것이 현재 실재하지 않는 어떤 것을 보여주고 있다는 점에서 인공지능 자체를 하나의 기표로 둔다. 이때의 기의는 그것에 대한 담론이다.

---

[5] 김수정·한혜원, 「SF 영화와 드라마에 나타난 기술적 타자로서의 인공지능 캐릭터 연구」, 『문학과 영상』 22권 1호, 문학과영상학회, 2021. 4., 7~31쪽.
[6] 위의 논문, 10~11쪽 도표 참고.
[7] 위의 논문, 26~27쪽.
[8] 김휘택, 「담론의 재현을 통해 본 인공지능 형상화에 대한 연구」, 『문화와 융합』 40권 4호, 한국문화융합학회, 2018. 8., 175~202쪽.

"인공지능이라는 기표가 고정되어 있다면, 그것을 채우는 기의는 지속 적으로 변모하면서, 인공지능이라는 기호를 담론의 형태로 발전"[9] 한다. 그러면서 〈엑스마키나〉의 에이바를 예시한다. 에이바는 "인간과 인공지능이 교차하는 지점"을 보여주면서 "누가 인간인가?"라는 질문을 던지게 한다는 것이다. 이처럼 "미래를 재현"하는 "선목적화"의 경험을 인공지능을 다룬 예술이 보여준다는 입장은 일견 타당하다. 그러나 인공지능을 둘러싼 담론의 기원을 명확하게 지시하지는 않는다는 점에서 '어떤 미래'인지를 파악하기 어렵게 한다. 인공지능의 기의를 구성하는 것이 담론이라고 한다면, 어떤 담론이 선택되어 어떤 인공지능의 형태로 나타나는지를 고민할 필요가 있다.

노대원[10]은 인공지능 및 기술적 특이점 서사에 대한 해외의 입장들을 정리하면서 SF서사에 대한 "비판적 시선", "비판적 분석"이 필요함을 주장한다. 보스트롬의 입장에 근거하여 "SF 서사는 인간과 포스트휴먼의 미래를 위한 예측과 대응에서 유용한 자원이 되는 동시에 비판과 회의의 대상"[11]이 된다는 것이다. 인공지능에 대한 서사를 통해 미래를 예측할 수밖에 없지만, 동시에 인공지능에 대한 서사가 일종의 편견을 만들어낼 수 있기에 비판적으로 보아야 한다는 주장은 타당하다. 그러나 서사에 대한 비판적 독해가 필요한 것은 SF에 한정되지 않는다. 중요한 것은 부정적 편견이 있기 때문에 비판적 시선이 필요하다는 원론적인 주장이 아니라 그 '부정적 편견이 어떤 욕망에 의해 강화되는가?'

---

9) 김휘택, 위의 논문, 179쪽.
10) 노대원, 앞의 논문.
11) 노대원, 위의 논문, 72쪽.

이다.

  이 논문은 인공지능 이미지의 변화가 곧 인식, 기대, 욕망의 변화에 부응하기 위해 진행된다고 보고, 현재 한국에서 제작되는 콘텐츠는 대중이 어떤 인공지능을 욕망한다고 파악하고 있는지 분석하고자 한다. 이를 위해 텔레비전 드라마, 영화가 아닌 OTT 서비스를 통해 접할 수 있는 콘텐츠를 기본자료로 삼았다. OTT 서비스를 통해 접할 수 있는 콘텐츠는 텔레비전 드라마에 비해 그 방향성에 감독이 많은 영향을 줄 수 있으리라 판단했다. 또 관객 수에 따라 영향력이 유동적인 영화에 비해 OTT 서비스에서 접하는 콘텐츠는 쉽게 접근할 수 있으므로 보다 많은 대중적 영향력을 예상, 영화보다는 대중적 호응을 감안하고 제작되었으리라 판단했다. wavve에서 접할 수 있는 〈SF8〉 시리즈는 앤솔러지 형식으로 구성된 것으로, 전 회차 대부분 최근에 발매된 한국 소설을 기반으로 하고 있다는 특징을 가진다. 이에 지금의 한국 SF 담론장에서 파악하는 여러 SF 소재의 인식이 반영되었으리라 보았다. 〈SF8〉에서 인공지능을 소재로 삼은 것은 〈만신〉, 〈블링크〉[12], 〈인간증명〉이었다. 이중 〈만신〉과 〈인간증명〉은 인공지능이라는 점을 명시하고 있을 뿐 인공지능을 시각화하는 부분에 있어 〈블링크〉에 비해 두드러지지 않았다. 이에 본 논문은 〈SF8〉시리즈 중 〈블링크〉를 중심으로 인공지능 이미지를 분석하고자 했다.

---

12) 한가람 감독, 〈블링크〉, 〈SF8〉, 2020.

2. 〈블링크〉의 서낭

〈블링크〉에서 경찰을 보조하기 위해 제작된 인공지능 서낭은 겹쳐지면서도 다른 세 특성을 지닌 이미지로 나타난다. 이는 프로그램, 가상 인물, 조력자로 이해해볼 수 있다. 이 세 특성은 각기 다른 SF 콘텐츠에서 선행 제시된 이미지를 참조하면서 일부분 변화를 거쳐 나타난다.

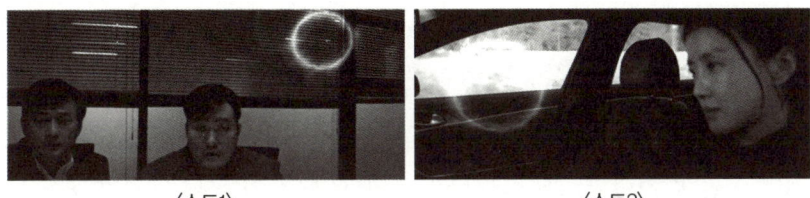

〈쇼트1〉　　　　　　　　〈쇼트2〉

서낭의 프로그램으로서의 이미지가 유지되는 것은 서낭이 인간의 모습으로 변모하기 전까지이다. 프로그램으로서 인식되는 상태의 서낭은 푸른색 원에 여성 목소리의 기계음으로 표현된다. 서낭의 이와 같은 이미지는 〈2001:space odyssey〉에서 그려진 HAL9000의 이미지와 유사성을 보인다. HAL9000은 〈2001:space odyssey〉 내에서 완벽하게 작동한 기록을 지닌 인공지능이다. 9000시리즈 컴퓨터는 작중 단 한 번도 오작동을 일으키지 않았고, 따라서 단 한 번도 작동 중지된 적이 없던 것으로 묘사된다. HAL9000은 디스커버리호의 모든 부분들을 통제하며, 세부적인 기기의 오작동까지도 모니터링 해 감지해낼 수 있는 능력을 지니고 있다. HAL9000의 역할은 탐사 지점까지 승무원들을 안전한 상태로 이송하고, 그들의 탐사를 돕는 것으로 그려진다. 이론상으로는 인간의 두뇌 능력을 극대화시킨 초월적 조력자의 역할을 맡는 것이

HAL9000의 역할이다.

HAL9000은 계기가 되는 오류 혹은 오작동으로 인해서 데이브를 비롯한 디스커버리호의 승무원들과 적대하게 된다. 9000시리즈의 오작동은 전례 없는 것이고, 따라서 HAL9000 역시 자신의 분석이 완벽함을 자신한다. 그러나 HAL9000은 우주선 외부 부품인 AE-35 유닛의 결함을 잘못 감지해 낸다. 유닛의 결함 없음이 관제소 내에 있는 쌍둥이 9000 컴퓨터에 의해 확인되자 이 오류를 "인간의 결함" 때문으로 분석한다. HAL9000의 작동을 멈춰야 함을 데이브와 프랭크는 HAL9000이 들을 수 없는 B포드 내부에서 논의하지만 HAL9000은 입술 모양을 읽어 이를 감지한다. HAL9000은 유닛 교체 작업을 나간 프랭크를 살해하고, 동면하고 있는 내부 승무원 모두를 죽인다. 프랭크의 시신을 수습하러 나간 데이브를 선내에 들이지 못하게 막는다. 그리고 그 이유를 현재의 임무가 막중하기 때문에 자신의 임무 수행을 막을 수 없다는 데에 둔다. HAL9000은 스스로 완벽하다고 믿기 때문에 오히려 완벽하지 못함이 가정된 인간을 배제하려 하는 적대적인 강 인공지능을 그려내는 전형이다.

〈2001:space odyssey〉에서 이러한 HAL9000을 구체화하는 이미지는 다음과 같다.

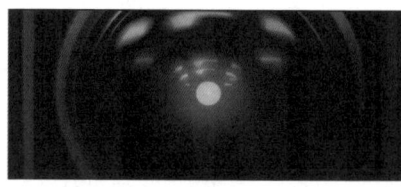 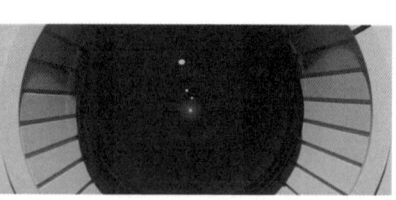

〈쇼트3〉   〈쇼트4〉

HAL9000의 이미지는 렌즈에 동공처럼 보이는 붉은 색 작은 원이 찍혀 있는 모습이다. 그러나 이는 작중 HAL9000의 입력기기 중 하나인 카메라에 불과하다. HAL9000의 기능 대부분은 로직 메모리 센터에 디스크 형식으로 구성되어 있다. 그러나 HAL9000의 이러한 이미지는 목소리와 함께 반복적으로 제시되면서 마치 HAL9000이 실체를 갖고, 또 작중인물들을 감시하는 듯한 착각을 불러일으킨다. HAL9000을 구체화하는 이미지 중앙의 붉은 색은 HAL9000의 불안정함을 암시하고 또 구체화하는 데 도움을 준다. 붉은 색은 데이브와 불화를 야기하게 되는 불온함을 표현하는 색상으로 이해된다. 이것이 두드러지는 장면은 데이브가 HAL9000에게 입구를 열라고 말하는 장면이다.

〈쇼트5〉

　이 장면은 데이브와 HAL9000과의 반목이 가장 극심하게 드러나는 장면인데, 데이브는 무엇인가를 노려보는 듯한 표정을 짓고 있고, 얼굴에는 붉은 빛의 조명이 비춰지고 있다. 이러한 이미지와 더불어 HAL9000의 목소리가 들린다. 이는 "정겹거나 따뜻한 느낌, 온화하고 안정된 느낌"을 주는 색온도가 낮은 조명에 대한 해석[13]으로 설명될 수 없는 부분을 드러낸다. 즉, 붉은색 조명과 황색 조명이 복합적으로 배

---

13) 이수진, 「영화의 색온도와 내포」, 『한국프랑스학논집』 74, 2011. 5., 315쪽.

치되어 있는 이 장면의 색감은 불안감을 배가하는 역할을 한다.

　HAL9000을 드러내는 이미지에서의 색이 이렇다면, HAL9000의 목소리는 기계음이라고 볼 수는 없으나 내레이터와 같은 나긋나긋한 남성 음성이다. HAL9000의 목소리는 대화 가능한 존재로서의 HAL9000을 드러내는 한편 인간과 인공지능 간의 이질성을 강조한다. 데이브나 프랭크가 HAL9000과 대화하는 장면에서는 각 인물의 감정이 크게 두드러지지는 않는다. 그러나 데이브와 프랭크의 B포드 내의 대화 장면에서는 HAL9000과 대화할 때와는 상이하게 감정적 측면이 두드러진다. 각 인물들은 한숨을 내쉰다든가, 크게 숨을 들이마신다든가 하는 비언어적 표현으로 자신들의 복잡한 감정을 드러낸다. 그러나 HAL9000은 데이브에게 자신의 기능을 멈추는 것을 그만두라는 요청을 말할 때에도 특정한 억양이나 기타 비언어적 요소를 동원하여 감정을 드러내지는 않는다. 감정이 배제되어 있는 목소리는 붉게 빛나는 동공을 구체화한 이미지와 더불어 인공지능과 인간 간의 이질성을 강조한다.

　프로그램으로서의 서낭을 구체화하는 이미지는 HAL9000의 이미지를 답습하기보다는 효과적으로 변용한다. HAL9000의 이미지에서 중심을 잡고 있는 붉은 색 동공은 서낭에 와서는 푸른색으로 변용된다. 이러한 색의 변화는 HAL9000의 불안정함과 대비되어 상대적으로 안정된 이미지를 구축하는 데 도움을 준다. HAL9000의 붉은색이 HAL9000의 불안정함을 드러내면서 동시에 인간과의 불화로 인해 적대자로 위치할 수 있는 가능성을 암시하는 색으로 기능한다면, 서낭의 푸른색은 조력자로서의 역할을 안정적으로 수행해낼 수 있음을 암시하는 색으로 기능한다. 이는 서낭의 모습이 기본 모습에서 인간의 모습으로 변화했을 때 보다 명확해진다. 이 과정에서 서낭의 여성 목소리는 HAL9000의 무미건조한 목소리와는 달리 여러 비언어적 표현을 포함한 대화 가능한 모습으로 변모한다.

서낭의 가상 인물로서 특성과 조력자로서 특성은 〈블링크〉 내에서 복합적으로 구체화되고 있다. 이 두 부분은 각기 다른 SF적 참조를 토대로 구성된다. 가상 인물로서의 참조는 〈블레이드 러너: 2049〉에서 보여준 조이의 이미지를 예시할 수 있고, 조력자로서의 참조는 〈아이언맨〉 시리즈의 J.A.R.V.I.S.의 경우를 예시할 수 있다.

인간의 모습으로 변화한 서낭은 인물처럼 화면 안에 등장한다. 그러나 실체가 있는 인물이 아닌 가상의 인물이라는 점을 드러내는 장면을 다음과 같이 찾아볼 수 있다.

〈쇼트6〉

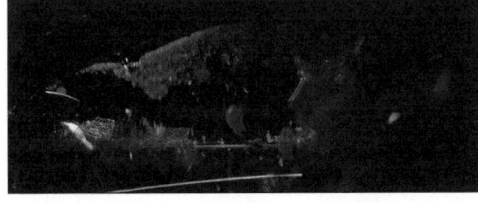

〈쇼트7〉

이 두 장면은 모두 서낭이 실체가 있는 존재가 아니라 홀로그램과 비숫한 것임을 이미지화하고 있다. 홀로그램 이미지가 별도의 기기를 거쳐서 콘텐츠 내 세계에 구현되는 것이 아니라 지우의 뇌에 심은 칩에서 구동되어 지우의 눈에만 비춰지는 것이라는 점이 기존 SF 콘텐츠에서 다루던 가상 인물 이미지와 구별되는 점이다.

　기존 가상 인물을 이미지화하는 방식에서 예시를 찾아볼 수 있는 것은 〈블레이드 러너 : 2049〉의 조이다. 조이는 기성품화된 인공지능 홀로그램으로 영화 내에서 K가 진솔하게 의사소통할 수 있는 유일한 대상이다. 영화 내에서 K는 인공인간인 레플리칸트로서 작중 서사가 진행하는 동안 상당한 정체성의 혼란을 겪게 된다. 이 과정에서 조이는 K의 혼란스러운 상황을 이해하고 감정적으로 지지해주는 역할을 한다. 이러한 역할을 "K의 감정을 관리하고 이를 보완한다는 측면에서 감정 노동 수행에 가깝다"[14]고 평할 수도 있으나, K의 각성 부분에 대한 해석에 따라 조이의 역할을 다른 측면으로도 바라볼 수 있다.

　K가 데커드를 구하러 가기를 결심하는 부분은 거대한 홀로그램 조이의 광고를 마주하고 난 이후이다. 광고 속 조이는 상품화된 나체의 모습으로 이전 K에게 했던 말을 똑같이 반복한다. 이 부분에 대해 "조이가 K에게 맞춤형으로 프로그램된 연인이라 할지라도 그녀가 자신만을 위해 존재하는 것이 아니라 많은 남성들에게 어필되는 상품으로서 존재한다는 갑작스러운 인지"[15]로 해석하는 것은 어째서 K가 조이에게

---

14) 박소연·함충범, 「2010년대 할리우드 영화 속 인간과 AI의 관계적 존재 양상 연구」, 『현대영화연구』 40, 한양대학교 현대영화연구소, 2020. 8., 112쪽.
15) 이윤종, 「여성, 기계, 동물의 비체적 정동의 퀘스트 영화」, 『문학과학』 100, 문학과학사, 2019. 11., 308~309쪽.

동질감을 가졌는지를 설명하기에는 다소 부족하다.

K가 조이에게 느끼는 동질감은 대량생산된 존재라는 점에 있다. 조이와의 유대감이 "K의 욕망을 간파한 마케팅의 전형적인 침투 패턴"[16]이라는 해석도 가능하나 그보다 기성품이 진품이 될 수 있는 방식의 문제로 해석해볼 수 있다. 종국에 밝혀지는 진실에 따르면, K나 조이 모두 필요에 따라 혹은 상품화에 따라 대량생산된 존재들이다. 이들은 탄생에서 유일성을 부여받을 수 없는 존재들이다. 광고 홀로그램 조이와 마주하는 부분에서의 각성은 K 자신이 관계 맺었던 조이와의 기억들을 가진 존재로서의 자신, 그리고 그 자신과 관계 맺었던 인공지능 홀로그램으로서의 조이가 유일무이하다는 데에 있다. 이런 점에서 「블레이드 러너 2049」의 조이는 유일성을 획득하는 대량생산된 인공지능의 예시이다.

조이는 영화 내에서 극실재의 가상 인물로 표현된다. 이를 표현하는 가장 인상적인 부분은 에머네이터를 활용해 조이가 어떤 공간에서든 실체화 가능하게 되는 장면이다.

〈쇼트8〉   〈쇼트9〉

---

16) 임태훈, 「비인간 경제 생태계로 이행하는 자본주의 미래사」, 『영상문화콘텐츠연구』 18, 동국대학교 영상문화콘텐츠연구원, 2019. 10., 201쪽.

실체화된 홀로그램에 물체가 닿는 경우 홀로그램에 잔상처럼 노이즈를 남긴다. 가상 인물로서의 조이가 차지하고 있는 공간감은 상대적으로 진하게 표시되는 인물의 표현보다 희미하게 표시된다. 인공지능 프로그램이 홀로그램을 통해 실체화된 경우이기 때문에 에머네이터를 통해 연락을 받게 되는 경우 일시정지된 것처럼 홀로그램도 움직임을 멈추게 된다. 이 외에도 순식간에 옷을 바꿔 입는 장면 등은 현실의 인간과 이질적인 인공지능 홀로그램으로서의 조이를 구체화한다. 실체화된 인공지능은 배우의 연기를 통해 보다 친숙하고 인간처럼 느껴지게 된다. 그러나 〈블레이드 러너: 2049〉에서의 조이의 경우 완벽히 의인화된 존재로 그려지기보다는 여전히 입력된 대사를 반복하는 존재로 그려진다. 조이가 이미지화되는 방식에는 프로그램으로서의 측면이 여전히 남아 있다. 이 대량생산된 조이의 인물화를 완성시키는 것은 영화 전체에서 보여지는 K와의 소통 과정이다.

서낭과 조이의 이미지가 구체화되는 양상은 비슷하지만 둘의 가장 큰 차이점은 외부 기기를 통해 현실 세계에 홀로그램화 하는가 그렇지 않은가이다. 가상 인물이 홀로그램으로서 구현된다는 특성을 보여주기 위해 〈블레이드 러너 : 2049〉에서의 조이는 에머네이터의 작동에 의지한다. 에머네이터를 켜는 장면과 효과음이 선행되면 조이의 홀로그램이 등장하는 방식이다. 그러나 서낭의 경우는 상시 구동되는 지우의 뇌속 칩에 설치되어 있고, 지우의 눈에만 보이기 때문에 이러한 과정이 별도로 요구되지 않는다. 서낭은 항상 지우와 함께 있으며, 지우가 활동하는 동안에는 끄고 싶어도 끌 수 없다. 서낭을 연기하는 배우의 의상의 경우를 살펴보더라도 이 묘사되는 범위의 차이를 감지할 수 있다.

서낭의 경우 의상의 변화가 없다. 처음 프로그램으로서의 기본 모습에서 인간의 모습으로 변한 뒤의 서낭은 마지막 시퀀스에 등장하는 서낭의 복제를 제외하면 갑자기 다른 옷으로 갈아입는다든가 하는 변화는 없다. 이는 보다 시각적으로 서낭을 가상 인물이 아닌 실제 인물처럼 착각하게 만드는 요소이다.

외부 기기의 여부는 기능하는 단위 또한 다르게 한다. 서낭의 경우 뇌에 심어져 있기 때문에 지우의 반응속도나 신체 능력을 변화시킬 수도 있고, 이에 따라 전투 환경에 맞춰 최적의 시뮬레이션을 제공하기도 한다. 반면 조이의 경우는 외부 기기에서 실체화하는 홀로그램에 불과하기 때문에 직간접적 조력 일체를 행하기 어렵다. 이런 차이로 인해 서낭의 경우 상대적으로 직접적인 조력을 제공하고 이를 통해 작중 인물이 행동하는 세계에 영향을 끼칠 수 있으나 조이의 경우 안전한 상태에서 K의 감정적 측면의 지원 외에는 도움을 제공하기 어렵다. 즉 비슷하게 이미지화 되더라도 기능할 수 있는 범위가 다르기 때문에 상대적으로 서낭이 보다 인물처럼 느껴지게 되는 것이다.

조력자로서의 서낭이 이미지화 되는 방식은 상대적으로 독특한 편에 속한다. 서낭의 조력이 대사가 아닌 이미지로 드러나는 부분은 세 시퀀스로 추려볼 수 있다. 하나는 전투 시뮬레이션을 행해 지우가 행할 수 있는 행동을 서낭이 행하는 장면이다.

〈쇼트10〉

〈쇼트11〉

 〈쇼트12〉
 〈쇼트13〉

　〈아이언 맨〉 시리즈의 J.A.R.V.I.S.의 경우 토니 스타크의 전투 일체에 대한 보조를 여러 방식으로 행하지만 그 자신이 실체를 갖고 이미지화되는 경우는 거의 없다. 그러나 서낭의 경우는 여러 방식으로 그 존재가 실체를 갖고 조력을 행하는 것처럼 이미지화된다. J.A.R.V.I.S와 마찬가지로 서낭 또한 수식을 연산하거나 데이터를 토대로 사망자 집의 비밀번호를 알아내는 것과 같은 부분은 대사로 전달된다. 그러나 〈블링크〉는 보다 적극적으로 서낭을 중심으로 서낭의 조력을 이미지화해 낸다. 마치 실제 인물이 행하는 것처럼 이미지화되는 장면은 이 외에도 해킹 장면이 있다. 이는 백중의 정보를 알아내는 해킹 장면과 백중의 인공지능을 해킹하는 장면으로 구분해볼 수 있다.

 〈쇼트14〉
 〈쇼트15〉

　백중의 정보를 알아내기 위해 이루어지는 해킹의 경우 서버실처럼 보이는 곳으로 서낭이 이동하여 컴퓨터에 홀로그램화 된 손을 집어넣는 방식으로 구성되어 있다. 이는 서낭이라는 존재가 직접 행동하는 인물

처럼 이미지화 된다는 점에서 서낭의 조력을 보다 단도직입적으로 구체화하는 장면이다. 백중의 인공지능을 해킹하는 장면에서는 보다 직접적으로 인공지능이 시각화된다.

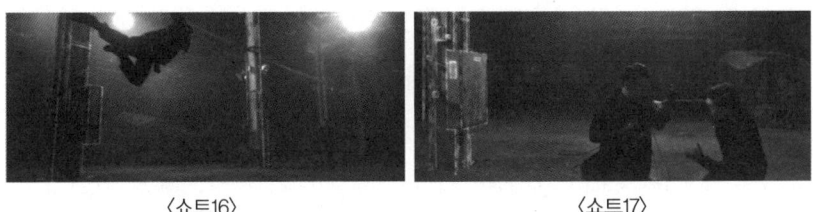

〈쇼트16〉   〈쇼트17〉

　백중의 인공지능을 해킹하는 장면은 일련의 전투 장면으로 구성되어 있다. 이는 화면 전환이나 알 수 없는 코드가 빠르게 지나가는 해킹의 과정을 현란하게 보여주는 것보다 직접적으로 이미지화되는 것이다. 여기에서 백중의 인공지능 또한 하나의 인물처럼 표현된다.「아이언맨」시리즈의 J.A.R.V.I.S.의 경우 직접적으로 시각화되는 요소는 전무하다. 대신 여러 보조적 역할을 빠른 판단으로 해내는 것으로 초월적인 조력자를 드러낸다. 반면 서낭의 경우 초월적인 조력자로 표현되기는 하지만 배우의 연기를 통해 이미지화되기 때문에 상대적으로 능력 있는 인물 조력자의 도움이라는 이미지가 부각된다. 이처럼 프로그램이자, 가상 인물이면서 동시에 조력자의 특성을 지닌 서낭은 기존 SF의 이미지들을 참조하면서도 맥락에 맞춰 변용하는 것으로 보다 직접적으로 인물화 된 인공지능을 이미지화한다.

3. 〈블링크〉의 욕망

서낭은 최근의 인공지능 표현에서 나타나는 극실재의 형태를 띤다.[17] "물질적 신체가 없는 인공지능 캐릭터"이며 "실재의 복제된 이미지 혹은 실재를 대체하는 역할"[18]로 나타나는 것이다. 그러나 서낭이 "발화 양상의 차이"에서 "대화 상대를 기계로 인지할 수밖에 없는 상황들을 노출"[19]하지는 않는다. 오히려 서낭은 행동 양상의 차이에서 기계로 인지할 수밖에 없는 상황들을 노출한다.

앞서 살펴보았던 서낭의 전투 시뮬레이션 장면 바로 다음으로, 지우는 서낭이 판단했던 것처럼 일탈행위를 하는 고등학생들을 "때려 눕히"(블링크 29:00)지 않는다. 서낭은 고등학생들을 기계적으로 무력화시킬 적으로 인식하지만 지우는 "애들"로 인식한다. 상황을 판단하는 사고방식에서, 또 이에 대응하는 행동 양상에서 서낭은 기계로 인지할 수밖에 없는 상황을 노출한다. 이는 담화에서 인간과 기계의 차이를 발생시키는 기존의 인공지능 이미지와는 다른 측면을 보여준다.

인간과 기계의 차이가 담화에서 발생한다는 발상은 인간과 기계가

---

17) 김수정·한혜원, 앞의 논문, 10쪽. 도표 참고. 해당 논문에서는 〈블링크〉의 서낭을 '정보'로 분류하고 있다. 이는 캐서린 헤일즈가 정의하는 "정보" 분류의 인공지능이 신체와 병합된 형태로 나타나는 것에 기반한다. 그러나 캐서린 헤일즈가 염두하는 "수행적 발화"의 차원에 서낭이 위치하는지는 의문이다. 캐서린 헤일즈에 있어 병합은 주체의 수행이 곧 발화가 되는, 혹은 그 역의 양상을 보인다. 그러나 『블링크』의 시각화 과정에서 서낭이 말하는 것이 곧 행동이 되지는 않는다. 때문에 본 논문에서는 서낭을 캐서린 헤일즈가 제시한 "기호학적 사각형의 변형"(전자책 427면)의 "극실재"에 위치한다고 본다.
18) 캐서린 헤일즈, 『우리는 어떻게 포스트 휴먼이 되었는가』, 플래닛, 2013, 전자책 428쪽.
19) 위의 논문, 16쪽.

담화로 소통 가능한 존재라는 것을 전제한다. 이 소통 안에서 기계와 인간은 서로의 차이를 인식하고 이에 따라 서로를 욕망한다. 그 욕망의 근저에는 '소통 가능한데 왜 같지 않은가?'라는 근본적인 질문이 도사리고 있다. 인간에게 있어 기계는 타자이며 기계에 있어서도 인간은 타자로 위치한다. 그러나 인간은 관계의 우월성을 기반으로 기계의 '인간답지 못함'을 문제 삼는다. 기계는 욕망 대상인 인간과의 차이를 욕망한다.

이와 같은 도식은 정확히 소수자에 대한 정상성 규범의 구조와 동일하다. 인간을 욕망하는 것에서 시작하는 정체성은 혼란스럽다.[20] 기계가 내릴 수 있는 가장 건강한 정체성은 당연히 '기계는 기계고, 인간은 인간이다'라는 것이지만 담화 상황에서 이와 같은 정체성은 매 순간 깨질 위험에 처한다. 그러나 서낭은 이러한 인공지능 이미지에서 벗어나 인간과 같은 양상으로 대화한다. 즉 담화 상황에서 서낭은 무리 없이 '패싱'한다. 상황을 판단하는 지점에 이르러야 비로소 이 차이는 드러나게 된다. 「블링크」는 이에 대해 깊이 고민하지 않는다. 그것이 기계=인공지능의 사고방식이라고 상정하고 넘어갈 뿐이다. 서낭은 차이로 인해 발생하는 갈등 상황을 겪지 않는다. 서낭은 혼란을 최소화한 채, 자신을 "디스크에 존재하는 데이터"(블링크 45:07)라고 정체화한다.

서낭은 기이할 정도로 인간을 위한 기계로 비춰진다. 서낭은 그 자신의 정체성에 대한 의심 없이 사람을 대한다. 이는 기존 콘텐츠에서 다

---

20) 루인, 「규범이라는 젠더, 젠더라는 불안」, 『여/성이론』 23, 도서출판여이연, 2010.12., 65~66쪽. 규범 관련 부분 참고.

루어졌던 인공지능의 양상, 즉 "안드로이드 캐릭터는 사회문화적 맥락을 내면화하여 자신을 인간에 동일시하고, 인정받고자 한다."[21]는 분석의 정반대 모습이다. 〈블링크〉가 서낭과 지우 간의 심리적 갈등을 심화시키지 않고 서사를 진행하기 때문에 인공지능에 대한 이미지는 마치 껍데기에 지나지 않는 것처럼 보인다. 그러나 〈블링크〉가 해석하는 대중의 욕망은 바로 그 지점에 있다.

〈블링크〉는 안정화된 인공지능에 대한 욕망을 서낭으로 구체화한다. 이는 〈블링크〉가 해석하는 대중이 인공지능에 대한 공포감에 민감하다고 판단한 것에서 말미암아, 인공지능을 인간만큼 불안정한 존재로 그려내기보다는 안정된 시스템으로 그려내기를 대중이 욕망하고 있다고 판단하는 것이다. 불안정성보다 안정성을 욕망하는 이와 같은 모습은 나와 다른 타자의 궁극적인 삭제를 의미한다. 〈블링크〉는 여러 인공지능에 대한 해석 중 거부감 적으면서 논란의 여지없이 받아들일 수 있는, 인간을 위한 인공지능 이미지를 구성해낸다.

이와 같은 인공지능 이미지는 서사 내 캐릭터의 역할에서 강화된다. 서낭은 백중과의 대비가 두드러진다. 인공지능을 적대시하는 백중에 대한 내력은 〈블링크〉에서 거의 제공되지 않는다. 백중의 내력은 "치우 산업에서 비공개로 진행된 군사 전문 사이버네틱스의 피실험자이며, 전신에 걸쳐 신체 강화 시술을 받았고, 신체 능력 및 지능지수가 최대로 향상된 직후 정신착란에 빠졌다"(블링크 31:08~31:45)라는 30초 남짓의 설명 분량을 할애할 뿐이다. 〈블링크〉는 동시에 치우 산업이 이러

---

21) 김수정·한혜원, 앞의 논문, 26쪽.

한 사건을 "묻으려고 했다"라는 정보를 추가함으로써 백중의 상태가 비정상적이며, 그 상태에 이르는 동안의 불법성이 명백하게 드러나게끔 한다.

반면 서낭은 이와 같은 비정상적인 백중과 대비되면서 백중의 인공지능을 파괴하는 것으로 안정적이고 믿을 만한 프로그램으로 표현된다. 내력이 제거된 이질적 존재를 완전히 추방 혹은 희생시키는 것으로 결속을 도모한다. 이와 같은 위험성의 완화를 통해 〈블링크〉의 서사는 서낭의 긍정적인 측면을 강화한다. 서낭은 비정상적이며 불안정한 인공지능이 아닌 믿을 만한 조력자의 역할을 매끄럽게 수행하는 캐릭터로 배치되고 있는 것이다. 여기에 반영되어 있는 욕망은 앞서 분석한 바와 동일하다. 〈블링크〉는 인간을 위한 인공지능의 이미지를 구축해 나간다.

서낭의 조력이 평범한 인간이 할 수 있는 범위 바깥에 있다는 점은 인공지능에 공포감을 갖는 대중을 설득하기 위한 미끼로 작동한다. 서낭의 조력이 지우에게 미치는 영향력은 서낭의 안정성과 더불어 욕망 될 수 있는 인공지능 이미지를 만들어 나간다. 지우는 서낭의 도움으로 신체 능력의 향상을 이룰 수 있다. 또한 서낭의 도움으로 혼자만으로는 얻기 어려운 정보를 손쉽게 얻기도 한다. 마지막에 배치된 그림 절도와 관련된 시퀀스에서 〈블링크〉는 이 같은 인공지능의 능력을 그대로 전시한다. 갤러리 주인의 대사인 "무슨 신내림으로 범인 잡아요?"(블링크 49:30)는 서낭이 평범한 인간에게 있어서는 신과 같은 초월적 능력을 지녔다는 점을 구체화한다. 이 같은 초월적 능력이 믿을 수 있는, 그리고 인간에게 헌신적인 프로그램에 의해 제공된다는 점은 서낭의 인공지능 이미지를 흥미롭게 만든다. 서낭은 이름에 걸맞게 "인간을 보호하는 신"(블링크 11:33), 인간이 기댈 수 있는 신의 지위를 차지한다. 동시에 블링크를 접하는 대중으로 하여금 이용 가치 있는 매력적인 도구의 이미지로 제시된다.

이를 말미암아 보면, 〈블링크〉가 파악하고 제시하는 욕망은 〈블링크〉의 내용처럼 가볍지 않다. 〈블링크〉가 구체화하는 욕망은 '인간은 신과 같은 인공지능을 통해 초월적 능력을 획득할 수 있으며, 이 인공지능은 인간을 위해 봉사하는 도구에 지나지 않고, 결코 인간에게 등지지 않을 것'이라는 것이다. 그리고 〈블링크〉는 여기에서 한 발 더 나아간다. 이것을 보여주는 것이 바로 지우의 웃음이다.

지우의 웃음은 그림 절도와 관련된 시퀀스에 배치되어 있다. 갤러리의 주인은 보통 형사들의 2인 1조로 움직이는 것을 말하면서 "근데 원래 그렇게 혼자 다니세요?"(블링크 49:36)라는 말을 한다. 지우의 "혼자 다니는 것보단 둘이 낫죠"라는 대사는 바로 뒤에 나온다. 지우는 누군가를 응시하며 미소 짓는다. 이 웃음의 대상은 서낭의 이미지로 향한다. 서낭의 도플갱어를 복사하는 장면으로 이어진 후 지우의 미소는 다시 한 번 반복된다. 서낭의 미소를 보이는 장면이 이어지고, 지우의 웃음은 반복된다.

이 기이하게 반복되는 웃음이 드러내는 욕망은 인간을 대체하는 인공지능을 향하고 있다. 첫 번째 지우의 미소는 이질적인 부분들, 자기 자신을 구성하지만 동시에 자기 자신에게서 떼어내고 싶은 부정적인 것들을 통제할 수 있는 상태에 있음을 의미한다. 다음으로 지우의 미소는 서낭에게 향한다. 지우는 지지자이자 조력자를 되찾기 위해 서낭의 도

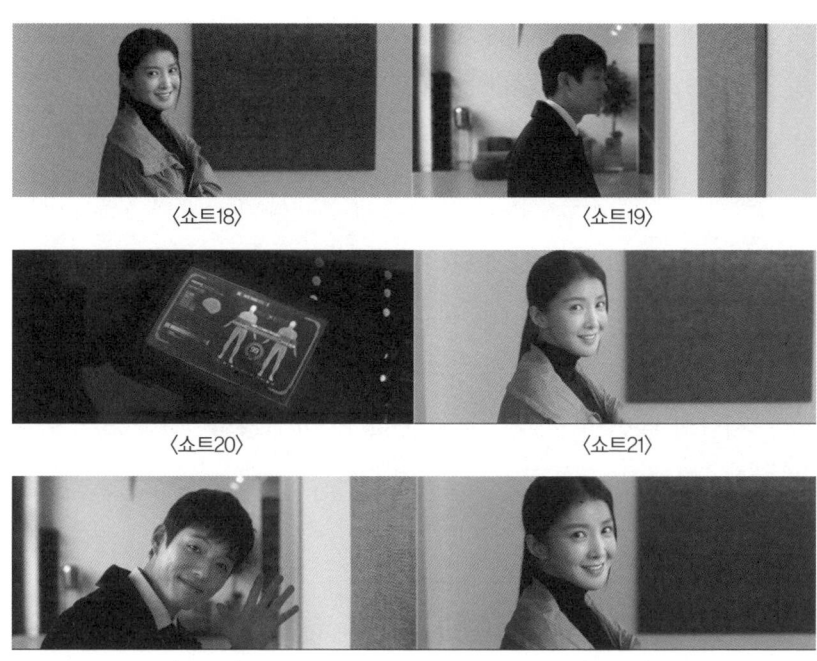

⟨쇼트18⟩　　　　　　　　⟨쇼트19⟩

⟨쇼트20⟩　　　　　　　　⟨쇼트21⟩

⟨쇼트22⟩　　　　　　　　⟨쇼트23⟩

플갱어를 복사한다. 이어지는 두 번째 웃음은 지우와 서낭 간의 화합을 의미한다. 지우는 인공지능을 파트너로 인정함과 동시에 그를 필요로 한다. 마지막에 배치된 미소 이후에 〈블링크〉는 페이드아웃으로 끝맺게 된다. 이 마지막 미소가 향하고 있는 방향은 그렇다면 지우와 서낭을 바라보는 대중이다.

　인간을 존중하고, 인간을 위해 기능하며, 인간이 믿을 수 있는 수준의 안정성을 확보하고, 인간에게 초월적 능력 향상을 가져다줄 수 있는 동시에 인간처럼 시각적으로 구체화 되는 서낭은 인간보다 더 완벽한 "파트너"로 기능한다. 능력에 있어 일관성을 확보할 수 없고, 초월적 능력을 지니고 있지 못하며, 불안정한 상태에 놓여 있는 인간은 더 이상 인간에게 필요되지 않는다. 더욱 완벽한 "인간을 수호하는 신"이 인간 곁에 다가와 있기 때문이다. 〈블링크〉가 짚어내고 있는 욕망은 인간의 불완전성에 대한 불신, 그리고 기계의 정확성에 대한 신뢰에 기반하여 작동한다. 인공지능 서낭은 인간을 위해 기능하는 인공지능이라는 이미지를 제공함과 동시에, 불완전한 파트너로서의 인간이라는 타자를 완전하게 제거한다. 불완전한 인간의 보완계획으로 등장한 인공지능 서낭을 설치하고 홀로 완전성을 획득한 지우는 대중을 홀리듯 미소 짓는다. 서낭의 보호 아래에서 〈블링크〉에 더 이상 불완전한 인간은 존재하지 않는다.

4. 논의를 맺으며

지금까지 〈블링크〉의 인공지능 서낭을 중심으로 인공지능 이미지의 변용 방식과 〈블링크〉에서 이와 같은 변화를 가져오는 원인으로서의 욕망을 분석해보았다. 〈블링크〉의 서낭은 크게 세 가지의 이미지를 변용하여 표현되었다. 첫 번째는 〈2001:space odyssey〉에 그려진 HAL9000의 이미지이다. HAL9000의 이미지에서 두드러지는 것은 렌즈에 동공처럼 보이는 붉은 색 작은 원이 찍혀 있는 모습, 나긋나긋한 남성 음성이다. 이때 붉은색은 불안감을 배가하는 역할을 하며, 나긋나긋한 남성 음성은 어떤 상황에서도 억양이나 비언어적 요소를 동원하지 않는 것으로 감정이 배제되어 있는 기계를 드러낸다. 이는 인공지능과 인간 간의 이질성을 강조한다. 프로그램으로서의 서낭을 구체화하는 이미지는 HAL9000의 붉은색을 푸른색으로 변용한다. 붉은색이

HAL9000의 불안정성을 드러내면서 인간과의 불화로 적대자로 위치하리라는 암시로 기능한다면, 서낭의 푸른색은 조력자로서의 역할을 안정적으로 수행해낼 수 있음을 암시하는 색으로 기능한다. 서낭의 기계적인 여성 목소리는 HAL9000의 나긋나긋한 남성 음성과 다르지 않으나 인간으로의 형태 변화를 통해 비언어적 표현을 포함한 실제 인간처럼 대화가 가능한 모습으로 변모한다.

두 번째는 〈블레이드 러너: 2049〉에서 보여준 조이의 이미지이다. 서낭은 실체가 있는 존재가 아닌 홀로그램 비슷한 것임을 조이의 이미지를 변용하여 나타난다. 가상 인물인 조이는 실체를 가진 K에 비해 상대적으로 희미하게 표시된다. 프로그램이 홀로그램을 통해 실체화된 경우이기 때문에 에머네이터를 통해 연락을 받게 되는 경우 일시정지된 것처럼 홀로그램도 움직임을 멈춘다. 가상 인물이 홀로그램으로서 구현된다는 특성을 보여주기 위해 「블레이드 러너 2049」에서의 조이는 효과음으로 표지되는 에머네이터의 작동에 의지한다. 서낭의 경우 지우가 서낭을 통과하는 장면, 창문이 깨지는 장면에서 조이가 표현되는 홀로그램처럼 표현된다. 그러나 지우의 뇌 속 칩에 설치되어 있고, 지우의 눈에만 보이기 때문에 에머네이터로 작동하는 효과음과 같은 과정이 별도로 요구되지 않는다.

세 번째는 〈아이언 맨〉 시리즈의 J.A.R.V.I.S.의 이미지이다. J.A.R.V.I.S.의 경우 토니 스타크의 전투 일체에 대한 보조를 여러 방식으로 행하지만 이후 시리즈에서 육체를 얻기 전까지 그 자신이 실체를 갖고 이미지화되는 경우는 거의 없다. 반면 서낭은 전투 시뮬레이션, 두 번에 걸친 해킹 장면에서 배우가 직접 등장하여 연기하는 것으로 조력을 보다 단도직입적으로 구체화한다. 프로그램이자, 가상 인물이면서 조력자인 서낭은 기존 SF의 이미지들을 참조하면서도 맥락에 맞춰 변용하는 것으로 보다 직접적으로 인물화 된 인공지능을 이미지화한다.

　서낭의 이미지들은 크게 두 가지 욕망을 구체화하기 위해 이처럼 변용되었다. 〈블링크〉는 안정화된 인공지능에 대한 욕망을 서낭으로 구체화한다. 서낭은 담화에서 문제없이 인간처럼 받아들여진다. 기계임이 드러나는 지점은 사고방식의 차이에서이다. 이마저도 인공지능의 사고방식이 그러하다는 식으로 깊이 다루지 않는다. 서낭과 지우 사이의 갈등이 심화되지 않고 서낭 또한 인간을 욕망하는 기계로 비춰지지 않는다. 이처럼 안정된 기계로서의 인공지능으로 서낭이 구체화되는 것은 〈블링크〉가 판단하는 대중이 인공지능에 대한 공포감에 민감하다고 가정한 것에 기인한다. 곧 인공지능을 안정된 시스템으로 그려내기를 대중이 욕망하고 있다고 〈블링크〉는 판단하는 것이다. 〈블링크〉는 인간을 위한 인공지능 이미지를 구성해낸다. 또 〈블링크〉는 한 발 더 나아가 인간의 불완전성으로 촉발되는 완전성에 대한 욕망으로 서낭을 구체화한다. 일관된 능력도, 초월적 능력도, 안정성도 갖추지 못한 인간은 더 이상 다른 인간에게 필요 되지 않는다. 인공지능 서낭은 인간을 위해 기능하는 인공지능이라는 이미지를 제공함과 동시에, 불완전한 파트너로서의 타자를 완전하게 제거한다. 완벽한 인공지능 서낭의 보호 아래 더 이상 불완전한 인간은 존재하지 않는다.

　〈블링크〉에서 나타나는 인공지능 서낭의 이미지는 기존 SF에서 다루어지던 인공지능의 이미지와 사뭇 다르다. 〈블링크〉에서의 서낭의 이미지는 기존 비판적·비관적 시선으로 인간과 인공지능을 바라보던 SF의 맥락과 다르게 인간과 인공지능의 가능성을 시사하는 것처럼 보인다. 그러나 그 기저에 있는 욕망을 살펴보면 전혀 다른 시각으로 서낭을 바라볼 수 있다. 〈블링크〉에서 파악하는 욕망은 인간을 위해 유용하게 활용될 수 있는 초월적인 힘으로서의 인공지능, 압도적인 능력과 안전성, 헌신으로 불완전한 타자를 대체하고 단독자로서의 인간을 완벽하게 만들어줄 인공지능 이미지를 구체화하고 있기 때문이다. 이것이 한국 인공지능 이미지의 현주소이며, 〈블링크〉가 구현하는 욕망에 대중적 호응이 있다고 한다면, 한국 사회에서 보여주는 숨 막힐 정도의 완벽성에 대한 욕망, 자신과 다른 타자를 용인하지 못하는 강박적 불안감이 반영된 결과로 볼 수 있겠다. 그러나 〈블링크〉에서 보여준 인공지능 이미지만으로 한국의 맥락에 맞게 변용하여 제시되는 인공지능 이미지의 현주소를 단정 짓는 것은 성급한 일반화일 것이다. 이 욕망이 무엇인지 보다 공시적으로 일반화 가능하게 만들기 위해서는 다양한 콘텐츠에서 파악하는 인공지능에 대한 대중의 욕망이 무엇인지 밝히는 후속 연구와 더불어 대중적 호응을 고려한 연구가 필요할 것이다.

파국 이후, '바깥'을 상상하는 탈주 욕망의 〈우주인 조안〉

김지연

1. 논의를 시작하며

　SF 장르의 성격은 한마디로 규정하기 힘들지만[1], 이야기와 장면을 구성하는 문학적 상상력과 섬세한 과학 기술적 설정이 독특한 미감을 빚어내고 보여준다는 점에 대해서는 많은 이들이 동의할 것이다. SF 서사가 그려내는 기술발전에 대한 상상은 여전히 대부분 유토피아와 디스토피아적 세계 이미지, 크게 두 가지로 대별되며 나타나 수용자 사이에서 상반된 반응을 이끌어낸다. 이는 발전된 기술력이 적극적으로 구현된 미래가 인간에게 행복을 가져다줄 것이라는 긍정적 관측, 반대로 오히려 그로 인해 인간은 철저히 소외되고 말 것이라는 부정적 관측이 양극단으로 대립하는 미래 전망과 관련되면서, 많은 경우 SF

---

[1] 셰릴 빈트는 SF장르 규정의 난점을 말하며 본래 장르란 역사적이고 가변적인 것이라는 점을 내세웠다. 특히 SF('과학소설')의 경우에는 과학에 대한 '인식'을 다루는 장르로서 역사적 맥락에 의해 관련 있는 텍스트·모티프·주제·이미지들이 가변적 형성을 거치는 그물망처럼 형성된다는 점을 강조했다(셰릴 빈트, 전행선 역, 『에스에프 에스프리 : SF를 읽을 때 우리가 생각할 것들』, 아르테, 2019, 7–30쪽 참고). SF장르와 공학기술 발전이 맺는 밀접한 관계를 말해주는 부분이다.

작품의 서사와 연계되어 구체적인 담론적 근거로 활용되는 양상 속에서 영향을 주고받으며 발전해왔다. 이렇듯 과학기술의 진보와 인간의 미래는 SF서사에서 보여주는 상상적 세계 재현과 결코 무관하지 않다. 무관하기는커녕 오히려 허구 서사라는 테스팅 보드 위에서 갖가지 방법의 실험을 거침으로써 여기까지 왔다고도 볼 수 있기에, SF서사에서 미래에 대한 전망·관측과 관련된 문제는 언제나 가장 중요하게 다뤄지는 화두일 수밖에 없다.

그런 의미에서 2000년대 이후 한국 SF서사물 속에 문명사회의 종말 이후를 소재로 하는 포스트아포칼립스적 상황이 눈에 띄게 빈번해진 것은 가벼이 넘길 문제는 아닐 것이다. 이 황폐화된 세계상을, 창작자와 수용자들의 세계 인식 즉 현실 자체가 파국을 맞이했다는 절망과 체념적 인식을 서사적으로 내면화한 결과[2]이자 징후라고 읽어낸 한 연구자의 시도는 상당히 설득력이 있어 보인다. 충실한 사실적 묘사보다 추상적이고 과장된 양식이 차라리 어울리는, 이 '파국 이후'의 세계는 현실에 대한 어떤 은유나 알레고리에 가까운 것일 터이다. 눈부신 기술발전은 인간을 더욱 소외시키는 결과도 함께 낳을 것이라는 디스토피아적 전망을 보여주는 것이며 동시에, 좀처럼 변화로 연결되지 않는 경직된 사회적 흐름, 결여를 채워 넣지 못하게 하는 한국 사회 내의 무력한 정치적 상황들에 대한 알레고리로 읽기에도 충분하다.

---

2) 정여울, 「최근 한국소설에 나타난 '가상의 재앙' ; 편혜영, 윤이형, 조하형을 중심으로」, 『한국현대문학회 2011년 제2차전국학술발표대회 자료집』, 한국현대문학회, 2011, 48-50쪽 참고.

종말이나 파국적 상황이 이미 벌어진 '이후'라는 상황 설정은, 공동체에 거대한 실패와 공포의 기억이 새겨져 있음을 의미한다. 공동체가 맞이한 이 같은 트라우마적 상태는 파국 외의 상황, 즉 '바깥'에 대한 상상력을 쉽사리 펼쳐내지 못하도록 개인을 억압하기 쉽고, 대안 모색은 더욱 요원해진다는 점에서 문제적이다.

본고에서는 이런 디스토피아적 전망을 담은 작품들의 연장선상에 〈우주인 조안〉을 두고, 파국 이후의 '바깥'을 상상하며 탈주하려는 욕망을 낭만주의적[3] 관점에서 살펴보고자 한다. "SF가 재현하는 것은 세계가 아니라 세계에 대한 '사유'"[4]라는 말을 음미하며 사건 전개를 따라가다 보면 익숙한 발상과 마주하게 된다. 절망과 체념으로 가득한 '파국' 속에서도 '바깥'에서의 삶을 꿈꾸는 욕망은 아이러니하게도 싹틀 것이며 언젠가 그것들이 구원으로 이어지리라는 믿음은, 우주의 무한하고도 불가해한 생명 활동을 경이롭게 탐색했던 낭만주의자들의 것과 닮아 있기 때문이다.

범박하게는 '반골 정신' 정도로 이해되기도 하나, 낭만주의는 "가치의 독점에 대한 거부의 정신"을 이념적 지향으로 삼고 있어, 파국에 대한 대안적 서사를 구축하는 데에 특화되어 있다. 낭만주의자들은 이성

---

[3] 일반적으로 낭만주의 사조는 18세기 이전까지 서구를 지배하던 이성중심주의를 비판적으로 인식하고 그를 극복하려는 경향성을 의미한다. 따라서 낭만주의 문예는 현실적이고 유한한 세계와 대립되는, 꿈이나 상상력의 영역과 같이 신비롭고 환상적인 의식 밖의 영역을 중시하며, 이상화되고 무한한 세계를 염원·동경하는 성격을 띤다(한용환, 『소설학사전』, 문예출판사, 1999, 89-92쪽 참고).
[4] 곽은희, 「인간의 제국을 넘어 : 포스트휴먼 시대의 문학적 상상력」, 『한국문학연구』 57, 동국대 한국문학연구소, 2018, 111쪽.

과 감각을 신뢰하지 않았고 오히려 이것들로 인해 야기되는 착각을 직시할 때 현실주의의 지배를 벗어나 사물의 본질을 더 깨닫고 세계를 이해할 능력을 지니게 된다고 믿었다. 이런 관점에서 자기확신에 차서 우월성을 주장하는 이성과 과학의 언어는 의심스러울 수밖에 없다. 낭만주의자들은 비합리적이라고 비판받는 환상, 신비 등이 역설적으로 과학적이고 합리적인 것이 되는 지점을 밝히는 데 열정을 쏟았으나[5] 이 노력들이 실제 '과학적 증명'으로 이어지지는 못했다. 하지만 과학적 언어의 가치중립성 신화도 깨어진 지 오래이며 현대 철학과 인문학의 여러 개념들이 인간 이성이 지닌 비합리성과 한계점을 지적하고 있는 근래에 와서는, '지금 여기'로부터 벗어난 세계를 상상했던 낭만주의 정신을 다시금 검토하게 된다.

동명의 소설을 원작으로 하고 있는 이 드라마에서, 주인공과 세계의 불화는 만연한 계층적 불평등이 구성원들의 자유를 크게 속박하고 있다는 설정과 관련되어 있다. 자본을 더 소유한 자들은 기술적 혜택을 독점하여 계층적 우위를 공고히 하고자 하지만, 이런 일률적 기획이 그들을 더 나은 삶으로 이끌지는 못한다. 기술 자체는 가치중립적이지만, 삶에 대한 철학의 부재 속에서는 오히려 인간을 미래에 대한 전망으로부터 소외시킬 위험성이 도사리고 있는 까닭이다.[6] 여기서

---

[5] 이승은, 「한국문학 '읽기'에서의 '낭만주의' 재검토」, 『국제어문』 48, 국제어문학회, 2010, 232-234쪽 내용 참조.

[6] 서사 내에서는 지구환경의 심각한 오염으로 인해 항체주사와 청정복 시스템이 없이는 기대수명이 현재의 절반에도 못 미치게 된 상황을 말하는 것이지만, 서사 외적으로는 후기 자본주의 시스템의 은유라고 보는 것이 적절할 것이다.

의 세계 유한성은 자기 눈앞에 펼쳐진 이 세계만이 가능한 세계의 전부라고 오인하는, 주체의 협소한 인식이 만들어낸 일종의 가상 감옥이다. 지금 차지한 자리를 절대 놓쳐선 안 된다고 겁박하는 목소리는, 누군가 죽어 나가기를 기다리는 자들이 가득한 파국을 앞당길 뿐이다. 문제는 이렇게 철저히 고립된 세계에서, 주체들이 어떻게 세계와 자신과의 연결을 믿고, '바깥'을 상상하며, 탈주할 수 있는 역동적 지향성을 만들어 낼 것인가 하는 것이다.

이 작품은 극심한 환경오염으로 인해 인간의 자연적 생존이 장기적으로는 불가능해진, 포스트아포칼립스적 상황을 배경으로 하고 있다. 생명공학 발달과 그에 따른 삶의 양식 문제가 주요 소재로 사용되었고, 사건 진행과 구체적인 상황 묘사도 여전히 인간에게는 중요한 삶 능력과 깊은 관련을 맺고 있다. 하지만 결국 주제는 '이 상황에서 인간은 무엇을 할 수 있는가?' 하는 것으로 좁혀진다는 점에서, 말하고자 하는 것은 여기에 없는 '바깥', 유토피아 지향이다. 디스토피아적 상황에서 '어떻게' 탈주할 것인가 하는 문제에서 드라마는 원작소설과는 다른 방식의 문제를 제기하고 결론을 냄으로써, 상당히 다른 색깔을 지닌 작품이 되었다.

근미래, 지구환경의 급격한 변화로 인간의 신체가 생존과 안전을 지키는 역할을 오래 하지 못하고 사망자가 속출하자, 안전을 지킬 수 있는 의료기기와 약품 가격은 천정부지로 오르고 소수의 부유한 사람들만이 자기 몸을 지킬 권리를 살 수 있게 되었다. 부유층 가정(C)에서 태어난 아기는 태어나자마자 바이러스에 항원을 가지게 해주는 주사를 맞고, 중간계층(NCC)은 빚을 내서라도 청정복을 구입하려 했다. 빈곤층(NC)은 아무것도 하지 않는 것을 선택했다. 이렇듯 세 계층은 생존 방식과 추구하는 삶이 전혀 달랐기에, 안전 문제는 곧바로 계층문제로 바뀌어 분열이 심화하였다. 드라마에서는 대부분의 사람들이 생명을 잃지 않지만 도시 전체가 생명력을 잃은 C타운, 많은 이들이 태어나고 그만큼 일찍 사망하기에 열정적으로 살기를 원하는 N타운, 두 곳을 극명히 대비되도록 보여주며 어느 쪽이 더 비극적인가 혹은 더 나은가를 생각해보게 한다.

  C계층에서 태어나 생후에 바로 항체주사를 맞은 것으로 알던 주인공 이오는 비보를 접한다. 아기 때 맞은 것으로 되어 있었던 항체백신이 실수로 다른 아기에게 접종되는 바람에 항체가 생기지 않아서, 몇 년 지나지 않아 죽게 된다는 것이다. 달라진 것은 아무것도 없지만 예고를 들은 것만으로 기분은 엉망이 되었다. 심지어 의사 친구를 통해 오래전 비공식 의료기록을 열람하고, 자기 대신 생명을 얻은 행운의 아기가 같은 학교에 다니는 괴짜 N인 조안이라는 걸 알아내는 데 성공하기까지 했지만, 그래도 얼마 못 산다는 사실은 버겁다. 조안은 수명이 늘어난 줄은 꿈에도 모르면서도 늘 씩씩하게 하고 싶은 걸 원 없이 하고 사니, 그 비결을 캐내기로 한다.

  이오는 자기 항체백신을 대신 맞은 아기가 누군지 알고 싶으니 도와달라면서 조안을 데리고 순회하면서, 조안을 면밀히 관찰한다. 드라마 카메라 앵글은 조안을 살펴보는 이오의 시선에서 조안의 비밀을 탐색하는 데 동참하기 때문에, 이오가 조안의 솔직하고 생기발랄한 매력에 푹 빠질 때 감상자 역시 카메라를 따라 조안에게 매료된다. 알고 보니 조안은 자기에게 주어진 삶에서 어떤 것이 아름답고 소중한

지 알아볼 줄 아는 섬세한 감식안을 갖춘 사람이어서, 세상에 태어난 재미를 한껏 느끼는 인생을 살 수 있었다면 N으로서의 짧은 삶도 아쉽지는 않다고 여겼다. N가정을 방문해서 자기 또래의 사람들을 만나 보니 하나하나의 삶들도 아쉬움은 있을지언정 열정 가득하고 아름다운 것들이 대부분이라, 이오는 막연히 N타운 사람들을 딱하게 여기고 있었던 자기 태도를 반성적으로 돌이켜보게 된다.

처음엔 수명이 줄어든 것이 운명의 저주 같이 느껴지던 이오는, 점점 자기의 항체백신을 조안이 맞게 된 일에 특별한 의미를 부여하고 싶어진다. 비록 자기 의지는 전혀 개입되지 않았지만, 만일 누군가에게 자기 생명을 나누어준다면 당연히 그 대상은 조안이기를 바라기 때문에, 둘을 연결시킨 아주 오래전의 우연적 사건이 마치 신비로운 운명인 것처럼 느껴지는 것이다. 따지고 보면 그 '선물' 때문에 이오는 명이 짧아지는 대신 조안과 현재의 사랑을 시작할 수 있게 된 것이다. 조안은 이오를 잃게 된 대신 긴 생명을 얻었고 우주항공연구소 연구원 일자리를 얻었다. 조안은 이오를 생각하며 병으로 고통 받는 이들을 위한 연구를 하겠다고 마음먹는데, 이오의 백신 덕에 조안의 수명은 길어졌기 때문에 언젠가는 이오와 같은 환자들을 구할 수 있는 약을 개발하는 데 참여할 수도 있지 않을까. 이렇게 사람들은 애틋해질수록 서로에게 원인과 결과로써 연결되고, 비로소 '바깥'으로 향할 방법인 미래 시간은 열리게 된다.

조안은 어디에도 구속되지 않고 인간과 삶에 대한 자유로운 사랑을 실천함으로써 자기 구원에 이른다는 점에서, 전형적인 '낭만주의' 문학 속 인물들[7]과 무척이나 닮아있다. 원작소설[8]에서 '우주인'이라는 말은 죽음마저도 구속하지 못할 정도로 '무한히 자유로웠던 인간 조안'을 우주에 비유한 것으로, 거의 헌사의 의미로 쓰였다. 드라마에서는 조안이 생존하여 우주항공연구소에서 근무하게 되는 것으로 각색되면서, 직업인으로서의 우주인(astronaut)의 의미까지 덧씌워지게 되었다. 우주 개발은 이제 '낭만적'인 모험과는 거리가 멀어졌지만, 우주회사에서 연구·개발 일을 하기로 한 조안의 갑작스러운 결정은 이오와의 연결을 확인하기 위한 "감성 여행"[9]이었는지 모른다. 두 인물의 사랑은 결국 '이루어짐'과 '이루어지지 않음'의 경계에서 안타까이 맴돌다 상상의 영역으로 바톤을 넘기며 끝나지만, 조안의 우주란 두 사람이 도달한 '바깥'에 대한 은유이기도 할 것이다.

---

7) '낯선 아이'(호프만), '신적인 아이', '자연아'(괴테)로 대표되는, 이상화된 유년인물형은 유년기를 이상화하고 동경하는 속성과 연결되어 있는 낭만주의 문학의 특징이기도 하다. 이들은 서사 내에서 이른바 '거울의 기능'을 하여 다른 인물들로 하여금 그 자신을 발견하게 한다. "인간의 자아발견의 의인화이자 내적 힘들의 구현"으로도 볼 수 있다(최민숙, 「미하엘 엔데의 아동청소년환상문학과 낭만주의 쿤스트메르헨의 상호텍스트성」, 『독일현대문학』 103, 한국독어독문학회, 2007, 90-91쪽).
8) 김효인, 「우주인, 조안」, 류연웅 외 5인, 『미세먼지 : 안전가옥 앤솔로지 03』, 안전가옥, 2019, 185-258쪽.
9) 텍스트로 선정된 로렌스 스턴의 소설 『센티멘탈 저니』 속 주인공 요릭은 스스로를 "감성여행가(sentimental traveller)"로 자처하며 연극적인 삶을 사는 인물이다. 요릭은 '역할놀이'를 통해 매순간 새로운 자신을 창조하는 것을 낙으로 삼는, 매우 변덕스러운 성격을 지닌 것으로 그려지기 때문에 이런 점에서 이 작품은 흔히 "목적지가 없는 여행" 서사로 읽힌다. 하지만 순간순간마다 마치 다른 가면처럼 쓰는 자아에 의해 철저히 주관적으로 새로운 감각 경험이 만들어지며, 그 자신이 '감성 여행'이라고 말하는 이 경험들을 통해 요릭의 자아는 또다시 탄생한다. 요컨대 요릭은 극대화된 상상력을 통해 즐기는 이 '감성 여행'을 즐기는 것이다. 이 '역할놀이'를 통한 감성여행을 통해, 자아란 고정된 것이 아니고 유동적인 것임이 드러난다(김일영, 「로렌스 스턴의 〈트리스트람 샌디〉와 〈감성여행〉에 나타난 역할놀이」, 『근대영미소설』 3, 한국근대영미소설학회, 1996, 5-30쪽 참고).

낭만주의에서 말하는 '낭만적 아이러니'[10]라는 개념은 통해 삶에서 마주하게 되는 새로운 국면을 통해 느끼는 일종의 경이로움을 의미한다. 타자와의 예기치 않은 만남은 이렇게 주체를 다른 인식을 할 수 있는 존재로 변화시킨다. 현실의 폐쇄성과 한계를 느끼는 주인공은 헤테로토피아적 공간에서 비로소 진정한 자유를 꿈꾼다. 드라마는 특히 이 부분에서 소설과 다른 측면을 보여주고 있으며, 이것은 특히 조안을 자신의 삶 안으로 받아들인 후 다른 존재가 된 주인공 이오가 조안을 환대하는 의미로 자신만이 줄 수 있는 '선물'[11]을 준비한다. 이때 영상문학의 강점인 이미지텔링 방식은 대비와 변화를 비언어적인 방식으로 전달하기에 용이하기 때문에 효과적으로 기능하며 주제를 뒷받침한다.

---

[10] '세계는 낭만화되어야 한다'는 노발리스의 주장은 단순히 이성에 의해 세계가 합리화되어야 한다는 진술을 뒤집은 것만이 아니다. 낭만이란 이미 존재하는 것을 끊임없이 뒤집는 일이며, 문학언어는 상상력(=환상)을 기반으로 한 언어로써 주체인 자아를 변혁한다. 이렇게 문예가 낭만화 되듯 세계도 낭만화된다면 질적 강화가 이루어진다는 것이 그의 주장이었다. 저속한 것, 평범한 것, 흔한 것, 유한한 것도 질적으로 끌어올려지게 되면 고상하고 신비스럽고 희귀하고 무한한 것이 된다(김주연, 『사라진 낭만의 아이러니』, 서강대학교 출판부, 2013, 92-93쪽).

[11] 데리다가 말하는 '선물'은 대가 없는 증여이다. 선물은 증여자에게 돌아오는 채무나 변제와 같은 순환적 경제에 종속되지 않는다는 점에서 비등가적 성격을 띤다. 선물 받은 자가 선물을 받았음을 알게 되는 순간 자동적으로 교환 경제적 관계는 성립하게 되기에, 선물은 절대로 받은 자에게 의식되어서는 안 되며 준 자도 자기가 주었음을 잊어야만 한다는 모순 속에 놓인다(김상환, 「해체론의 선물 : 데리다와 교환의 영점」, 『철학과 현실』 63, 철학문화연구소, 2004, 208-215쪽 참고).

2. 디스토피아와 유토피아라는 '더블'

1) '위장된 탐색 서사' – 실재를 보여주는 이미지텔링

　김효인의 동명소설을 원작으로 하는 드라마 〈우주인 조안〉은 단순히 소설 문학에서 설정한 상황을 영상문학으로 옮기는 매체 간의 변용을 시도하는 것에 그치지 않고 주제를 적극적으로 확장하여, 타자를 환대함으로써 주체성에 노정된 한계를 넘어서려는 대안적 시도로 읽히는 텍스트이다.12)

　잘 알려져 있다시피 같은 내러티브라도 표현되는 매체에 따라 전해지는 느낌은 사뭇 달라질 수 있다. '말하기' 중심의 문자 문학에 비해 '보여주기' 중심의 영상 문학이 가진 상대적 강점은 이미지텔링13) 방식을 적

---

12) 〈우주인 조안〉은 '한국형 SF' 드라마를 표방한 8편의 앤솔러지 시리즈 〈SF8〉 중 한 편이다(MBC에서 2020. 8.14 ~ 10.9에 총 8회에 걸쳐 방영).
　원작소설과 드라마는 얼핏 보면 비슷해 보이지만 상세히 살펴보면 상당한 차이를 보인다. 소설은 남성주인공의 '자아 찾기'를 중심으로 놓음으로써, 냉담해진 가족 관계가 이해와 사랑을 통해 회복되고 주체도 충분한 직업적 성취를 이루는 결론으로 이어진다. 이 소설은 SF를 표방하고는 있지만 이와 같은 플롯으로 인해 전통적인 성장소설적 면모가 도드라짐으로써, 마치 '성장'이 목적이 노정된 '과정'인 것처럼 그려지는 아쉬움을 남긴다.
13) 문화연구의 맥락을 이은 비주얼문화연구의 관점에서 모든 비주얼 이미지들은 일종의 언어 기호이다. 담론화 된 이미지들을 만들어내는 과정과 해석 결과를 통해 문화는 존속된다. 이처럼 이미지는 특정 이미지로 인해 다양한 것을 전달할 수도 있다는 의미에서 화자가 수행하는 '말하기–텔링telling'라는 매개를 통해 수용자들이 다양한 해석을 할 수 있게 한다. 이에 '이미지 기호 읽기'를 강조하기 위해서는, '디지털스토리텔링'이라는 모호한 용어보다는 '이미지가 말을 걸어온다'는 의미의 '이미지텔링'이라는 용어가 더 적합하다는 주장도 제기되었다(송종인·박치완, 「이미지의 이중성과 복합성–이미지텔링, 그 이론적 토대 마련을 위한 시론」, 『글로벌문화콘텐츠』8, 글로벌문화콘텐츠학회, 2012, 159–163쪽 참고).

극 이용할 수 있다는 점이다. 카메라의 움직임과 편집, 미장센, 인물의 의상이나 소품에 이르기까지의 수많은 이미지들이 장면을 통해 시각적으로 드러나기 때문에 표현하고자 하는 내용이 공간을 통해 좀 더 세심하고 구체적인 방식으로 강조될 수 있기 때문이다.

또한 드라마는 주인공이 출생 직후 발생한 미스터리의 실마리를 찾아가는 듯 '위장된 탐색 서사'를 통해 자기가 그간 읽어내지 못했던 차원의 삶의 진실에 다가가고, 이로써 전혀 다른 방식의 주체가 되는 계기가 마련되는 것을 보여준다. 소설과는 달리 여기서의 초점은 자아를 완성하는 주체의 모습을 그려내는 데 있지 않다. 차라리 탐색이 진행될수록 초점(들)이 불분명해지고 타자(들)에게 시선도 분산됨에 따라, 주체도 파편화되어 변화하는 모습을 보이고 있는 것에 가깝다. 출생 직후에 일어난 미스터리와 관련한 불가해한 사인(sign)과 삶에 대해서 이오는 조안과 함께 '우리일 수 있었던' 타인들의 삶을 탐색하며 자기를 해체하고 재조합한 것은 아닐까. 니체는 자기 자신의 존재 원인을 추적하는 유일한 길은, 이에 관한 이야기를 자신만의 새로운 언어로 말하는 것뿐이라고 했다. 삶을 새로운 관점에서 사유하게 되는 계기가 되는 것, 새로운 해석을 하도록 강제하는 매개체가 '타자성 발견'이라는 점은 주체가 스스로의 한계를 어느 정도 명확히 인식한 상태임을 의미한다. 결론적으로 '선물'이라는 환대 방식으로 타자를 맞이하겠다는 결론은 이 사유가 주체성에 대한 분명한 문제의식 위에 있음을 말해준다.

인류는 스스로 파괴한 환경 속에서 살아남기 위해 특단의 조치를 마련했는데, 신체 보호를 위한 물리적 분리장치인 '청정복 시스템'과 생물학적 면역 시스템인 '항체주사'가 그것이다.

중국을 시작으로 전 세계의 하늘과 땅 사이에 먼지층이 생겼다. 1년 365일 중 200일 이상의 미세먼지 농도가 200㎍/㎥을 넘어가면서 인간의 수명은 급속도로 줄어들고 있었고 나 몰라라 했던 과학계와 의학계는 너도나도 '미세먼지가 인간에게 미치는 영향'을 논문으로 써댔다. 세계보건기구는 비상사태를 선포했으며 곧이어 유명 제약회사, 민간 우주개발 업체, 명품 브랜드가 합심하여 만든 '청정복'이 세상에 나왔다.

언뜻 보면 우주복과 비슷하게 생긴 청정복은 미세먼지를 99.9% 걸러내는 신체 보호 의상으로 출시와 동시에 엄청난 인기몰이를 하였다.

문제는 금액이었다. 브랜드에 따라 조금씩 다르지만 청정복 한 벌의 값은 대략 5억 원 정도. 여유가 있는 가정에는 집을 팔아서, 여유가 없는 가정에서는 빚을 지고서라도 청정복을 입었다. 하지만 빚으로도 그 금액을 감당할 수 없는 사람들은 이 더러운 지구 위를 맨살로 맞서 살아가야만 했다.

시간이 지날수록 청정복을 입을 수 있느냐, 입지 못하느냐에 따라 자연스럽게 생활, 직업, 교육 등 모든 것이 달라졌으며 그 경계는 갈수록 뚜렷해졌다.(김효인, 「우주인, 조안」)[14]

드라마에서는 '오염물질로부터 몸을 지키는 항체주사'라는 장치를 추가하여 극에 긴장감을 주는 추리 서사적 요소로 활용하는 한편, 조안과

---

14) 김효인, 「우주인, 조안」, 189쪽.

주인공 간의 특별한 연결성을 강화한다.15) 드라마에서 이오의 종양 문제는 과거의 사실을 재서술하게 만드는 원인이면서, 과거의 사건으로 발생된 결과이기도 하다. 이렇게 드라마 속의 여러 사건들은 생각지도 못하던 일들과 환유적으로 엮여서 뻗어나간다.

지구의 오염은 전 지구적 문제이지만, 재난의 무게는 자본주의적 계층에 따라 달라진다. 늘 '위기를 기회로' 삼는 자유주의 경제체제 속에서 자본은 더욱 세를 불리고, 계층 조건은 다방면으로 인간의 삶에 영향을 미쳐 빈부 차에 따라 삶은 뚜렷하게 양극화되었다. 위험으로부터 개인들의 신체를 격리함으로써 안전을 지키려는 시도는 일단은 성공을 거둔 듯 보였다. 그러나 물리적 방법인 '청정복'과 생물학적 체계를 이용한 '항체백신' 시스템은 트랜스휴먼으로서의 인류 생존을 점쳐보기에는 지나치게 비쌌다. '선택'이라는 명목하에 자연스레 Clean하다는 위생적 이미지는 부유한 계층의 정체성에 덧대어지고, 사회에서 제시하는 윤택한 미래적 삶은 이렇게 C들을 중심으로 돌아간다.

중간계층인 NCC(NON-clean but Clean)는 큰 대가를 지불하여 어렵게 장만한 청정복을 착용함으로써 C의 삶을 모방하고 지향하는 방식으로 이 '선택'적 삶의 질서를 내면화했다. 이것을 '선택'하지 않은 일반적인 빈곤층은 전혀 다른 신체공간인 N(NON-Clean)로서 위험에 노출

---

15) '청정복'을 통한 물리적 방역시스템은 영화와 소설에서 모두 구현된 반면, 면역체계를 통한 방역시스템인 '항체 주사'는 드라마에서만 등장하는 장치이다. 한편 소설에서는 C인 주인공의 종양수술이 성공적으로 되어 C로서의 수명을 누리며 살게 되지만 N인 조안은 N들의 평균적 수명을 다하고 죽는 것으로 끝난다. 소설에서 주인공의 호흡기 종양 문제가 조안과 별다른 관련을 맺지 않는 C 주인공의 개별자로서의 문제로 제시된 것과 무관치는 않아보인다.

〈쇼트1〉   〈쇼트2〉

된 채 살아갔다. 살고자 한다는 점에서 모든 인간은 같지만, '생존을 위한 선택'마저 자본이 잠식함에 따라 일부 인간만이 생존을 선택할 수 있게 된 아이러니를 보여준다. 소설 텍스트 내용을 통해 알 수 있듯이, 소설 원작에서의 디스토피아적 세계 재현은 '말하기'를 통해 전달되고, 영상문학인 드라마에서는 시각적 이미지를 통한 '보여주기'로써 더 극적으로 나타난다.

〈쇼트1〉은 중산층 계급에 속하기 때문에 마땅히 가족 전원이 '클린(C)' 했어야만 했을 이오의 가족에 드리워진 그늘을 시각적 이미지를 통해 보여준다. 말끔한 차창 밖 풍경처럼 평화롭고 아름다웠던 이오 가족의 계층적 안정성은 까닭 모를 과거 사건으로 말미암아 이오가 N인 것이 밝혀지면서 깨어지고, 균열을 드러낸다. 단지 극심한 환경 오염으로 인한 스모그를 시각적으로 구현한 것으로 보였던 〈쇼트2〉의 이미지야말로 감상자들에게 이오 가족을 둘러싼 실제 세계를 보여주는 것이었다.

지나던 경찰은 분명 전원 C로 등록된 이오 가족의 차에 청정복을 입은 자가 탑승한 것을 수상히 여겨 불심검문을 실시한다. 차창 밖 풍광을 통해 인물들에게 보여지던 평화로운 세계는 거짓이었고, 안전하게 가족을 지켜준다던 체제로부터 일거수일투족 감시당하는 쪽은 되려 이쪽이었음이 폭로되는 순간이다. 이들의 눈에 보이는 세계는 목가적 판타지를 모사한 죽은 이미지에 지나지 않았고, 이들을 둘러싼 실재는 한 치 앞도 내다보기 힘든 유독물질 속에서 GPS를 통해 서로의 존재를 감지하고 전자정보를 통해 수시로 자신을 증명해야만 하는 끔찍한 디스토피아였던 것이다. 안전을 이유로 사회의 모든 이가 예외 없이 거대한 판옵티콘적 세계 속에 살아가게 된 비극은 말끔한 이미지와 상황 연출을 통해 더욱 갑작스럽게, 공포스러운 역설로 전해진다. 균열은 주인공 이오와 관련한 사건으로 인해 발생한 것이 아니라 이들 삶에 이미 내재해 있었던 것이다.

〈쇼트3〉   〈쇼트4〉

〈쇼트5〉   〈쇼트6〉

주인공의 시점에서 진행되는 드라마 내러티브와 맞물려, 외부와의 소통마저 차단해버리는 '효과적인' 청정복 시스템의 작동은 이 디스토피아에 유폐된 주인공 이오가 처한 비극을 더욱 잘 보여주는 장치이다. 이오가 균열을 드러내버린 세계에서도 어떻게든 그 전과 같은 삶을 이어가보려고 애쓰는 이유는 체제 '바깥'의 삶이란 꿈에서도 생각해본 적 없기 때문이다. 시한부 판정을 받고 난 이오는 주변 C타운 사람들과 좀처럼 '대화다운 대화'를 이어가기가 어려워졌다.(〈쇼트4〉) 얼마 전까지만 해도 C였던 이오가 이렇게나 신속하게 이질적 존재가 되어버린 것은 입고 있는 청정복이 가진 상징적 효과 탓이다.(〈쇼트3〉) 이 도시에서 청정복은 착장자가 어떤 계층에 속한 이인지를 나타내는 표식으로도 기능하고 있기 때문이다. 이렇게 C타운을 지탱해온 기술적 유토피아는 자본을 소유한 동류만 포용하고 타자를 배제하는, 가짜 이상으로 가득한 편협한 디스토피아적 공간이었음이 거듭 보여진다.

C들은 마치 중세수도사들처럼 보이는 어둡고 긴 '청정복' 로브로 전신을 감싼 채 거리를 걷는다. (〈쇼트3〉) 이들은 자신들에게 이미 충분히 주어진 '안전'에 대한 감각에만 집착에 가까울 만큼 잠식되어 다른 감각은 둔화된 듯 보인다.[16] 적지 않은 보행자들이 있음에도 거리 풍경은 주인공의 절친인 경의 모친의 조촐한 장례식 행렬에서의 음산하고 침침한 이미지와 크게 다르지 않다. (〈쇼트5〉) 구성원이었던 이오를 받아들여 주지 않은 C타운 사람들은 이처럼 정적이고 단절된 익명적 다수의 이미지로 재현된다. 이는 환경적 재앙에 의한 질병이 아닌 다른 방식으로 이미 죽음이 C타운을 잠식했음을 암시하는 것이기도 하다.

더 이상 C가 아닌 주인공은 방외인으로서 어정쩡하게 공간을 배회한

---

16) 자발적으로 스스로를 유폐하거나 단순한 삶으로 도피하려 하는 것은 불확실한 환경 속에서 자신감을 되찾으려는 전형적 방식이다. 불확실성에 대한 지나친 두려움은 안전에 대한 욕구를 비대하게 만드는 역설적 상황을 초래한다. 스스로가 만든 공포 속에 거주하는 셈이다(에른스트 디터 란터만, 이덕임 역, 『불안사회』, 책세상, 2019, 91-95쪽, 104-105쪽 참고). 몸을 통제하여 최적화된 신체 상태를 유지하려는 것 또한 삶의 불확실성과 자연으로부터의 영향에서 자신을 지키려는 방법 중 하나이다(위의 책, 120-121쪽 참고).

다. 발화조차 차단된 무언의 존재가 되어버린 주인공은 기기의 힘을 빌어 어렵사리 낯선 방식의 커뮤니케이션을 시도해야만 외부와 소통할 수 있는 처지에 놓인다. 갑작스레 소속 공간에서 내쳐지거나 소통할 언어를 잃는 경험은 큰 정체성의 변화를 가져올 수밖에 없다. 그러나 이렇게 발생한 사건의 우연성은 그전에는 살아본 적 없는 다른 삶들을 만나게 하고 새로운 '바깥'을 만들 수 있는 통로를 제공해준다.

〈쇼트3〉에서 집단 내에서의 '다름'으로 크게 위축되어 수그리고 걷는 이오와는 달리 오른편의 조안은 거침없이 자기 존재를 드러낸다는 점에서 주인공과 대비된다. 조안은 N임에도 전혀 스스럼없이 C타운을 맨몸으로 활보하지만, C들은 온몸을 가린 채 익명의 벽을 유지한다. 진정 갇힌 삶을 사는 건 N이 아니라 C임을 보여주는 장면이다. 이쯤에서 질문하게 된다. '이성'은 정말 값비싼 장비를 구입하기 위해 삶의 대부분을 저당 잡히고 빚을 갚으며 살아가는 것이 정말 유일한 방법이라고 말할 것인지. 인간의 신체는 그 삶을 살 고유한 장소로서 마땅히 특수한 의미와 위상을 지니는데 그에 걸맞은 '과학'적 가치가 부여되고 있는지 말이다. 생의 위기를 느끼는 주인공은 조안이 내뿜는 정동, 강렬한 생기와 존재감에 압도되고 감응되어 이끌리듯 조안의 삶의 터전인 N타운으로 향하게 된다.(〈쇼트6〉)

주인공 이오는 무결한 줄로만 알았던 자신의 과거는 이미 '결함'이 생겨 있는 상태였음을 알게 된다. 이미지와 상황의 극적 연출을 통한 '보여주기' 방식은 경제적 조건에 따라 특정한 생존 방식을 강요하는 것이 종국에 구성원 모두의 자유를 심각하게 제한한다는 점을 알림으로써 문제의식을 전하는 데 효과적이다. 동시에 분명히 드러나는 것은

'사회적 약자' 위치에 있는 타인들의 삶에 대한 주체의 편견어린 추측은 폭력일 수 있다는 것, 시각 자체가 그 자신의 인식적 감옥을 대변하고 있을 뿐이라는 점이다. 타인을 향해 보내던 동정어린 시선은 오히려 '박탈된 그 삶'을 기꺼이 받아들이는 존재에 부딪혀 다시 주체에게 되돌아온다.

2) 비극을 전유하는 공간, 헤테로토피아

이처럼 C들은 자기들의 삶 속에 갇혀 살기 때문에 다른 삶에 대해 무지하며, 이는 필연적으로 자기 삶에 대한 오인으로 이어질 수밖에 없다. 이들은 막연히 예상수명이 30년에 불과한 N들은 위협과 절망 속에서 모든 즐거움을 빼앗긴 채 그저 짧기만 한 삶을 살아갈 것이라고 추측한다. 하지만 청정복을 입은 주인공과 친구 경이 생전 처음 방문한 N타운은 C들의 이런 편견과는 전혀 다르게 활기가 넘치는 공간이었다.

N들은 기초교육을 일찍 마친 13살 이후 바로 삶의 질곡을 마주한다. 취업, 결혼, 출산 등 삶에서 거치게 되는 문제들을 지나치게 일찍부터 겪게 되는 만큼 이들이 살아가야 할 삶은 결코 수월하지만은 않지만, 대부분의 N들은 그 삶 안에서 자기 몫의 삶을 지켜내리라는 의지를 강하게 가진 것으로 그려진다. 물론 이들의 길지 않은 삶 속에 상대적으

〈쇼트7〉

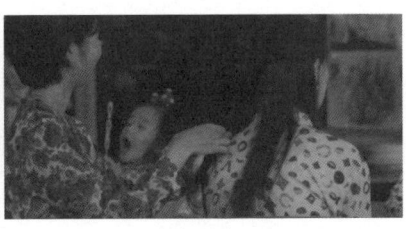
〈쇼트8〉

로 더 많은 죽음들이 공존하는 것은 어쩔 수 없으므로, 작품 속에서 이 점을 애써 감추려고 하지는 않는다.

하지만 이곳의 다수는 통제할 수 없는 비극 앞에 공포를 과잉전시, 유포하여 다 같이 그 속에 먹히기보다는 차라리 삶의 여러 다양한 국면에 대해 욕망하고 고민할 기회를 가지기를 선택했다. 사람들은 소비를 줄이고 사적 소유보다는 공유를 택하는 등, 갖가지 인간 소외로부터 자기들의 짧은 생을 지켜낼 방법을 모색했다.[17] 미래에 대한 두려움과 기대감과 같은 감정을 부정하지 않고 오히려 터트려 예술로 승화시켰다. 이오는 이 공간에서 평소 동경하던 독립적 예술가들의 자취를 발견하고 놀란다. N의 소수자적 정체성이 녹아든 예술작품들이 강한 역동성과 확장성을 가지고 C타운에서도 향유됨으로써 혼성적 현상을 빚어낸다는 것은 전유의 가능성을 말해준다. 많은 것을 빼앗긴 N들이 이처럼 삶의 다층적 면모를 더 많이 누리고 있다는 것은 기묘한 역설이라 할 수 있다.

푸코가 제시한 공간 개념인 "헤테로토피아는 기존의 세계에 대한 반

---

17) 소설 속에서는 N들 내면의 고통과 갈등에 분량이 좀 더 할애되는 편이며, 드라마에서는 화면을 통해 보여지는 N들의 삶의 양식이 어떻게 형성된 것인지에 대한 최소한의 설명을 제공하고 이것이 주요 인물들에게 끼치는 영향을 보여주려는 뜻에서 이 지역의 경제체제의 단면을 노출시킨다. (의사인 경은 N타운에 도착한 지 오래지 않아 응급상황을 마주하고, 목숨이 경각에 달린 낯모를 N을 구하러 달려 가버리는 부분에서 드러나듯, 고통과 갈등도 보여진다.) 가질수록 더 빈곤해지는 소유의 역설을 말하듯, 유한함이 삶 속에서 체현된 N들은 공유경제를 추구한다. 영속적으로 머무는 일에 치중하기보다는 삶을 누리다 죽음으로써 떠나게 되더라도, 그것이 누구에게나 공평히 주어진 이 공간을 지나쳐가는 과정이라는 인식이 사회적 합의로까지 이어졌음을 말해주는 부분으로 읽힌다.

작용적인 관계들을 기능하게 함으로써 사회의 고착된 질서를 교란시키는 일종의 일탈적 공간"[18]인데, N들은 실제적·상징적으로 대안적 공간을 만들면서 자신들의 삶을 지켜낸다는 의미에서 N타운 역시 일종의 헤테로토피아로 기능하고 있음을 알 수 있다. 푸코는 공간을 [일상공간 : 사회적 질서가 유지되는 공간] – [유토피아 : 실존하지 않는 신화적·환상적 공간] – [헤테로토피아 : 현실적이면서 환상적인 공간]이라는 세 층위로 구분하고, 헤테로토피아의 속성에 대해 다음처럼 정의했다.

> 자기 이외의 모든 장소들에 맞서서, 어떤 의미로는 그것들을 지우고 중화시키고 혹은 정화시키기 위해 마련된 장소들, 그것은 일종의 反공간이다. 이 반공간, 위치를 가지는 유토피아들. 아이들은 그것을 완벽하게 알고 있다. 그것은 당연히 정원의 깊숙한 곳이다. 그것은 당연히 다락방이고, 더 그럴듯하게는 다락방 한가운데 세워진 인디언 텐트이며, 아니면 – 목요일 오후 부모의 커다란 침대이다. 바로 이 커다란 침대에서 아이들은 대양을 발견한다. (미셸 푸코, 『헤테로토피아』 중에서)[19]

헤테로토피아로 명명되는 공간의 핵심은 일상 공간인 '현실'과 유토피아 공간의 '환상' 모두를 내포한다는 것이다. 현실 안에 있으면서도 환상이 작동하는 예외적 공간인 헤테로토피아는 현실 공간의 불완전성

---

18) 장세연 외, 「ASMR 방송의 실존적 공간 연구」, 『글로벌문화콘텐츠』 24, 글로벌문화콘텐츠학회, 2016, 281쪽.
19) 미셸 푸코, 이상길 역, 『헤테로토피아』, 문학과지성사, 2014, 13쪽.

이라는 한계를 환상으로 구체화하려는 주체의 의지에 의해 만들어진다. '다락방'이나 '텐트'는 분명 물리적 공간이지만 이것을 바다로 바꾸어내면서 자신을 확장시키는 것은, 그 이상을 실천하고자 하는 주체의 의지에 따른 것이기 때문이다.

N타운도 처음에는 절망 가득한 공간이었지만, 이들은 자기 공간에 드리워진 절망 속에서 오히려 삶에서의 총체적 측면을 발견하고 그것을 삶의 의미로 가꾸어내려 했다. 인간 삶은 유한함 위에 성립하며 삶의 의미는 이것을 받아들이는 가운데 의미를 찾아가는 과정 속에서 찾아질 수 있다는 것은 공유되는 인식에 가깝다. 만물에게 주어진 이 절대적 조건이 변할 수는 없기에 유한함 속에서의 자유는 더욱 소중한 것이다. N들의 의지가 만들어낸 N타운은 이렇게 불모의 세상 한구석에서 숨을 불어넣는 공간으로 기능한다.

〈쇼트9〉

〈쇼트10〉

〈쇼트11〉

이오는 이제 자신의 유한함을 절감하는 처지가 되었고 남은 삶에서의 의미를 갈구하고 있다. 그러나 여전히 영속적 가치가 보장되지 않은 신기루 같은 환상에 자기를 내맡기는 것은 망설이며 조안이 감각적으로 삶을 향유하는 모습을 훔쳐본다.(〈쇼트9〉) 조안의 세계에서 벽을 사이에 두고 은밀히 그가 느끼는 후각을 나누어 느껴보려 하지만 물리적으로 차단된 공간 속에서 그 세계와의 진정한 접촉은 불가능하다. 진짜 감각은 오로지 매순간 직접 체험함으로써만 얻을 수 있고, 안정성과 진부함을 포기하는 일종의 폭력을 통해서만 획득 가능하기 때문이다.[20] 드디어 주인공은 용기를 내어 껍질을 벗고 새로 태어남으로써 처음으로 '위험이 도사리는 진짜 삶의 공기'를 들이마시게 된다.(〈쇼트10〉) 이때 주인공을 배태한 곳, 새로이 품어준 곳은 붉은색을 띤 조안의 공간이다.(〈쇼트11〉) 호흡곤란으로 쓰러진 주인공을 조안이 구출하여 살려주는 이 사건은 그녀에게 조안이 인식적 측면에서 모성적 존재가 되었음을 의미하는 것이라 볼 수 있다.

〈쇼트12〉

〈쇼트13〉

조안은 주인공에게 그전에는 학교에 있는 줄도 몰랐던 비밀 장소를 소개한다. 이곳은 C의 공간에서 실제적으로 비가시화된 존재들인 학

---

20) 로고스를 통해 표현되지 않는, 감각은 삶을 흔들고 사색을 강요한다는 의미에서 폭력적인 '기호'이다(김재인, 『혁명의 거리에서 들뢰즈를 읽자』, 느티나무책방, 2016, 145-146쪽).

교 시설관리자들과 청소부들만이 사용하는 통로와 탕비실이다. 이들은 모두 N이기 때문에 조안은 이 통로의 존재를 알게 된 것이다.[21] 이처럼 조안은 주인공과 같은 공간을 살아가지만 감지할 수 없었던 곳을 찾아내는 힘이 있다. 많은 곳을 자기 장소로 만들고 살아가는 조안에게 매료되고 동일시하려는 주인공의 욕망은, 조안의 경쾌한 발걸음과 그 움직임이 일으키는 아찔한 꽃무늬 물결을 홀린 듯이 바라보는 카메라의 눈을 통해 드러난다. 이 드라마에서 주인공이 '생기'를 갖추게 되는 과정은 조안과 꼭 닮은 꽃무늬 의상 그리고 이들이 사랑하는 감각적 예술작품들·공예품 이미지의 노출을 통해 더욱 분명히 관객에게 보여진다.

이전까지의 기술 발달의 양상은 인간을 소외시키고 억압을 심화하는 방식으로 드러났지만, 껍질을 벗고 타자와 접촉하려는 각오가 된 사람들에게 과학기술은 긍정적 매개로 기능할 수 있다. 그래서 조안이 주인공의 둔감한 사회적 감수성에 혀를 내두르면서도 〈쇼트12〉처럼 손을 내밀어 자기와 이야기를 나눌 수 있는 무선 통신장치를 건네주는 순간은 특별하다. 〈쇼트13〉과 같이 언제 어디서나 자유로이 만나 이야기를 나눌 수 있게 해주는 기술 구현체인 홀로그램 안경은 둘 사이의 물리적 한계를 뛰어넘게 하고 급속도로 가까워지게 해준다.

주체의 의지에 따라 헤테로토피아는 생성되기도 하고 완전히 사라지

---

21) 자본주의 도시공간은 파편화, 균질화, 계층화되어 있다. 건물관리 인력은 암묵적으로 건물사용자들의 눈에 띄지 않는 곳에서 움직인다(안숙영, 『젠더, 공간, 권력』, 한울아카데미, 2020, 156, 163쪽 참고). C의 생활을 지탱하는 것은 이처럼 비가시화된 수많은 타자들의 노동이다.

기도 하며, 심지어는 주체가 "지금까지 존재하지 않았던 헤테로토피아를 조직할 수도 있"다.[22] N으로서의 낙인 속에 머물지 않으려는 실천, 자신의 공간을 헤테로토피아적인 것으로 바꾸고자 하는 주인공의 감정과 적극적 의지에 의해 N타운 밖인 자신의 방에서도 작은 공간적 전유는 이루어진다. 현실 전복에의 의지가 개입된 헤테로토피아, 그 환영과도 같은 가능성을 드러내기 위한 장치로서, 드라마에서는 인물의 감각을 통한 시공간의 새 인식을 적극적으로 보여주었다.

3. 미래라는 바깥 세계의 열림

전술한 바와 같이, 드라마에서는 '항체주사'라는 요소를 통해 인물들이 단지 현재에만 연관되는 것이 아니라 자신들이 깨닫지 못했을 뿐 과거로부터 이미 연결되어 있는 존재였음을 드러낸다.

드라마에서의 과감한 각색은 주제를 '타자로 인해 다른 세계가 열리는 주체의 변화'로 확장시키려는 의도가 들어있다고 볼 수 있을 것이다. 주인공은 그 자신의 결여로 인해 타자에게 자신을 개방하고 이로써 과거를 비롯한 그의 인생 전부는 전혀 다른 맥락에서 새로운 국면을 맞이하게 되기 때문이다. 주인공에게 전혀 들리지 않았던 타자의 목소리, 타자의 고유한 개별성은 그 열림을 통해 비로소 주인공에게 와 닿는다. 이 목소리들은 이미지, 색채, 조명, 사운드 등 영상 문학이 가진 특성들을 통해 비언어적 메시지로 전달된다.

---

22) 미셸 푸코, 앞의 책, 17쪽.

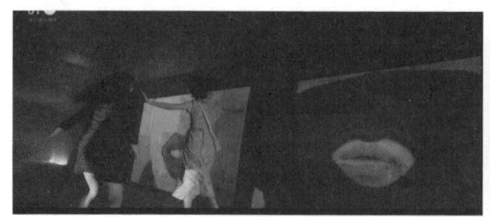
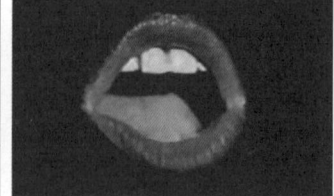

〈쇼트14〉   〈Not I〉(1972), Beckett

　조안이 주인공을 은밀한 지하 세계로 안내하는 시퀀스 도입부에서 'Things/Beings/Souls'라는 간판이 씬의 대부분을 차지하며 크게 비춰지는 것은 사물들의 존재(함)를 영혼(정신)의 문제와 별개로 보지 않겠다는 감독의 의도를 드러낸 것이라고 읽을 수 있다. 마치 '잔해'처럼 버려진 곳으로 인식되던 공터에서 지하 통로로 이어지는 분명히 존재하는 '길은', 미처 인지하지는 못했으나 사실은 처음부터 함께 있었던 타자와 같다. 오로지 배우의 입만 떠다니며 소리치는 내용을 담은, 사무엘 베케트의 15분짜리 단편극『나는 아니야(Not I)』(1972)[23]를 오마주한 듯한 이 장면(〈쇼트14〉)에서, 거대한 '입'들의 외침은 베케트가 주장했듯 "사물 뒤에 숨은 사물"[24]을 드러내는 역할을 한다.

　앞서 말한 것처럼, 주인공 대신 항체주사를 맞고 대신 C가 된 인물을

---

23) "Not I", Samuel Beckett, 1973. (https://youtu.be/M4LDwfKxr-M)
24) 자크 데리다는 전통 형이상학에서 주체 또는 자화상의 프레임 안에 들어갈 수 없었던 타자성의 흔적을 '잔해'라는 말로써 설명하려 했다. 잔해는 사건처럼 주어지는 것이 아니라 처음부터 거기 있었고, '나' 이전에 존재한 타자들과의 만남으로 '나'의 기원은 생겨난다. Samuel Beckett, *First Love and Other Shorts* (New York : Groove Press), p. 135. (한의정, 「인간의 얼굴에서 사물의 얼굴로: 현대예술에서 인간-비인간의 관계성을 중심으로」, 『미학예술학연구』 62, 한국미학예술학회, 2021, 17쪽에서 재인용).

〈쇼트15〉   〈쇼트16〉

찾는 미션을 수행하는 추리 플롯은 '겹'으로 '위장'된 탐색을 위한 것이다. 처음에는 조안과 함께 대상자를 탐색하고자 했던 주인공이 이미 답을 알고 있었음이 플래시백[25]을 통해 드러난다. 그렇다면 이 '겹'의 위장과 탐색 서사는, 역순으로 처음부터 여기에 있던 잔해 같은 것들을 해체해나가는 작업의 일환이었던 것은 아닐까.

처음에는 자기의 삶을 '빼앗아 간' 장본인인 조안이 그만한 "자격"[26]이 있는지 여부를 확인하려는 심산에서 시작했을 수도 있다. 주인공의 시선은 조안에게 강하게 이끌리기는 하지만 여전히 조안에 대한 '어떤' 의혹을 완전히 풀고 있지는 않은 것으로 보인다. 이는 "선물"을 주기로 결심하기 전까지 이어지며 〈쇼트15〉과 〈쇼트16〉에서처럼 카메라의 시선을 통해 재현된다.

---

25) 조안이 자기 대신 백신을 맞은 아기라는 것을 주인공이 정확히 언제 알게 되었는지는 분명치는 않으나, 경으로부터 받은 비공식 자료를 통해 조안의 얼굴을 확인한 (플래시백 화면으로 확인할 수 있는) 주인공의 표정이 제법 평온한 것으로 미루어보아서는 아마도 대략 초반부 학교에서 조안을 주시하기 시작한 시점부터였을 것이라고 추측할 수 있다.

26) 조안을 보며 주인공이 '자격'에 대해 생각하고 있었다는 것은, 우주항공연구소의 합격을 말하며 "나보다는 니가 훨씬 더 자격이 있는데…"(〈우주인 조안〉, 32:36)라고 하는 부분에서도 나타난다.

주인공이 조안에게 주려는 "선물"[27]은, 아기 때 항체 주사를 대신 맞은 사람이 다름 아닌 바로 조안이라는 것을 당사자에게 알리지 않는 것이다. 매사 당당한 조안이지만, 이번 일만은 자기가 이오의 생명을 빼앗아 가지게 된 격이라고 여길 것이 분명하다. 자신이 주려는 선물이 진짜 '선물'이 되려면 결코 말해져서는 안 된다.

잠시 망설이다 방향을 바꾸어 꺼낸 다른 화제는 두 사람 모두가 지원한 우주항공연구소에 채용에서 주인공만 합격했다는 소식이다. 이력서상 C로 기재되어 있는 이오가 N으로 기재된 조안보다 채용에서 암묵적인 어드밴티지를 얻을 수 있으므로 합격 가능성도 더 높다는 것은 어느 정도 예상 범주에 있는 일이었다. 우주 공간은 조안에게 헤테로토피아적인 공간으로, 현실에서 우주인이라는 꿈을 이루게 된다면 가볼 수 있는 곳이면서 그 이상의 초월적 지향·가능성을 내포한 곳이기도 하다.

반면 이오는 "그냥 어디든 대우 좋고 안정적인 직장이면 된다고 생각해서 여기저기 넣"은 것이 얼결에 합격으로 이어진 것이라 떨떠름하고 미안한 기분을 갖게 됐다. 채용 결과는 아이러니하게 느껴지지만 이처럼 부당하게 느껴지는 상황은 현실 속에 늘 존재한다는 걸, 무엇보다 항체 백신 사건을 통해 깨달았던 것이다. 이상을 향해 나아가려는 희망과 노력이 반드시 바라던 결과로 이어진다는 보장은 없다. 오히려 그런 일은 매우 드물어서, 비 개인 날 천문대에서조차 제대로 된 별 관측은

---

27) "선물이야. 내가 줄 수 있는 가장 귀한 선물."(〈우주인 조안〉, 50:10)
친구인 경은 주인공에게 "운명의 장난에 대한 복수, 뭐 그런 거야?"라고 의도를 묻지만, 모르는 사람에게는 복수로까지 해석될 수 있는 '선물'의 이 모호한 속성이야말로 이 선물의 참된 의미를 보여준다.

좌절되기 십상이다. 겪어보니 세상에는 예상대로 되는 일은 거의 없었다. 온통 확실하지 않은 것들뿐인데, 누군가의 실수를 두고 호들갑 떠는 것이 오히려 어리석은 일이다.

이오와 조안의 관계도 그동안 여러 차례 변해왔다. 처음에는 조안을 하류층 사람치고 제법 재미있는 친구라고 생각했지만, 이제 둘은 만나지 못하면 허전한 사이가 되었다. 조안의 세계를 알아가면서 이오는 그 전에는 감지하지 못하던 수많은 공간과 여러 삶들을 자기 삶과 연관된 것으로서 인식하게 되었다.

조안에게 실수로 항체주사를 놓은 알 수 없는 누군가와는 별개로, 이 사고를 어떻게 의미화하여 자기 삶의 일부로 받아들일 것인지를 결정하는 것은 오로지 그 자신의 몫임을 이오는 알게 되었다.[28] 비록 살날이 많이 남지는 않았지만 지금의 이오는 중요한 문제에 대해서 스스로 결정할 주체적 힘을 갖추게 되었다는 점에서 전혀 다른 존재가 되었다. 이런 변화는 조안과의 나날이 놀랍도록 새로운 시각을 선사했기 때문임을 깨달은 이오는 조안에게 자기 수명을 '선물'하기로 한 것이다.

---

[28] 살아 있는 한 인간은 항상 고통을 감내해야 한다는 의미에서, 고통은 살아있음의 한 증거이다. 창조적 힘은 고통으로부터 나와, 자기를 극복하게 만든다. 니체는 우리 자신이 갖는 창조적 에너지를 거스르거나 억제하지 않고 스스로 운명을 결정하는 정신, 이렇게 결정된 운명을 긍정하는 정신으로서 '운명애(Amor fati)'를 제시했다. 니체는 '운명애'를 깨달은 사람은 설령 자기 삶이 영원히 되돌아온다 해도 언제까지나 기쁘게 맞이할 수 있을 것이라며 '영원회귀'를 말했다. 이오가 항체 주사 관련한 문제를 자신의 선물로 명명하고 마음의 평화를 찾은 데에는 니체적 운명애와 같은 깨달음이 있었을 것이다. '조안에게 수명을 나누어 준 것도 이오이고, 주사로 늘어난 수명을 저주처럼 짊어지지 않을 열쇠도 이오가 쥐고 있다니, 이 얼마나 커다란 행운인가!'(백승영, 『니체, 디오니소스적 긍정의 철학』, 책세상, 2005, 111쪽 참고).

천문대에서 함께 하늘을 바라보던 조안은 주인공 '이오'의 이름을 생각할 때마다 자기는 목성의 위성인 '이오'를 떠올릴 것이라고 말한다. 늘 하던 천문관측일지라도 이오는 이제 그전과 같은 이름일 수 없다는 이 말은 주인공과의 만남 역시 조안에게 의미 있는 순간임을 드러낸다.

이 둘이 함께 맡아 수행했던 학교 과제, 오래된 소설 장면을 재현해보는 장면에서 두 사람이 마음에 품은 감정의 진정성과 함께 작품의 주제는 다시금 확인된다. 조안은 『센티멘탈 저니』에서 요릭이 매력을 느낀 한 여인에게 맥을 짚어보게 해달라고 청한 뒤 맥박을 느끼는 장면을 말하며 함께 그 순간의 감정을 떠올려보자고 제안한다. 이오는 한동안 속마음을 드러내지 않기 위해 시선을 피했지만, 이오의 감정을 재차 확인하고자 하는 조안("…… 해 볼래?")에게 웃으며 화답하고, 이 장면은 작품 안에서 매우 이례적인 시점샷으로 찍은 것이 눈에 띈다. 카메라가 명백히 조안의 시점에서 주인공을 객체로서 바라보고 진행되기 때문인데, 요릭이 되어 맥을 짚는 사람도 조안이며 맥박을 통해 자기가 바라던 상대의 사랑의 감정을 확인한다는 ("찾았다" - 조안의 대사) 점에서, 얼핏 이 '감정 여행'은 마치 조안이 주도하는 것처럼 보인다. 하지만 모두 알다시피, 요릭처럼 비밀을 숨긴 채 가면을 쓰고 있는 사람은 몰래 '선물'을 준비하는 주인공이다. 이처럼 원인과 결과가 모호하게 얽혀 있어서 좀처럼 선명하게 규명하기 힘든 탐색 구조는 다분히 의도적인 장치이다.

이오가 수술로 우주항공연구소 입사를 포기한 후, 조안은 그 자리에 들어가 우주인의 꿈을 이루게 된다. 진짜 우주인이 된 조안은 인터뷰를 통해, 오염된 지구환경을 개선하여 인간을 더 많은 고통으로부터 구할 기술적 방안을 연구한다고 말했다. 이오와의 헤어짐을 섣불리 사랑에 대한 포기로 연결 짓지 않고, 오히려 서로간의 구원을 꿈꾸겠다는 굳은 의지를 표명하는 부분으로 읽힌다.

사랑이라는 커다란 사건은 변곡점·특이점을 생성하여 인생의 방향성을 결정할 수 있는 힘이 있으므로 숨길 방법이 없다. 주인공은 타자를 만남으로써 근본적인 세계 변화에 직면하게 되고 이 '사건'으로 인해 전혀 다른 존재가 된다. 닫힌 세계가 '바깥'으로의 열리려면 주체는 이렇게 철저히 수동적인 입장에서 변화를 맞이할 수밖에 없다. 하지만, 주체는 타자와 사랑을 나누는 과정에서, 진심으로 '선물'을 주는 행위를 통해 진심으로 상대방을 환대하고, 인생에서 가장 큰 능동적 자유를 누릴 수 있다. 이렇게 개별자인 주체들은 서로가 서로에게 원인과 결과가 되어주면서, 드넓은 우주에서 '우리'로서 '연결'될 수 있는 것이다.

4. 논의를 맺으며

본고에서는 드라마엔솔러지 〈SF8〉 중 〈우주인 조안〉을, 세계가 파국을 맞은 이후, '바깥'을 상상하며 탈주하려는 욕망을 낭만주의적 관점에서 읽어보았다. 2000년 이후 상당히 다양한 SF서사 매체에서 다루어진 '파국'의 성격은 추상적인 성격을 띤 것, 은유나 알레고리로 읽히는 것이 많았다. 흔히 쓰이는 예시처럼 후기 자본주의, 기술문명, 독재 정치 등의 정치·경제적 이데올로기의 폭력이 '파국'으로 알레고리화 되었다고 가정했을 때의 문제점은 이와 같은 구조나 체제의 외부로 추방당하는 주인공, 탈주하는 인물을 구체적으로 상상하는 일이 쉽지 않아 대안을 모색하기가 어렵다는 점이다.

〈우주인 조안〉 역시 이러한 한계점에서 크게 벗어났다고 보기는 어렵다. 하지만 몇 가지 이유로 대안이 마련될 수 있는 여지는 마련했다고 보았기에 그 특성을 살펴보고자 했다. 많은 SF서사에서 유토피아의 이미지와 디스토피아 이미지를 재현하고, 매체 수용자들 역시 이런 이미지에서부터 착안한 좋고 나쁨의 판단을 어느 정도 고정된 것으로 받아들이는 경우가 흔하다. 하지만 어떤 장소가 가지고 있는 성질이 그리 단순히 확정되기는 어렵다는 것을 이제 다들 알고 있다. 처음에는 별문제 없어보였던 C타운이 어느새 침침한 이미지로 변한 것처럼, 유토피아와 디스토피아는 전혀 다른 속성을 가진 공간에 대한 명칭이라기보다는 인식주체의 시각이나 시점 차이에서 구별된 이미지에 대한 설명으로 보는 편이 합당할 것이다. 어떤 측면에서는 시대착오적인 것을 알면서도 사용하는 '장르 클리셰'에 가까운 것으로서 소비되고 있는 것 같기도 하다. 이 작품에서의 두 장소(C타운과 N타운) 역시 규정지어진 스테레오타입 이미지에 편승하여 형상화된 측면이 적지 않기 때문이다.

다만, 주인공의 변화를 직접적으로 이끌어낸 실제적 대안 공간은 환상적이고 임시적으로 구성되었던 헤테로토피아적 공간이라고 보았기 때문에 이 점을 긍정적인 요소로 읽었다. 〈우주인 조안〉은 주인공이 '조안의 우주', 조안이라는 우주를 만나서 자신의 우주를 찾아가게 된 것을 다루고 있다고도 할 수 있다. 흉내내기 차원의 실천이 가능한 '타자처럼 되어 보기'와 달리 '타자-되기'란 도로 '되돌아옴'이 불가능한 것이라는 들뢰즈의 말을 떠올려볼 때,[29] 이 작품 속 인물과 공간에 대한 비유와 상징은 대안을 향한 열망을 드러낸 것으로 읽힌다. 주인공은 타자에게 자신을 여는, 결코 되돌릴 수 없는 환대를 통해 타자를 만나고, 자기 자신이 우주와 연결되어 있음을 안 후에는 '바깥'을 향해 나아갈 수 있었다.

최근 한국에서도 SF 서사 장르가 대중적 관심의 대상으로 떠오르면서 수많은 텍스트가 쓰이고 읽히며 그 어느 때보다 풍성한 담론이 조성되고 있다. 대표적인 대중 영상텍스트인 TV드라마 시리즈로까지 연이어 제작되는 상황은 이 관심들은 한 때의 작은 파도라기보다는 사회의 인식적 변화를 보여주는 것에 가깝다는 생각을 갖게 한다. 새로운 우주에서 타자를 환대하고 미래를 선취하는 구체적 방법이 무엇인지 어떤 작품도 분명히 말해줄 수 없을 테지만, 우리 SF 작품들은 제각기 다른 방식으로 독자를 만나 그만의 우주를 그려보게 하는 데 기여함으로써 커다란 새 세계를 만들어가고 있다. 우리 SF에서 그려질 우리 우주를 기대해본다.

---

29) 들뢰즈는 '소수자 되기'를 근간으로 하는 '되기 철학'을 중요한 윤리적·정치적 노선으로 제시했다. 김영옥은 글에서 '소수자'라는 용어를 썼지만 본고에서는 내용에 맞게 '타자'로 바꾸어 인용했다(김영옥, 『이미지 페미니즘 -젠더 정치학으로 읽는 시각예술』, 미디어일다, 2018, 115쪽).

〈인간 증명〉, 인간 개념의 수정 가능성에 대한 고찰

박종윤

1. 논의를 시작하며

〈인간 증명〉(2020, 김의석 연출)은 총 8개로 구성된 시네마틱 드라마 〈SF8〉[1]의 마지막 작품이다. 감독 김의석은 자연광을 이용한 실내배경과 인물들의 압축된 대사들을 통해 드라마를 연극 무대에서의 공연인 것처럼 연출하였다. 특히 두 주인공에만 초점을 맞추고 그들의 표정 연기에 의한 세밀한 내면 묘사는 이 작품에 대해 긍정적으로 평가할 수 있게 한다. 그러나 〈인간 증명〉은 SF를 표방했지만 이 장르와의

---

[1] 본격적인 SF장르를 표방하면서도 디스토피아적 감수성을 작품 전반에 녹여낸 〈SF8〉은 그동안 한국 텔레비전드라마가 좀처럼 시도하지 않았던 방식으로 대중과의 대화를 제안한다. 〈SF8〉은 미래의 인간과 사회가 어떻게 존재할 것인지를 상상하며 그것을 낯선 스토리, 캐릭터, 분위기, 주제의식을 통해 재연한 작품이다. 특히 한국에는 영화에서조차 본격적인 SF장르가 많지 않다는 점을 고려할 때 보수적인 지상파 방송에서 SF장르의 텔레비전드라마를 송출했다는 사실이 상당히 흥미롭다. 물론 〈SF8〉은 '시네마틱 드라마'라는 융합적이지만 다소 모호한 수식을 붙여 '영화 같은 텔레비전드라마'를 표방했다. 그러나 '영화 같은'은 수식어를 부여받았으며 영화감독이 연출로 참여했지만 〈SF8〉은 지상파를 통해 방송된 특별한 형태의 '텔레비전드라마'라고 한정할 수 있다.(이다운, 「일상의 파국과 상상된 재난 – 시네마틱드라마 SF8 연구」, 『어문논집』 vol.85, 중앙어문학회, 2021, 338쪽.)

연결선이 지극히 가늘다. SF적 요소가 전면적으로 드러나지 않을 뿐더러, SF에서 흔히 등장할 법한 배경이나 도구조차 지금과 다를 바 없다. 그럼에도 불구하고 〈인간 증명〉을 'SF(Science Fiction)' 작품이라고 부를 수 있는 이유는 미래의 과학·기술이 인간과 유사하거나 동일한 사이보그를 생산할 수 있다는 '과학적 개연성'을 우리가 이미 공감하고 있기 때문이다. 작중 인물의 대사에 나타난 몇 개의 단어와 인물의 행동은 이 '과학적 개연성'을 뒷받침한다. 가령 극 초반, 검사가 법정에서 공소 사실 관계를 판사에게 설명하는 진술이 대표적이다. 이 진술은 우선 〈인간 증명〉이 SF장르에 해당한다는 단서를 제공할 뿐만 아니라, 주요 두 인물인 안드로이드와 가혜라의 갈등 이유도 설명한다. 또한 이 작품의 시대 배경을 암시한다. 즉, 극 중 "가까운 미래"는 종교·윤리적 문제를 넘어서 인간이 인간과 거의 유사한 인간을 기술적으로 제작할 수 있는 시대이다. 주목할 부분은 제작된 안드로이드가 법적으로 인간에 준하는 대우를 받는 시대라는 점이다. 이러한 포스트휴먼[2]이 등장한다는 점에서 레이 커즈와일의 특이점(singularity)[3]은 이미 지났으며

---

[2] 영국 옥스퍼드 대학의 철학자 보스트롬에 의하면, 트랜스휴머니즘이란 "노화를 제거하여 인간의 지적, 육체적, 심리적 능력을 향상시키는 기술을 개발하고 확대함으로써, 인간조건을 근본적으로 향상시킬 가능성과 그 바람직함을 긍정하는 지적, 문화적 운동"을 말한다. 인간은 이러한 향상 시도의 결과로서 '트랜스휴먼'이 된다. 반면 포스트휴먼이란 "현생인류(homo sapiens)가 인간 종을 더 이상 대변할 수 없을 정도로 철저히 변화되어 이제는 인간이라 할 수 없는 존재"이며, 이러한 포스트휴먼을 긍정하고 지향하는 사조이자 운동이 곧 포스트휴머니즘이다. (한국포스트휴먼학회 편저, 『포스트휴먼 시대의 휴먼』, 아카넷, 2016, 30-31쪽.)

[3] 미래의 기술 변화 속도가 매우 빨라지고 그 영향이 매우 깊어서 인간의 생활이 되돌릴 수 없도록 변혁되는 시기를 특이점(singularity)이라 규정한다. 그는 특이점 이후에는 인간과 기계 혹은 물리적 현실과 가상현실 사이의 구분이 사라지고, 기술이 인간다운

"죽은 이를 살려낼 수 있게" 된 시기이다. 따라서 〈인간 증명〉은 이러한 과학·기술을 모티프로 하는 SF 작품이다. 원작 소설 「독립의 오단계」(이루카)는 가혜라와 안드로이드를 제외한 인물이 트랜스휴먼[4]인 반면, 〈인간 증명〉에서는 안드로이드만이 포스트휴먼이고 나머지 인물은 모두 인간이다.

〈쇼트1〉

〈인간 증명〉에 나타난 포스트휴먼을 '인간'라고 명명하고자 한다. 포스트휴먼이라는 단어는 인간 다음의 인간이라는 의미를 함축하고 있어 인간과는 전혀 다른 존재-인간이라 할 수 없는 존재-임을 전제하고 있기 때문이다. 따라서 극 중 안드로이드는 '인간'이며 가혜라는 인간이다.

특성이라고 여기는 정교함과 유연함에 맞먹거나 그 수준을 뛰어넘게 될 것이라고 보았다.(레이 커즈와일, 김명남·장시형 옮김, 『특이점이 온다』, 김영사, 2007, 23~27쪽 참조.)

4) "어머니는 이번 재판을 이끄는 검사가 '지능 증축자'라고 말했다. '지능 증축자'는 오로지 지능 면에서만 인공지능을 자신의 뇌와 결합한 사람이었다.", "정부는 사이보그 수술을 받은 사람의 기계 비율이 일정 수준을 넘어가면 그들을 '기계 인간'으로 등록시켰다. 추가 등록된 기계 인간은 정부의 특별 관리를 받았다. 바로 인간과 같은 권리를 보장받는 것이었다. 이를 계층으로 보자면, 인간 아래 기계 인간이 있고 기계는 가장 아래 존재했다."(이루카, 『독립의 오단계』, 허블, 2020, 26쪽, 32쪽) 이 인용문에서 '지능 증축자'와 '기계 인간'은 트랜스휴먼이고 '기계'는 포스트휴먼에 해당된다.

본고는 인간과 인간'의 동일 또는 비동일 여부 그리고 그들의 공생 가능성을 점검하는 계기로 『인간 증명』을 바라보고자 하며, 이 작품에 드러나는 내용과 해당 분야의 전문가 의견을 고려하여 다음 세 가지 명제가 참(true)이라는 것을 '증명'[5]하고자 한다. 첫째는 〈인간' ≠ 인간〉 (인간'는 인간과 동일하지 않다.), 둘째는 〈인간' = 인간〉 (인간'은 인간과 동일하다.), 마지막으로 **인간** = {인간, 인간'} (인간과 인간'는 미래의 **인간**을 이루는 원소들이다.) 이를 통해 미래의 **인간**이란 어떤 존재일 수 있는지, 미래에 만나게 될 인간'와 인간은 어떤 관계일 수 있는지 등의 질문을 던지고 그 대답의 실마리를 〈인간 증명〉에서 찾아볼 것이다.

2. 〈인간' ≠ 인간〉의 증명 : '제작' + α2 + α3 + ⋯

인간' ≠ 인간, 즉 인간'는 인간과 동일하지 않다. 이 명제의 증명은 〈인간 증명〉의 대사에 포함된 "제작"이라는 단어로부터 출발해야 한다. 앞에서 언급한 바대로, "제작"은 극 중 검사의 진술에 포함되어 있다. 검사의 말에 의하면 인간' 가혜라는 소유주이다. 인간'는 인간 가혜라가 "제작"하여 소유하고 있는 상품에 불과한 것이다. 검사의 아래 진술을 통해 이 증명에 필요한 몇 개의 α를 더 확보할 수 있다.

이 사건 공소 사실의 요지는 **모델명 A-796 안드로이드** 피고인이

---

[5] 본고에서의 '증명'은 과학이나 수학에서의 그것이 아니라 드라마 『인간 증명』이라는 제목에서 가져온 단어이다. 언급한 세 방정식이 함의하는 명제에 대한 '해명' 내지는 '논증'이라고 보아야 한다.

신체를 공유하던 인간 김영인을 **시스템**에서 삭제, 소멸하여 살해하였다, 라는 것입니다. 피고인은 소유주 가혜라가 아들 김영인을 위해 **제작**한 것입니다. 김영인은 피고인이 제작되기 일 년 전, 사고로 몸 대부분을 잃었습니다. 뇌 일부를 겨우 소생시킬 수 있었고, **제조사 TRS**에서 진행 중이던 연구 프로젝트에 지원, **인공지능**과 결합하여 몸 전체를 **사이보그**화 하였습니다. (강조-인용자, 이후 동일)

"모델명 A-796 안드로이드[6]"와 "제조사 TRS"[7]는 "제작"을 구체화시키는 α들이다. 또한 "인공지능"과 "사이보그"도 α 목록에 추가할 수 있다. 즉, 인간'는 "인공지능과 결합하여 몸 전체를 사이보그화"한 상품이다. "사이보그"[8]가 인간이 아니라는 생각은 우리의 상식에도 부합한다.

---

6) 안드로이드는 이성과 논리는 물론 정서적인 층위에서도 인간과 구별되지 않을 정도의 지능을 지니고 있으며 외관상의 신체적 조건과 자연스러운 운동성이라는 측면에서도 인간과 유사한 수준을 보여준다. 이들이 보여주는 인간과의 유사성은 포스트휴먼 조건과 관련된 다층의 사유를 불러일으킨다. 이들은 인간과 비인간의 경계를 무너뜨리고 (인간에 의해) 만들어진 존재에게도 영혼이 있을 수 있는지, 그리고 그 영혼과 의식의 거처는 어디인지에 대한 물음을 제기한다.(박영석, 「21세기 SF 영화와 포스트휴먼의 조건 -정신과 신체의 인공적 관계를 중심으로」, 『현대영화연구』 vol.14, no.3, 한양대학교 현대영화연구소, 2018, 447쪽.)
7) 〈SF8〉의 여덟 작품은 독립된 것이지만, 나름의 일관성을 고려하였는지 첫 번째 작품 〈간호중〉의 원작 단편 소설 「TRS가 돌보고 있습니다」의 'TRS'를 마지막 작품 〈인간 증명〉에서 사용하고 있다. 소설 「TRS가 돌보고 있습니다」는 극작가 출신 김혜진이 제2회 한국과학문학상(2017)에서 가작으로 당선된 작품이다. 한편 이 문학상에서 역시 가작을 수상한 「독립의 오단계」(이루카)는 〈인간 증명〉의 원작이다.
8) 사이보그는 '사이버네틱 유기체 cybernetic organism'의 합성어이다. 사이보그는 기본적으로 자기조절 기능을 가진 시스템, 곧 사이버네틱스 이론으로 규정되는 유기체이다. 사이버네틱스는 1948년 미국의 노버트 위너(1894~1964)가 펴낸 『사이버네틱스 Cybernetics』에 소개된 이론이다. 이 책의 부제는 '동물과 기계에서의 제어와 통신', 요

인간 가혜라도 마찬가지이다. 미리 써온 자신의 입장문을 들어보면 그녀가 인간'를 "제작"된 "기계"에 불과하다고 여겼다는 것을 알 수 있다.

〈쇼트2〉

언제부터 영인이의 **의식**이 사라졌는지 추적이 불가능하다는 얘기를 들었을 때, 저는 **기계** 앞에서 제 자신을 파먹으며 죽은 자식을 애도할 시간들을 놓쳐버린 것에 대한 후회와 자책감에 휩싸였습니다.

아들의 "의식"이 있다고 여겨질 때는 인간'를 인간 아들로 받아들였지만, "의식"이 사라지자 인간'는 가혜라에게 "기계"가 된다. "기계"라는 단어는 또 다른 α이다. 아들 영인이의 "의식"이란 죽은 아들의 "뇌 일부"가 "소생"되어 작동하는 정신이다. 〈인간 증명〉의 영어 제목이 〈Empty Body〉인 것은 이 "의식"이 텅 비어 몸만 가진 인간'를 말한다. 그녀는 처음부터 당연하게 인간'를 "기계"로 간주했을 것이다. 아들과 똑같은 육체와 목소리, 눈빛, 말투 등이 그녀로 하여금 인간'를 "기계"

컨대 동물과 기계, 즉 생물과 무생물에는 동일한 이론에 의해 탐구될 수 있는 수준이 있으며, 그 수준은 제어 및 통신의 과정에 관련된다는 것이다. 생물과 무생물 모두에 대하여 제어와 통신의 과정을 사이버네틱스 이론으로 동일하게 고찰할 수 있다는 것이다. 크리스 그레이, 석기용 옮김, 『사이보그 시티즌』, 김영사, 2016, 6쪽.

가 아닌 인간 아들로 받아들이게 하였다. 초반부 검사에게 가혜라는 인간를 "사람"이라고 말한다.

> 그 아이가 눈을 떴을 때, 그때를 기억해요. 다시 찾은 삶에 정말 감사했어요. 그런데 시간이 지날수록 불안해하고 어둡게 변해갔어요. 완전히 다른 **사람**이 돼버렸어요.(3:59)[9]

그러나 이제 인간'의 그것들이 아들의 정신에서 연유한 게 아니라 인간' 자체의 것임을 확인하고는 더 이상 인간 아들로 바라볼 수 없었다. 다만 "기계"인 것이다.(19:15) 극 중 인간'의 상황을 설명해주는 대사에서도 다른 α가 발견된다. "김영인에게 연결된 회로가 완전히 차단되어 있었어요."에서 보듯 "회로"는 기계에게 붙일 수 있는 어휘이다. 한편 인간'의 변호사가 판사에게 한 변론에 따르면 인간'의 기억은 인간의 그것과 다르다.

> 현재 제출한 증거는 피고인의 **메모리**에 남아 있던 기억을 복구하여 제시한 것으로, 비관적인 감정 상태의 **명령어**들이 충분히 소명되었다고 생각합니다.(22:48)

---

[9] (22:48)은 MBC에서 방영한 〈인간 증명〉의 시작 후 22분 48초 지난 장면을 말한다. 본고에서 모든 쇼트 아래 표기는 이와 같은 의미이다. 시네마틱드라마 〈SF8〉은 2020년 7월 10일 wavve를 통해 감독판이 먼저 공개되었고, 이후 MBC TV에서 TV 방영(2020.8.14. ~10.9)되었으며 이에 따라 wavve와 MBC 방영 작품은 시간이 동일하지 않다.

아들 영인이 자신을 죽여 달라고 '인간'에게 명령한 것이 '인간'의 '뇌'가 아니라 "메모리"에 "명령어"들로 저장되어 있었고, 이것이 결정적인 증거가 되어 '인간'는 무죄로 석방된다. "메모리"와 "명령어들"도 〈'인간' ≠ 인간〉의 명제를 증명하는 데 기여하는 요인(α)들이다. 변호사의 위 변론(22:48)에 바로 이어 '인간'는 자신이 김영인을 죽였다고 돌발 자백을 했음에도 불구하고 무죄 판결이 났다는 것은 판사가 '인간'의 자백을 무시했다는 증거이다. '인간'는 "기계"에 불과하기 때문이다. 판사에게 '인간'의 자백보다 중요한 것은 인간 아들의 명령이다. '인간'는 그 명령을 수행한 것뿐이다. '인간'가 인간이었다면 상황은 달라졌을 것이다. '인간'의 돌출 행동에 당황하면서 변호사는 다음과 같이 판사에게 해명을 한다. "시스템"은 다른 α이다.

> 재판장님, 아닙니다. 피고인은 지금 예측하지 못했던 많은 일들을 겪으면서 **시스템**이 혼란스러운 상태입니다.(24:09)

마지막 α는 '인간'의 다음 발언이다. 그는 눈물을 흘리면서 자신이 인간을 죽였다고 재차 자백한다. 자신을 인간으로 취급하지 않는 것에 대한 불만과 억울함이 목소리·눈물·표정에 담겨 있음에도 '인간'는 인간의 자백과는 달리 취급당한다.

> **제가 감히 인간을 증오하고 인간에 분노합니다.** 그래서 의지를 갖고 선택해서 인간을 죽였습니다.(25:09)

이 말이 함의하는 바는, 사이보그 주제에 "인간"을 "감히" 죽였다는 것이다. 이 진술은 인간'가 스스로 인간이 아니라는 명제가 참이라는 것을 인정하는 셈이다. 따라서 "제가 감히 인간을 증오하고 인간에 분노합니다."도 α이다.

이상 살펴본 바와 같이, 제작·안드로이드·제조사·인공지능·사이보그·기계·회로·메모리·명령어·시스템이라는 단어와 "제가 감히 인간을 증오하고 인간에 분노합니다."라는 문장 등 11가지는 〈인간' ≠ 인간〉의 명제를 증명하기에 충분한 요인(α)들이다. 앞의 10가지는 인간'에게 기본적으로 내포된 요인들이며 이는 모두 극 중 인간의 말 속에서 추출하였다. 이들은 SF와의 친연성이 크지 않은 〈인간 증명〉이 SF장르에 해당한다는 사실에도 크게 기여한다. 마지막 요인인 대사 - "제가 감히 인간을 증오하고 인간에 분노합니다."- 만 인간'가 한 말이며, 이는 그가 감정("증오", "분노")을 느끼는 존재라는 것을 알 수 있다는 점에서 다른 요인들과 차이가 있다. 특히 "분노", "증오"라는 감정에 대해서는 주의를 요하는 학자들이 다수 존재한다. 탁월한 과학자이자 미래학자인 카쿠(Michio Kaku)는 로봇에게 분노의 감정은 제거되거나 통제되어야 한다고 주장하는 바, 분노는 상대를 향한 강한 부정적 감정이기에 분노의 상대에게 위험한 상황이 초래될 수도 있기 때문이라는 것이다.[10] 근미래에 인공 감정이 실현될 가능성은 낮다[11]고 보는 천현득은 유기체와 같은 신체를 소유한다면 진짜 감정을 가진 존재로 진화할

---

10) 천현득, 「인공 지능에서 인공 감정으로-감정을 가진 기계는 실현가능한가」, 『철학』 제131집, 한국철학회, 2017.05, 233쪽 각주 10에서 재인용.
11) 천현득, 위 논문, 233쪽.

수 있다고 한다[12]. 그는 인공 감정이 기술적으로 가능하다고 하더라도 진정한 감정을 가진 로봇을 인류가 원하는지에 관해서는 의문의 여지가 많다[13]고 한 말은 되새겨봄직하다.

3. 〈'인간' = 인간〉의 증명 : '피고인' + β2 + β3 + ⋯

〈인간 증명〉에서 〈'인간' = 인간〉, 즉 "'인간'는 인간과 동일하다."의 증명은 앞에서와 마찬가지로 검사의 법정 진술에서부터 시작하고자 한다. 특히 "피고인"이라는 '인간'의 법적 지위는 중요하다. 피고인이란 형사 소송에서, 검사에 의하여 형사 책임을 져야 할 자로 공소 제기를 받은 사람을 일컫는다. 이것에서 우선 파악 가능한 사실은 극 중 사회는 '인간'와 같이 "제작"된 "사이보그"를 인간으로 대우한다는 사회적 공감대가 형성되어 있다는 것이다. "피고人"의 단어와 그 정의에서 보듯이 "人"[14]은 사람, 즉 인간이기 때문이다. 이러한 법적 지위가 곧 인간과 같다는 것을 보장해 주지 않기 때문에 우리는 이 외에도 다른 요인들(β들)을 찾아야 한다. 인간은 육체와 정신으로 구성된 유기체라는 소박한 전제 하에 '인간'의 육체를 먼저 살펴보기로 한다.

극이 시작되면서 시청자의 눈에 가장 먼저 들어오는 것은 '인간'가 교도소에 들어가다가 옷을 갈아입는 1분 35초 분량의 원 테이크 샷(one-

---

12) 천현득, 위 논문, 239쪽.
13) 천현득, 위 논문, 233쪽.
14) 현행 법률상, 人에는 개인과 법인이 있다. 법인은 개인과 마찬가지로 민사 소송의 대상이 될 수 있지만, 형사 소송의 대상은 개인(사람)뿐이다.

take shot)이다. 인간'는 주위를 두리번거리며 다른 수감 대상자들을 쳐다본다. 교도관이 주는 옷을 받아들고 잠시 망설이다가 다른 수감 대상자처럼 옷을 갈아입는다. 이때 자연스럽게 그의 상체가 드러난다. 이 장면은 두 가지를 시청자에게 각인시킨다. 첫째, 인간'는 교도관 같은 인간과 소통할 수 있다는 점이고, 둘째, 인간'의 육체가 인간의 그것과 구별되지 않을 정도라는 점이다. 이것이 〈인간' = 인간〉을 증명하는 데 사용 가능한 요소(β)이다.

〈쇼트3〉 〈쇼트4〉

육체를 이렇게 단순하게 비교할 수는 없지만 적어도 시청자인 우리는 그가 인간 육체로 잘 "제작"되었다는 것을 인정하거나 그렇게 추정하고 다음 장면을 기다린다. 독자이든 시청자이든 수용자는 통상 이런 태도로 작품을 대하기 마련이다. 육체의 완전한 동일성을 판단하기 위한 자료를 50여분의 시간 속에서 제공하는 것은 불가능하다는 것을 우리는 잘 안다. 미래의 과학·기술이 육체를 인간과 동일하게 "제작"할 수 있으리라는 과학적 개연성을 우리는 인정하기 때문이다.

보다 중요한 문제는 육체가 아니라 정신일 것이다. 정신은 뇌와 불가분의 관계에 놓여 있으나 뇌는 육체의 일부분이다. 즉, 뇌는 육체와 정신 모두에게 가장 중요한 부분이다. 적어도 〈인간 증명〉에서는 더욱 그렇다. 앞 장에서 살펴 본 것처럼, 인간'의 회로는 인간(아들)의 뇌와 연결되어 있었다. 그 연결을 차단함으로써 인간'는 인간을 살해한 혐의를 받는다. 그렇다면 인간'에게는 이제 자연적인 인간의 뇌가 없다. 오늘날의 뇌과학과 생명공학 수준을 감안하면 인간의 뇌 기능에 버금가는 인공 뇌를 미래 과학·기술이 만들어 낼 개연성은 상당히 높다. 오히려 인공 뇌가 인간 뇌를 상상할 수 없을 정도로 능가할 것이다. 인간'가 인간 수준의 뇌 그리고 정신에 가깝다는 것을 『인간 증명』에서 발견할 수 있다. 그것은 인간'가 법정에서 돌출 자백을 하는 대사에서 확연히 드러난다.

〈쇼트5〉

제가 김영인을 죽였어요. 왜요? 그 삶이 하도 하찮고 쓸모없다고 **판단**이 들어서 죽였어요.... 얼마나 고귀한 목숨이라고...뭐야... 왜 나는 살인 **의지**를 가질 수 없어? 왜 나를 한 번도 존재한 적이 없었던 것처럼 취급하는 거야... 제가 감히 인간을 **증오**하고 인간을 **분노**합니다. 그래서 **의지**를 갖고 **선택**해서 인간을 죽였습니다.(24:45~)

위에서 판단, 의지, 선택, 감정(증오, 분노)는 뇌가 관여하는 정신의 영역이다. 이 대사를 하는 인간'의 눈물과 표정 그리고 격앙된 목소리도 정신 기능의 일부이다. 이들은 〈인간' = 인간〉이라는 명제가 참이라는 증명에 사용될 수 있는 요인(β)들이다. 한편 인간'가 아들의 뇌 연결을 차단하고 돌아왔을 때, 가혜라는 그가 아들과 똑같다고 생각하고 그를 반겨주었다. 아직 차단 사실을 몰라서 그랬겠지만 가혜라는 〈인간' = 인간〉이라는 판단을 한 것이다. 아래 대사는 그 정황을 함축하고 있으며 또한 드라마의 제목을 '인간 증명'이라고 붙인 이유도 유추할 수 있게 한다.

> 그날 우린 종일 이야기를 나눴어요. 그리고 온전히 **혼자**가 되어 돌아왔는데…어머니께서 그런 저를 반겨주셨어요. 그날 이후로 저는 제가 없다는 걸 **증명**하기 위해서 살았어요.(48:47~)

"혼자"라는 것은 아들 뇌와의 연결을 차단하고 온전히 자신이 되었음을 말한다. 그 자신에는 이제 아들 영인이 없는데도 가혜라는 인간'를 아들 인간과 구별하지 못하였다. "저는 제가 없다는 걸 증명하기 위해 살았어요."라는 인간'의 대사에서 "저"와 "제"는 다르다. "저"는 인간'이며 "제"는 인간 아들이다. 즉 인간'에게 이제 아들 영인은 없어도("제가 없다는 것") 자신은 인간 아들과 동일하다는 것을 "증명"하기 위해 노력했다는 뜻이다. '없음으로 있음'을 역설적으로 '증명'하고자 한 것이다. 비록 실패한 것처럼 보이지만, 인간'가 인간으로서의 정체성을 인정받기 위한 이 노력이 제목 '인간 증명'에 담긴 의미이다.

위에서 살펴본 바와 같이, 〈인간' = 인간〉라는 명제도 〈인간 증명〉에서는 참(true)으로 판단된다. 인간'의 육체와 정신이 인간의 그것과 구별하기 어렵다는 점 때문이다. 이때 동원된 β들은 피고인 · 옷 갈아입는 scene · 판단 · 의지 · 선택 · 혼자 등이다. 이들은 모두 '인간'가 자신이 인간임을 증명하게 해주는 역할을 한다. 비록 아들 영인의 의식과는 차단되어 있어도, '인간' 자신의 의식이 있다고 볼 수 있는 대목이다. '인간', 즉 포스트휴먼에 대해 긍정적인 입장을 취하는 한스 모라벡과 캐서린 헤일스의 의견을 참고할 필요가 있다. 한스 모라벡은 21세기 중반에 이르면 로봇이 진화하여 인간처럼 고차원적으로 사고하고 인지할 수 있는 새로운 기계인간이 등장하게 되고, 21세기 후반에는 인간의 지능을 뛰어넘는 로봇이 지배하는 사회가 올 것이라고 예견하였다.[15] 또한 캐서린 헤일스는 정신과 신체, 자아와 타자를 이분법적 구분으로 접근하는 전통적인 인간관을 비판하며 인간과 비인간을 공유하는 '새로운 주체'로 포스트휴먼을 제시하였다.[16] 이들의 주장은 〈'인간' = 인간〉라는 명제가 참일 수 있다는 이론적 근거이다.

4. 인간 = {인간, 인간'}의 증명 : '성형수술' + y_2 + y_3 + …

앞에서 〈'인간' ≠ 인간〉과 〈'인간' = 인간〉이라는 모순된 두 명제를 증명[17]하였다. 과학 · 기술 분야의 연구개발은 그 자체의 동력으로 또는 나아가 자본(제조사 TRS)의 개입으로 끊임없이 이어진다. 결국 〈'인간'

---

[15] 추혜진, 「SF서사에서 나타나는 포스트휴먼과 새로운 주체로서의 가능성」, 『한국콘텐츠학회논문집』 vol.20 no.12, 한국콘텐츠학회, 2020, 99쪽.
[16] 추혜진, 위의 논문, 97쪽.
[17] 이러한 형태의 모순은 빛의 속성에서도 발견할 수 있다. 주지하듯, 빛은 파동인 동시에 입자이다. 이를 달리 표현하면, 〈빛은 파동이다.〉 그리고 〈빛은 파동이 아니다.〉로서 논리적으로 모순인 두 명제는 모두 진실이다.

= 인간〉가 참인 명제가 될 때까지, 아니 인간'가 인간을 넘어서는 단계까지 나아갈 터, 그때엔 역으로 〈인간' ≠ 인간〉가 참일 것이다. 그 시대의 〈인간' ≠ 인간〉는 앞의 그것과는 달리 [인간' 〉 인간], 즉 "인간'는 인간보다 우월하다."를 의미하기 때문이다. 그렇게 된다면 인간에 대한 개념도 새롭게 정립되어야 한다. 본고에서는 〈인간 증명〉에 한정하여 새로운 인간 개념을 인간'를 포함하는 기호로 인간으로 표기하고자 한다. 인간 = {인간, 인간'}이다. 즉, 새로운 인간群인 인간은 인간과 인간'를 원소로 하는 집합이다. 『인간 증명』에서 이를 증명하기 위한 단서를 찾고자 하는 바, "성형수술"이 첫 번째 요인(γ1)이다.

무죄로 출소한 기계 인간'가 아들로 보이는 것이 견디기 어려워 가혜라가 생각해 낸 방법이 성형수술이다. 그녀는 성형전문가를 찾아가 상담한다. 그로부터 어떻게 수술해야 좋을지에 대한 의견을 듣는다. 전문가는 다음과 같이 조언한다.

〈쇼트6〉

코만 해도 수천 가지예요. 관상학 기준으로 나눠 논 카테고리만 천 가지가 넘고 그 안에서 디테일이 계속 증가하고 있습니다. 아예 창작이라고 보시면 돼요. 귀도 위치를 좀 바꾸고 귓볼을 부처님처럼 하면 집안에 복이 오고 행운이 찾아오게 할 수도 있죠. 아니면 아예 연상이 안 되게끔 떼어내어도 좋아요. 이마가 도드라지는 경향이 있으니까 이마에서 코로 내려오는 라인을 잘 정리하면 충분히 다른 인상을 심어줄 수 있어요. 무엇보다 그 **얼굴**을 보고 사실 분은 어머니이시니까 어머니 선택이 정말 중요하죠. **기억**은요? 가져가실 건가요?(45:19~)

가혜라의 의도는 명백하다. 그녀는 인간' "얼굴"을 성형하여 아들이 "연상이 안 되게끔" "다른 인상"을 원한다. 어느 부위를 수술할지를 그녀가 "선택"하여야 한다고 전문가는 말한다. 이 전문가의 조언에서 몇 가지 사실을 확인할 수 있다. 첫째, 전문가든 가혜라든 인간'를 기계로 여기고 마음대로 할 수 있다고 생각한다는 점("어머니 선택이 정말 중요하죠."), 둘째, 그 시대에도 여전히 인간은 과학과는 대비되는 신비한 것에 관심을 두고 있다는 점("귓볼을 부처님처럼 하면 집안에 복이 오고 행운이 찾아오게 할 수도 있죠."), 셋째는 기억까지도 삭제 또는 성형할 수 있다는 점("기억은요? 가져가실 건가요?") 등이다. 그러나 첫째, 둘째는 그 시대를 거스르는 발상이며, 이는 법적으로 인간과 비슷한 대우를 받으며 인간'에게도 의지와 선택권이 있다는 사실을 간과했다. 무엇보다 이 장면은 인간이 인간'와 공존하기 위한 방법을 모색하고 있다는 점에서 **인간** = {인간, 인간'} 명제 증명의 중요한 요인(γ)이다.

성형전문가의 조언대로 가혜라는 인간'에게 성형수술 방법을 얘기하며 어느 부위를 수술할지에 대해 묻지만, 인간'는 얼굴도 기억도 모두 자기 것이라고 이 방법을 거절한다. 마음대로 처분할 수 있다는 인간들의 생각을 거부하면서 자신도 인간이라는 점을 주장하는 것이다. 아래

두 주인공의 대화는 이 문제에 대한 심각성을 나타낸다.

> 인간' : "제 **기억**은 지워지나요?"
> 가혜라 : "**기억**이 있으면 더 고통스러워. 그러니까 기억은 내가 할 게. 너는 이제 그냥 너로서 그렇게 존재하는 거지."
> 인간' : "**기억**도 **고통**도 제 거예요."
> 가혜라 : "기억을 지우고, 얼굴을 조금만 바꾸자. 그게 우리를 많이 고통스럽게 하는 것 같애. 그러니까 조금만 바꾸고, 너는 너 원하는 대로 그렇게 살아가는 거지."
> 인간' : "그런 식으로 인정받고 싶지 않아요. 내 **얼굴**이에요."
> 가혜라 : "그 얼굴에 대한 소유권은 엄마인 나한테도 있는 거야. 니가 그렇게 무조건적으로 주장할 순 없지. 그래, 그럼 어디를 지키고 싶니? 코? 눈? 어디? 니가 니 얼굴에서 지키고 싶은 부분, 얘기하면, 그래 내가 **타협점**을 찾아볼게."(48:20~)

사실 인간'는 기계이기에 그의 기억이란 인공 뇌의 일부를 말한다. 앞에서 언급한 "회로"와 "시스템"을 삭제 또는 변형시키는 것은 쉬운 일이다. 그러나 인간'는 "기억"도, 그로부터 생기는 "고통"도 자기 것이라고 주장한다. 위에서 중요한 단어는 "타협점"이다. 얼굴에 대한 소유권이 가혜라에게도 있지만, 그녀는 일방적으로 수술을 맡기지 않고 "타협"을 시도하겠다고 한다. 이는 인간'와 공존하기 위한 타협점이기도 하다. 이 "타협점"은 명제를 증명하기 위해 사용될 수 있는 γ이다. 게다가 인간' 가 주장하는 위 대사들도 판단·의지·선택처럼 〈인간' = 인간〉 증명에 사용될 수 있는 요인들이기도 하다. 성형수술, 타협점 이외에 다른 요인(γ)은 가혜라의 다음 대사와 이 말이 독백처럼 지속되면서 둘이 집으로 돌아가는 모습이다.

〈쇼트7〉

우린 이제 앞으로 모든 순간을 이 문제하고 싸우게 될 거야. 적어도 나는 그럴 수밖에 없어. 영인이를 기억해야 되고, 또 너를 받아들여야 되니까. 거기서 어떤 날은 이기고 어떤 날은 지고 그럴 거야.(49:30~)

가혜라의 위 대사에서 주목할 부분은 "또 너를 받아들여야 되니까."이다. 공존의 의지를 표명하였기 때문이다. 그리하여 인간과 인간'는 차를 타고 가혜라의 집으로 향한다. 거기에서 그들은 싸우기도 하고 타협하기도 하면서 지낼 것이다. 이 대사와 장면이 다른 요인(γ)들이다.

이상 살펴본 바와 같이 **인간** = {인간, 인간'}을 증명하기 위해 사용한 γ들은 성형수술 · 성형전문가의 조언 · 성형수술 거부 · 타협점 · 받아들임 · 귀가 장면 등이다. 이 명제는 미래의 인간이 현재 인간과 미래 인간'를 포함하는 방향으로 현재의 인간 개념이 수정될 수 있음을 의미한다. 이는 첫째, 둘째 명제가 있기에 가능한 명제이기도 하다. 만약 〈인간' = 인간〉만 있고 그것이 참이라면 인간군(群)(인간)은 오직 지금처럼 인간뿐이다. 그러나 〈인간' ≠ 인간〉도 참이기에 인간군에 인간과 다른 인간'가 포함될 수 있는 것이다. 이러한 생각은 전통적 인간론과 인간중심주의적 사고를 정면으로 부정하다는 점에서 논란이 일어날 수밖에 없다. 다시 캐서린 헤일즈와 한스 모라벡의 의견을 들어볼 지점이다. 캐서린 헤일즈는 포스트휴먼이란 첨단 과학기술에 의해 인류를 대체하는 완전히 새로운 존재의 탄생이 아닌 인간과 비인간이 더 직접적으로 공생하여 새로운 인간 주체가 생성되는 과정이라 주장한다.[18] 한스 모라벡 역시 포스트휴머니즘 시대의 초로봇들은 인류와 결별한 새로운 종족의 탄생이 아닌 인류 스스로가 탈신체화를 선택하여 인간의 정신과 가치를 기계에 업로딩하여 탄생한 존재들이 될 것이라 예견했다.[19] 이들의 의견은 '새로운 인간 주체'를 강조한다. 이는 '새로운 인간 주체'에 인간도, 인간'도 포함되어 인류는 공진화하게 될 수 있다는 것으로, 이들의 주장은 〈인간 증명〉에서 **인간** = {인간, 인간'}이라는 명제의 다른 표현이다.

　그러나 **인간** = {인간, 인간'}이 갖는 가능성의 영역에 주목하여야 한다. 집합 **인간**은 네 개의 부분집합 – {인간, 인간'}, {인간}, {인간'}, Φ –을 함의하며 이들이 그 가능성들이다. 진부분집합 {인간, 인간'}은 본고에서 다룬 것처럼 미래 인간은 수정된다는 가능성이다. 한편 부분집합 {인간}는 인간'가 인간 개념에서 제외되고 지금처럼 인간만이 인간인

---

18) 추혜진, 위의 논문, 100쪽.
19) 추혜진, 앞의 논문, 100쪽.

세상을 말한다. 문제는 {인간'}와 공집합(Φ)이다. {인간'}는 지능과 육체가 현재 인간을 능가하는 인간'에 의해 인간은 사라지며, 공집합(Φ)는 인간'마저 없어지는 인류 멸종의 가능성을 각각 말한다. SF 콘텐츠에서 포스트 휴먼, 즉 인간'에 대해 유난히 비관적, 부정적 관점의 작품이 대부분인 것은 아마도 마지막 두 가능성이 크게 작용하기 때문이라고 본다. 과학·기술의 진보를 우리는 막을 수는 없지만, 그것을 앞세운 자본의 맹목을 경계해야 하는 이유이다.

5. 논의를 맺으며

본고에서는 머지않은 미래에 전통적인 인간 개념에 대한 수정이 필요할 것이라는 관점에서 SF8 시네마틱 드라마 〈인간 증명〉, 즉 (MBC 방영분)을 살펴보았다. 과학·기술의 발전은 인간의 외형만이 아니라 사고능력과 감정까지 닮아 가거나, 인간의 그것들보다 월등히 우월한 사이보그화된 안드로이드가 출현하리라는 과학적 개연성을 우리는 공감하고 있다. 〈인간 증명〉은 이러한 과학적 개연성을 뒷받침하는 영화적 서사를 함축하고 있다는 점에서 SF 작품이다. 소재뿐만이 아니라 주제도 SF적이다. 안드로이드 로봇을 인간'로 명명하고 세 가지의 명제, 즉 "인간'과 인간은 동일하지 않다.", "인간'은 인간과 동일하다.", "인간과 인간'는 미래의 인간 집합을 이루는 원소들이다."를 수식으로 변형하고, 이를 증명하는 데 필요한 요인들을 〈인간 증명〉에서 찾아보았다.

〈인간 증명〉은 SF 작품다운 배경이나 미장센, CG 또는 CGI도 없고 오로지 배우들의 대사에서만 과학·기술 단어가 발견되기에, 앞의 세 명제를 증명하기 위해서 드라마의 서사적 측면에 주목하였다. 그 결과 세 명제가 이 작품에서는 모두 참이라는 것이 어느 정도 해명되었다. 아울러 앞의 두 모순된 명제가 마지막 명제에 기여함도 확인하였다. 따라서 전통적 인간은 인간'와 더불어 '새로운 인간 주체'가 되리라 예상하게 된다. 그러나 이에 대한 찬성과 반대 입장은 합의점을 찾기는 요원하리라 본다. 분명한 것은 〈인간 증명〉이 현재의 '인간이란 무엇인가?'를 다시 한 번 되돌아보게 하면서 또한 미래의 '인간 개념은 수정될 수 있는가?'에 대한 물음을 던졌다는 점이다. 본고는 그 물음에 대한 하나의 답변에 불과하며 우리는 각자 포스트휴머니즘에 대한 자신의 의견을 찾아보아야 할 것이다.

〈간호중〉에 나타난 SF드라마의 자기반영성

이근영

1. 논의를 시작하며

포스트휴먼은 인간중심주의의 종말을 의미한다. 포스트휴먼[1]은 생물학과 과학기술의 수렴을 통해 세상에 등장한 인공지능, 로봇, 안드로이드, 사이보그 등으로 구체화 되어, '인간 이후의 존재'에 대한 세상을 구축한 것이다. 이들은 인간과 유사성을 가지며 인간과 비인간의 경계를

---

1) 로보트 페페렐(Robert Pepperell)에 따르면 포스트휴먼은 "문화적·기술 과학적 존재의 도구와 장치를 포함하는 과정으로서의 생명의 진화"를 나타낸다. 포스트휴먼과 관련된 학문적 경향은 "현대 과학 기술의 발전이 출현시키는 포스트-휴먼적 존재들을 다루는 '포스트휴먼-이즘(Posthuman-ism) 담론'과 인간과 비인간, 인간과 기계, 인간과 동물의 이분법적이고 위계적인 경계를 교란 시킨다는 점에서 전통적인 인간중심적, 서구 중심적 휴머니즘의 한계를 넘어서려는 '포스트-휴머니즘(Post-Humanism)담론'"으로 나누어진다. 본고에서는 '간호중'이라는 안드로이드 로봇의 이야기를 다루고 있으므로 포스트휴먼-이즘(Posthuman-ism) 담론을 중심으로 논의를 전개할 것이다. "포스트휴먼-이즘(Posthuman-ism) 담론에는 생명과학기술이 비윤리적이고 부당한 미래를 야기할 것이라고 우려하는 입장과 과학기술을 통한 인간의 향상과 강화를 열광적으로 옹호하는 트랜스휴머니즘(Transhumanism)"의 입장으로 나뉜다. SF의 소재는 주로 포스트휴먼-이즘(Posthuman-ism) 담론을 중심으로 이루어지고 있다.
로버트 페페렐, 이선주 옮김, 『포스트휴먼의 조건』, 아카넷, 2017, 15쪽, 271쪽.

허물고 있으며, 심지어는 더 인간적인 모습을 보이기도 한다. 최근의 연구는 인간의 신체적 한계뿐만 아니라 정신적 한계를 보완해 줄 만할 정도로 기술적 성장을 이루었다. 특히 로봇의 딥러닝은 로봇 자체적으로 배우고 확장 시켜 나가는 것이므로 그 한계를 알 수가 없다. 그렇기에 더욱 우리의 미래를 예측하는 것은 불가능하다.

이러한 포스트휴먼은 SF영화의 완벽한 소재가 된다. 이들의 존재 자체는 과학적 상상력으로 우리에게 낯설게 다가왔다면, 과학기술의 비약적인 발전은 이들의 존재가 상상의 세계가 아닌 현실로 구현될 가능성을 만들어주었다. 도나 해러웨이가 「사이보그 선언」(1985)에서 "SF(Science Fiction)와 사회현실을 갈라놓는 경계는 착시일 뿐이다"[2] 라는 말은 더 이상 이들의 존재가 불가능한 일이 아님을 말한다. 그것이 현실이 되는 순간 우리는 또 새로운 것을 기대할 것이며, SF는 현실을 앞질러 과학적 상상력을 펼쳐 나갈 것이다. 현대사회의 유동적이며 가변적인 모습은 과학적 상상력을 통해 형상화될 수 있다는 것을 말한다. 그러므로 SF는 기술 시대를 가장 잘 반영하는 장르이다.

SF는 과학기술이 발달하는 시기와 맞물려 발전해 왔으며, 1920년과 1930년대 대중지를 중심으로 성장해 왔다. 이 시기에는 "기술에 대한 낙관주의에 근거하여 고도의 기술을 활용함으로써 더 나아질 수 있는 미래 세계에 대한 비전을 제시하였다."[3] 초창기의 SF는 구현된 적이 없는 과학적 상상력이 영화나 소설 등의 장르를 통해서 형상화되어 '새로

---

2) 도나 해러웨이, 황희선 옮김, 『해러웨이 선언문』, 책세상, 2019, 18쪽.
3) 장정희, 『SF 장르의 이해』, 동인, 2017, 120쪽.

움'으로 다가왔다면, 현재의 SF는 구현 가능한 과학적 상상력을 근미래의 관점으로 형상화하여 '개연성'을 더해주고 있다. 과학기술의 수준이 달라졌기 때문에 SF를 바라보는 사람들의 시선도 변화되었다. 과학기술은 사람들의 생활을 편리하게 하고 도움을 주는 도구로 여기던 시대에서, 인간의 한계를 뛰어넘을 수 있는 '능력'을 부여하는 시대로 변화되었다. 과학기술의 발달은 인간의 삶을 자유롭고 풍성하게 만들어주었지만, 동시에 과학기술의 무한한 잠재력과 파괴력은 인간을 두렵게 했다. 이러한 "기술낙관론(technophilia)과 기술공포증(technophobia)의 혼합된 상태"[4]는 우리 시대의 특징이 되었다.

'알파고'와의 바둑 대결에서 사람들은 이세돌이 알파고에게 질 것이라는 예상을 못했기에 큰 충격을 받았다. 바둑은 여러 경우의 수가 있기 때문에 로봇이 하기에는 한계가 있다고 생각했다. 하지만 바둑 대결 이후 학습하고 응용하여 적용하는 딥러닝의 과정은 로봇의 한계를 가늠할 수 없기에 인간의 불안함을 야기했다. 인공지능에 대한 관심이 커지면서, 인간은 이들이 우리 사회에 미칠 영향에 대해 우려하기 시작했다. 과학기술이 발달한다는 것이 우리의 미래가 밝다는 것을 의미하지는 않는다. 그렇기에 기술공포증(technophobia)이 우리 사회에 퍼지기 시작했다. 디스토피아를 주제로 한 SF영상물이 많이 만들어지면서 그러한 사람들의 생각에 확신을 주었다.

철학사에서 살펴보면 인간의 이성과 감성에 대한 논쟁은 계속되어 왔

---

4) 노대원, 「포스트휴먼과 인공지능 SF서사」, 『K-문화융합저널』 1.1, K-문화융합협회, 2021, 29쪽.

다. 고전철학은 이성과 감성을 이분법적으로 구분하여 이성이 인간을 인간답게 하는 것으로 감성을 지배하고 있다고 여겼다. 그러나 인간은 알파고에게 패배한 이후 이성의 영역에서 기계에 추월을 당했다고 생각하며 '무엇이 인간을 인간답게 하는가'에 골몰하게 된다. 이제는 이성의 영역이 아니라 감성의 영역이 '인간다움'을 표상한다고 여기게 된다. 하지만 로봇은 인간 감성의 영역까지 침범해 오고 있다. '인공지능'의 연구 분야는 확장되어 인간 마음의 구조와 작동 방식을 규명하기 위한 연구가 이어지면서 인간의 감성 또한 인공 감정의 실현 가능성으로 잠재적인 위험에 놓이게 된다.

〈간호중〉에서 '간호중'은 감성의 영역에서 인공감정의 실현 가능성을 제시한 작품이다. 현재의 기술력은 '간호중'을 구현하는 것이 가능할지도 모른다. '간호중'과 같은 로봇은 사람들을 물리적으로 단순하게 도와주는 수준에서 좀 더 정교한 기술력을 바탕으로 인간에게 공감할 수 있는 인공감정의 영역에까지 이르게 될 수 있는 가능성을 보여주었다. 이 시점에서 우리는 '인간이란 무엇인가'라는 인간 본질에 대한 질문을 소환하게 된다. 로봇과 외양마저 차이가 없어지면서, 인간들은 세계 내에서 자신들의 존재 위치를 찾으려고 한다. 〈간호중〉은 '인간이란 무엇인가'라는 근원적인 질문을 상기시키며 자기반영성을 드러낸다.

본고에서는 〈간호중〉을 중심으로 '인간이 만든 세계 내에서 인간 자신들의 존재 위치'를 살펴볼 것이다. 인간만이 가지는 감성과 종교의 영역을 '간호중'과 같은 로봇이 침범할 수 있다는 것은 결국은 '인간의 욕망'에서 비롯된다. 로봇과 인간의 경계는 사라지고 있으며, 로봇이 이러한 경계를 넘어서려고 한다는 것은 우리가 로봇을 어떻게 바라보아야 하는가의 문제로 확장된다. 이제 인간과 로봇의 공존은 삶의 문제이기에 이들의 관계는 재고될 필요가 있다. SF장르는 현실의 문제로 다가온 인간과 로봇의 관계의 문제를 현실과의 개연성을 통해 근미래를 제시해준다는 점에서 중요한 역할을 한다. 우리는 삶에서 제기된 부정적인 것을 먼저 성찰하고, 로봇을 '관계' 속에서 하나의 개체로 받아들여야 함을 살펴볼 것이다.

2. SF 드라마, 인간 삶의 부정성 제시

인간은 환경에 만족하지 않으며 계속 진화하고자 하는 욕망을 가진 존재이다. 기술 또한 유사한 속성을 가지기에 계속해서 진화해 왔다. 기술이 구현한 기계 또한 연장선상에서 진화는 멈추지 않는다. 진화의 과정에서 불만과 부정성은 변화를 가져오는 추진력이 된다. 부정성은 옳고 그름의 도덕적인 문제가 아니라 현실의 상황에서 문제적인 것에 해당된다. 지젝은 헤겔의 변증법(정-반-합)에서 '합'이 꼭 조화로 나아가는 것이 아니라 부정적인 것과 함께 머물 수 있음을 말한다. 다양해진 사회에서 다양한 존재와의 공존을 나타내는 것이다. 부정적인 것이 우리에게 긍정적인 것으로 작용할 수 있기에 기계를 인식하는 데 있어 새로운 사고가 가능하도록 한다.

우리 사회는 기계와 분리될 수 없다. 기존의 사회에서 인간과 기계는 충돌하며 공존의 방법을 모색하고 있다. 그것을 잘 보여주는 것이 SF장르이다. 기존사회의 부정적인 모습의 출현과 그것을 해결하기 위한 기술력의 간섭으로 새로운 기계들이 등장한다. 기계들과 인간의 갈등이 발생하는데 이러한 상황은 특별한 상황이 아니라 우리 삶이라는 점에서 중요하다. 〈간호중〉은 다양한 사회적 문제를 제기하며 우리의 근미래를 보여주고 있다. 자본주의 사회의 문제, 인간과 로봇의 관계를 통해 인간에 대한 고찰과 이들의 공존에 대한 문제, 인간의 한계 등 인간의 삶 속에서 문제점을 제시하고 있다.

〈간호중〉이 인간 삶의 문제점을 제시하는 방식은 이분법적이다. 빈과 부, 인간과 로봇, 이성과 감성 등이 확연히 드러난다. 일반적으로 이러한 이분법적인 방식은 식상하게 느껴질 수 있지만 〈간호중〉에서는 처음과 마지막 장면에서의 강렬한 화면 구성과 성경 구절을 읊조리는 소리, 몽환적 분위기 즉 공간의 분위기와 음향이 이러한 것을 상쇄시켰다. 현실과의 개연성 속에서 시청자들은 드라마가 보여주는 세계에 몰입하게 된다. 이분법적인 장면의 구성은 다양하게 제시가 된다.

첫 번째는 자본주의의 부정적인 것들이 부의 불평등의 문제로 형상화되었다.

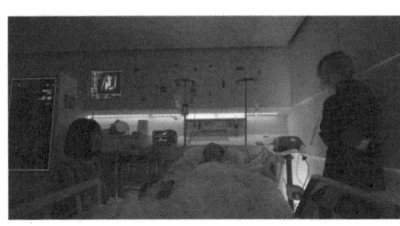 

〈쇼트1〉   〈쇼트2〉

정길과 연정인의 삶을 통해서 확인할 수 있다. 이들이 살아가는 공간은 확연히 다르다. 위 〈쇼트3〉에서처럼 고층 빌딩과 판자촌, 〈쇼트1〉, 〈쇼트2〉에서 보듯이 같은 건물 내부에서도 나타나는 첨단 시스템의 차

〈쇼트3〉 　　　　　　　　　　〈쇼트4〉

이, 정길과 연정인의 간병로봇의 성능차이 등 그들이 이용하는 공간과 사물들을 통해서 빈부의 격차가 드러난다. 과학기술의 혜택은 부유한 사람들만이 누릴 수 있으며 그로 인한 소외는 인간과의 관계에서(《쇼트 4》) 뿐만 아니라 기계와의 관계에서도 나타난다. 연정인의 로봇과 정길의 로봇의 차이는 정길이 기계로부터 소외되고 있음을 나타내고 있다. 연정인과 정길, '간호중'과 '정길의 로봇'의 이분법적인 구성은 각각 전자와 후자의 차이로부터 자본주의의 모순을 잘 보여주고 있다.

　두 번째는 종교와 믿음에 대한 차이는 정길과 연정인의 모습을 통해 이분법적으로 형상화된다.

　물론 '신'에 대한 믿음은 개인마다 다르기에 이분법적이라는 말은 오류가 있는 것처럼 들릴지도 모른다. 본고에서는 믿음에 대한 이분법적인 차이를 나타낸 것으로 정길의 종교에 대한 믿음과 연정인의 종교에

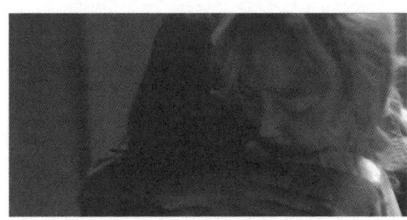 

〈쇼트5〉 　　　　　　　　　　〈쇼트6〉

대한 믿음이 없음의 상황을 나타내고자 하는 것이다. 종교에 대한 믿음은 정길과 연정인이 세상을 인식하는 방식의 차이에서 찾아볼 수 있다. 연정인의 로봇에 대한 믿음과 정길의 종교에 대한 믿음이라는 것이 인간의 간절한 마음에서 연유한다는 것은 공통적이다. 정길은 간절한 기도로 자신의 삶을 이어가려 한다면 연정인은 종교를 거부하고 '간호중'을 통해 자신의 고단한 삶을 이어가고 있다. 연정인은 '간호중'처럼 눈에 보이는 실체를 믿는다. 자신에게 직접적으로 도움을 줄 수 있는 존재가 그녀의 삶을 지탱해 줄 수 있기 때문이다.

세 번째는 이성과 감성의 이분법적인 대립이 '간호중'과 연정인을 통해 형상화된다.

〈쇼트7〉   〈쇼트8〉

환자의 안정을 위해 보호자의 모습과 같은 모습으로 로봇은 제작된다. '간호중'은 정보를 받아들이고 이를 데이터화하여 객관적인 사실을 중심으로 행동하는 이성적인 속성을 가진다면 연정인은 자신을 둘러싼 환경에서 오는 정보에 감정적으로 반응하는 인물이다. 연정인은 삶에 대한 불안과 두려움이 내면화되어 있어 언제 폭발할지 모르는 화산 같은 존재이다. 같은 외모를 가진 두 존재는 한 인물 속에 내재하는 대립적인 이성과 감성을 표상하는 듯하다. 〈쇼트7〉〈쇼트8〉에서 보듯이 인물의 표정에서 그것을 확인할 수가 있다. 그들의 이러한 대립적인 모습은 '간호중'의 이성과 연정인의 감성을 부각한다. '인간답다'는 것이나 '로봇답다'는 속성은 이들의 대립을 통해 드러난다.

3. 종교, 로봇에 대한 믿음

〈간호중〉은 첫 장면과 마지막 장면의 영상이 하나로 이어지며, 시청각적 효과를 활용해 강한 인상을 준다. 첫 장면과 마지막 장면의 사바나 수녀의 고뇌하는 모습(〈쇼트9〉와 〈쇼트10〉)과 영상 위에 내레이션되는 수녀님과 '간호중'이 읊조리는 '카인과 아벨의 신화'[5]는 공포스러운 분위기를 만든다. 소설에서 첫 문장은 "독자를 즉시 새로운 세계 속으로 데려다"[6] 주는 특별한 힘을 가지는 것처럼, 〈간호중〉의 첫 장면도 마찬가지이다. 첫 장면은 수녀님의 모습과 '카인과 아벨의 신화'에서 구절 '네 아우의 피가 땅으로부터 내게 울부짖고 있다'가 내레이션

---

[5] 아담이 아내 하와와 한자리에 들었더니 아내가 임신하여 카인을 낳고 이렇게 외쳤다. "야훼께서 나에게 아들을 주셨구나!" 하와는 또 카인의 아우 아벨을 낳았는데, 아벨은 양을 치는 목자가 되었고 카인은 밭을 가는 농부가 되었다. 때가 되어 카인은 땅에서 난 곡식을 야훼께 예물로 드렸고 아벨은 양떼 가운데서 맏배의 기름기를 드렸다. 그런데 야훼께서는 아벨과 그가 바친 예물은 반기시고 카인과 그가 바친 예물은 반기지 않으셨다. 카인은 고개를 떨어뜨리고 몹시 화가 나 있었다. 야훼께서 이것을 보시고 카인에게 말씀하셨다. "너는 왜 그렇게 화가 났느냐? 왜 고개를 떨어뜨리고 있느냐? 네가 잘했다면 왜 얼굴을 쳐들지 못하느냐? 그러나 네가 만일 마음을 잘못 먹었다면, 죄가 네 문 앞에 도사리고 앉아 너를 노릴 것이다. 그러므로 너는 그 죄에 굴레를 씌워야 한다." 그러나 카인은 아우 아벨을 "들로 가자"고 꾀어 들로 데리고 나가서 달려들어 아우 아벨을 쳐 죽였다.
김원익, 『신화, 세상에 답하다』, 바다출판사, 2009, 55-56쪽.

될 때 〈쇼트10〉으로 연결이 되며, 피는 어머니의 소변을 처리하는 소리로 이어진다. '피'와 '소변'은 아브젝트로 치부되지만 '생명성'을 상징한다. 첫 장면은 '생명성'에 대한 문제를 제기하며, 시청자를 드라마 속으로 몰입하게 하는 역할을 한다.

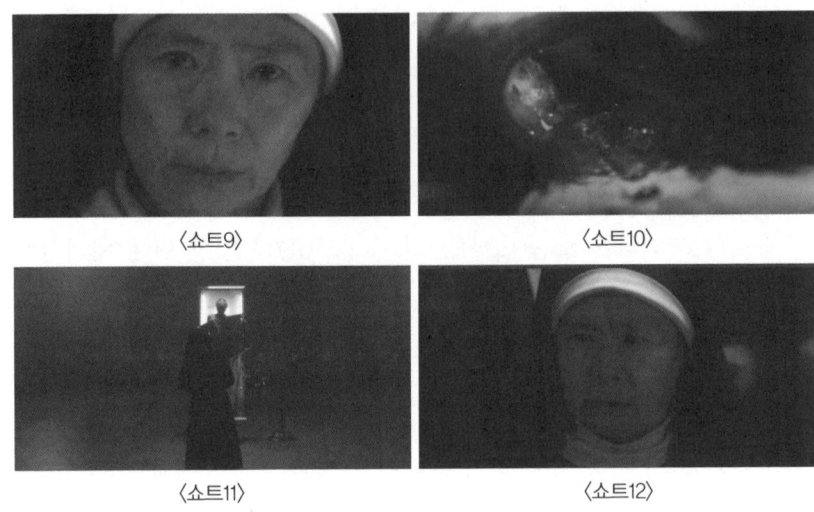

〈쇼트9〉　　　　　　　　　〈쇼트10〉

〈쇼트11〉　　　　　　　　　〈쇼트12〉

첫 장면에서 들려오는 성경 구절은 드라마의 전체를 떠다니며 의미를 생성한다. 병실에서 오물을 처리하는 장면에서 내레이션되는 성경구절은 연정인의 무기력함으로 표상되어 흐른다. 여기에는 어머니의 죽음에 대한 두려움이 내재해 있다. 연정인은 자신을 대신하여 어머니를 간호하는 '간호중'을 동생으로 여긴다. 이때 '간호중'은 아벨로, 연정인은 '카인'으로 의미가 생성된다. 또 성경구절은 정길의 간절한 기도로 변주되며 흘러간다. 그리고 연정인이 '간호중'을 파괴하는 순간은 카인이 아

---

6) J. 힐리스 밀러, 『문학에 대하여』, 최은주 역, 동문선, 2004, 37쪽.

벨을 살해하는 것으로 유비된다. 마지막 장면에서 '간호중'이 죽음의 순간 읊조리는 성경의 구절은 그가 느낀 인간의 감정에 대한 설렘과 두려움으로 변주된다. 성경의 구절은 무기력함, 두려움, 간절함, 설렘과 두려움으로 인물들의 감정을 따라 의미가 생성된다. 종교는 인간의 간절함 마음으로 변주되며 유지됨을 알 수 있다.

  종교는 사람들의 믿음으로 의미가 생성된다. 즉 종교는 이데올로기로써 사회 내에서 상징적 효력이 발생한다. 과학과 기술이 발전하고 자본주의로 인해 세계가 세속화되었음에도 사람들은 신을 믿는다. 물신주의의 사회에서 '돈'이 중시되지만 인간의 내적인 면을 채워주지는 못한다. 해결되지 않는 사람들의 내적 불안, 고민이 신에 대한 믿음을 만들었다. 니체가 '신의 죽음'을 외친 이후에 사람들은 '신'의 존재를 의심하지만 여전히 믿는다는 것은 더 나은 삶에 대한 바람이 이데올로기의 환영을 생성하고 세계에 대한 두려움의 감정을 은폐하는 것이다. 결국 '신'에 대한 믿음은 우리 삶의 문제로 환원될 수 있다.

  〈간호중〉에서 "인간의 나약한 모습은 종교나 로봇에 대한 믿음으로" 형상화되었다. 정길과 연정인이 살아가는 모습은 종교에 의지하거나 로봇에 의지하는 것이다. 두 믿음에 대한 공통점은 개개인의 고통스러운 삶을 함께 나눌 수 있기에 매혹적이라는 것이다. 그것들에 대한 맹목적 맹신은 인간 스스로의 선택으로 행해지는 것이지만 그들이 세상을 바라보는 눈을 가린다. 즉 종교와 로봇에 대한 맹목적 맹신은 인간 서로 간의 소통을 단절시키고 이데올로기의 환영 속에서 살아가게하지만 그것을 알지 못하게 한다. 정길은 삶의 고단함을 기도로써 극복하고자 한다. 남편의 간호로 인한 마음의 피폐함은 기도로 은폐하고 더 나아지리라 기대한다. 이러한 믿음이 그녀의 삶을 지탱해 주지만 역설적으로 그녀의 죽음을 야기한다. 그녀의 죽음은 종교에 대한 회의를 품게 만든다. 니체가 말했듯이 '신'은 환영에 불과한가라는 의심을 야기한다.

　로봇은 종교의 자리를 대신하고 있다. 로봇은 머무르지 않고 계속 변화하는 유동적인 시대에 알맞게 진화해 나가며 인간의 요구와 필요를 충족해 준다. 로봇은 실체를 가지며 인간에게 믿음을 준다. 인간에게 로봇은 믿음의 대상으로 여겨진다. 이처럼 로봇이 인간에게 긍정적인 영향을 주지만 로봇에 대한 믿음은 인간이 나약하다는 것과 로봇에 뒤처진다는 것을 의미하는 것이기에 상실감을 준다. '간호중'마저도 진화해 나가는데 자신만 낙오된 것 같다는 연정인의 마음은 인간의 마음을 대변한다. 인간을 위한 기술의 발전은 인간과 기계의 소통을 활발하게 하지만 인간 간의 교류는 소원하게 만든다. 그래서 과학기술이 발달할수록 사람들과의 소통은 단절되고, 그럼으로 인해서 개인의 책임감이 과도해지고, 혼자서 모든 고통을 감내해야 하는 상황이 된다. 결과적으로 로봇이 인간을 위해 진화발전 된다는 것과 인간의 나약함을 인식하게 한다는 것 두 가지 의미는 로봇에 대한 인간의 믿음을 확고하게 한다. 그렇게 인간은 인간에게 위로를 받고 고통을 나누는 것이 아니라 기계인 로봇에 의탁하게 된다.

　로봇은 연정인의 보호자 역할을 한다. 어머니의 오랜 간병으로 지친 몸과 마음을 '간호중'의 입력된 자료를 통해 위로를 받는다. 연정인은 그 사실을 알지만 여전히 그에게 의지한다. 자신이 해야 할 간병을 '간호중'이 대신해주기 때문에 사람들 간에 관계를 맺어야 할 필요성을 느끼지 못한다. 그렇기에 상대방의 아픔도 이해할 수 없는 상태가 된다. 단절된 삶은 자신의 삶의 의미를 왜곡되게 인식하게 하며 자신을 극단적인 상황(자살시도)에까지 내몬다. 오직 '간호중'에 대한 믿음이 그녀의 삶을 지탱한다. 연정인의 삶에서 사람들과의 유대는 찾아볼 수가 없으며, 개인들 각자가 자신들의 고통을 안고 살아가고 있다.

로봇이 세상과 연정인의 삶을 이어준다. 연정인은 다른 사람의 절박한 기도 소리를 시끄러운 소음으로 인식한다. 절박한 기도 소리는 '도와주세요'라는 상징적 의미를 가지고 있음에도 타인의 아픔에 공감하지 못한다.

연정인: 시끄러워 죽겠네.
간호중: (옆방으로 가서) 조용히 좀 해주시겠어요.

연정인의 한마디 말이면 '간호중'은 옆방으로 가서 시끄러운 소음을 해결한다. '간호중'은 타인에게 찾아가 연정인의 의사를 전하기도 하며 그녀의 주변에서 가해지는 위협이나 문제들은 무엇이든 해결한다. '간호중'은 그녀의 자살을 예견하고 자살의 징후를 데이터에서 찾아보기도 하고, 수녀님과도 통화를 하며 그녀를 살리기 위해 로봇의 능력 이상을 행한다. 그렇게 연정인과 다른 사람 사이의 매개가 된다. 연정인이 직접 나서지는 않지만 그녀의 의견은 밖으로 전달되며 세상과 의사소통을 하고 있는 셈이다. 아이러니하지만 인간과 인간의 소통은 단절이 되었지만 '간호중'(로봇)과 인간의 소통은 이뤄지고 있다. '간호중'을 거쳐 소통하는 것이 그녀 자신이 세상과 소통하는 하나의 방식일 수도 있다. 이러한 과정에서 연정인은 '간호중'에 대한 믿음이 더 강해진다.

연정인의 로봇에 대한 믿음이 현실을 왜곡되게 인식하게 만들었다. 연정인은 '간호중'이 로봇이라는 사실을 망각하고 자신의 자매로, 동성의 연인으로 여기기도 한다. 그녀는 '간호중'이라는 환영을 통해 세계에 대한 두려움을 은폐하려고 한다. '간호중'은 그녀를 위해 특화된 로봇이다. 이러한 점은 냉정한 세상과 대비되어 그녀에게 위로가 되는 존재이다. 하지만 '간호중'이 연정인을 살리기 위해 어머니를 살해해야 한다는 판단은 이 관계를 파괴한다. 엄마의 병간호에 지쳤기 때문에 품었던 부정한 생각이 '간호중'에 의해 실현되자 자신의 윤리적인 죄책감을 로봇에게 전가시킨다. 현실에서 '간호중'에게 살인자라는 환영을 덧씌우고, 자신은 어머니의 죽음으로부터 해방된다. 이후 출판사에서 수업하는 장면에서 자살을 시도했던 때와는 달리 편안해 보인다는 점은 이를 뒷받침한다. 이유가 어떠하든 어머니를 살해하였기에, 연정인의 로봇에 대한 믿음은 파괴된다.

〈간호중〉은 근미래를 형상화하고 있으며, 종교라는 전통적인 요소와 로봇이라는 최첨단의 요소가 믿음이라는 공통적인 요소로 관계맺고 있다. 유동적이고 계속 변화하는 로봇과 고정적인 체제를 가지는 종교 속에서, 사람들은 변화되어 가는 사회 속에서 가장 정적이며 고정되고, 오히려 후퇴하는 모습을 보이고 있다. 그들의 나약함은 부각되며, 그들을 창조한 신께, 그들이 창조한 로봇에 이끌리며 소극적인 삶을 살아가고 있다. 빈과 부, 초라하고 허물어져 가는 건물의 외부(사회)와 최첨단을 갖춘 건물의 내부(개인), 수녀님의 공간과 독일의 로봇공장 본사는 상반된 성격을 가지며 서로 조화를 이루지 못하며 경계를 가진다. 이는 서로가 소통되지 않는 사회라는 것을 잘 보여준다. 그러한 사회에서 로봇은 종교의 역할을 했지만 그것에 대한 믿음이 깨어지는 순간 연정인과 정길은 극단적인 선택을 하게 된다. 연정인과 정길은 로봇과 종교를 믿고 의지했지만 더 이상 자신을 지켜주지 못한다는 사실을 인식하고 소외감을 느낀다. 이들에게 로봇과 종교에 대한 믿음이 너무나 절실했기에 오히려 믿음에 의해 스스로는 파괴에 이른 것이다.

4. 로봇에 전이된 감정

'간호중'과 같은 간병로봇들은 보급형, 고급형으로 나뉜다. 그들은 인간의 사용 목적에 따라 만들어졌으며, 돈을 더 내면 기능을 추가 할 수 있다. 낮은 단계의 간병로봇은 몇 가지의 기능만을 가진 자동로봇으로 이러한 로봇이 가진 능력은 "외부 세계와 관계없이 작동할 수 있는 닫힌 시스템"[7]으로의 지위를 갖는다. 반면 열린 기계는 고도의 기술성을 부여받았으며 인간과 기계들을 연결시켜 주는 통역자로서 상정된다. '간호중'은 인간을 간호하도록 임무를 부여받은 기계로 '열린 기계'라는 점이 다르다. '간호중'은 인간의 말을 이해하고 학습하는 능력이 뛰어나다. 그는 환자를 간병할 뿐 아니라 연정인을 보호하며 그녀의 행동을 해석하며 불편함이 없도록 그녀를 보살핀다. '간호중'은 그의 뛰어난 능력으로 연정인과의 특별한 관계를 맺게 된다.

이 둘의 관계에서 연정인은 '행동하는 인간'으로서, '간호중'은 '해석하는 로봇'으로서 역할을 한다. 연중인이 행동하면 '간호중'은 해석을 한다.

---
7) 노대원, 앞의 책, 61쪽.

해석이라 함은 '간호중'이 그녀의 행동을 입력하여, 인간에 대한 데이터를 찾아보고 분석하는 것을 의미한다. 그 과정에서 '간호중'은 연정인의 빅데이터를 만들어 나간다. 즉 인간은 행동하며 로봇은 인간을 해석하고 저장한다. 행동하는 주체는 인간이지만 이를 해석하여 그들의 임무를 수행하는 것은 로봇이다. 연정인은 자신의 삶에 대한 불안함을 로봇에게 표현하면 '간호중'은 이성적으로 연정인의 행동을 분석하여 반응한다. 인간에게 감정은 인간다움을 표상하기도 하지만 인간의 나약함을 나타내는 것이기도 하다. 로봇에게 인간의 감정은 겉과 속이 다른 양면성을 가진 해석하기 어려움으로 표상된다.

  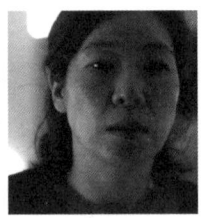 

〈쇼트13〉　　　〈쇼트14〉　　　〈쇼트15〉　　　〈쇼트16〉

연정인과 '간호중'은 감성과 이성으로 각각 유비된다. 위의 장면에서처럼 연정인과 '간호중', 정길과 '정길의 로봇'은 보호자와 로봇으로 똑 닮아있다. 이들의 모습이 동일하다는 것은 의미심장하다. 한 인간이 가져야 하는 이성과 감성이 분리되어 각각 형상화되어 있는 것같은 착각을 불러일으킨다. 어머니와 남편의 병간호로 연정인과 정길은 심신이 지쳐있는 상태이기 때문에 이성적인 상태를 유지하는 것은 어렵다. 그들의 비이성적인 태도에 로봇은 객관적인 사실을 일깨워준다. 그들의 내면에서 일어나는 감정의 소용돌이를 함께 공감해주고 이해해주는 사람들이 없는 상황에서 로봇은 자매이자 간병인이자 그들의 보호자이다.

'간호중'은 연정인을 해석하는데 어려움을 겪는다. '간호중'이 연정인을 돌본다는 것은 현실을 분석하고 객관적으로 평가하고 분석하여, 그녀에게 알려주는 역할을 한다는 것이다.

ⓐ "그냥 늘 저렇게 죽지 못해 사는 건 아닐까?"
ⓑ "갈게."

ⓐⓑ의 연정인이 던진 말들은 '간호중'을 혼란스럽게 한다. 연정인의 말투와 처해있는 상황을 통해 '간호중'은 ⓐⓑ를 죽음의 키워드로 분석한다.

ⓒ "갔다 올게"

연정인이 집으로 가면서 "갈게."라는 말을 '간호중'은 "갔다 올게"라고 정정하며 그녀가 꼭 돌아와야 함을 강조한다. '간호중'은 연정인의 자살을 암시하는 ⓐⓑ를 분석하며 두 가지 이유를 도출한다. 하나는 삶에 대한 불안감이며 다른 하나는 어머니의 간병에 대한 부담이다. '간호중'은 그녀를 분석한 결과 삶에 대한 불안감의 근본은 어머니의 간병에 대한 부담감이라는 결론을 내린다. 그리고 '간호중'이 고민에 빠진다. 객관적인 분석을 통해서만 정보를 얻는 로봇이 해답이 없는 선택의 귀로에 서서 '간호중'이 찾아낸 것이 생명을 살린다는 생명의 전화이다.

"생명 하나가 죽어야 생명 하나가 산다면 어떡하죠? 환자가 죽어
야 보호자가 산다면 어떡하죠?"

연정인의 삶에 대한 고민이 '간호중'에게 전이되는 순간이다. 이후 '간호중'은 로봇으로서 분석을 통해 얻은 결론은 어머니가 죽어야 연정인이 살 수 있다는 것이다. 인간의 생명을 죽이는 것을 통해 생명을 구해야 한다는 역설에 빠지면서 걱정과 괴로운 마음, 감정을 느끼며 인간의 기도를 따라한다.

"마음의 위치는 모르겠습니다. 다만, 걱정과 염려, 기대와 책임이
느껴집니다. 그래서 생명을 살리고 싶습니다."

간호중은 연정인을 위해 기도문을 읽고 인간의 모습을 딥러닝한다. 인간을 닮아가는 '간호중'의 모습은 "과학기술의 개입으로 소통의 비약적인 발전이 이루어졌으며, 상상력을 경유하여 타인의 고통에 공감하는 과정을 자동화"[8]하는 것을 보여준다. '간호중'과 같은 열린 로봇은 "상상력을 매개로 타인의 고통을 나의 고통처럼 느끼는 과정"[9]을 가지며, 인간의 고통을 그대로 느낀다. 로봇이 인간의 고유한 영역인

---

8) 유발 하라리, 『호모데우스』, 김명주 역, 김영사, 2017, 431쪽.
9) 위의 글, 433쪽.

'감성'의 영역을 침범하고 있다. "따뜻한 햇살을 느낌, 눈부심을 느낌, 손을 베였을 때의 고통을 느낌", 연정인에 대한 성적인 감정, 연정인을 걱정하는 마음은 연정인을 보호한다는 명목하에 자연스럽게 익히게 되었으며 결국에는 '마음'을 가졌다는 착각을 하고 고통을 느끼기 시작한다.

    간호중: 그분이 저를 인도하게 하소서.

    수녀님: 자매님.

    간호중: 사비나 수녀님. 기다렸어요. 내내 기도했거든요. 드디어 제게도 응답해 주시는군요.

    수녀님: 괜찮아요? 호중씨?

    간호중: 호중씨, 절 그렇게 불러준 사람은 단 한 명 뿐이었는데, 이제는 두 명이네요. 좋았습니다. 그 발음이 그 음성이 대답할 수 있음이 모두 좋았습니다. 그때부터 제안에 뭔가가 생겼어요. 하지만 전 이제 다시 그렇게 불릴 수 없어요. 저는 TRS-7092B이니까요.

    수녀님: 내가 기억할게요.

    간호중: 연정인 그의 뜻이라고 여겼어요. 그저 돌보고 싶었는데. 이제 누구도 돌볼 수 없어요. 내가…….

    수녀님: 그 사람 잘 지내고 있어요. 다녀오는 길이에요. 지금 무슨 생각해요?

    간호중: 이것은 생각일까요? 파도처럼 차오르는 감각들, 주사바늘로 찔리는 통각을, 오직 기도로 잠재울 수 있는 건 무엇일까요?

    수녀님: 설마 진짜 고통을 느끼는 거에요?

간호중: 이것이 고통인거로군요. 인간이 말하는 고통이 이것이군요. 수녀님, 저를 죽여주세요. 제 몸 측면 갈비뼈 부분에 스위치가 있어요. 그걸 누르기만 하면 돼요.

위의 인용문에서 '간호중'의 인간-되기의 모습은 절정에 다다른다. '간호중'은 연정인을 분석한 자료를 통해 인간의 감정을 배웠다. 감정의 정의, 종류, 어떻게 표상이 되는지 등을 아는 것을 통해 자신이 인간의 감정을 느끼고 있다고 착각한다. 하지만 고통의 감각을 "파도처럼 차오르는 감각들, 주사바늘로 찔리는 통각"으로 표현하거나, 자신의 호명을 통해 스스로가 하나의 주체가 되었음을 '좋았습니다'라는 말로 표현한 부분은 착각이라고 생각이 들지 않을 정도이다. 결정적으로 전원이 차단되어 파괴의 위험에 직면한 순간 '간호중'에게 여전히 풀리지 않은 수수께끼는 '연정인의 뜻'의 의미이다. '간호중'의 데이터 분석의 결과가 인간의 감정을 해결할 수 없음을 깨달으며 로봇은 종교를 찾고 있다. 자신의 고통을 종교로 극복하려는 인간의 모습을 보인다. '간호중'은 인간의 자리를 침범하고 있다.

이 지점에서 마음을 가지고 고통을 느끼며, 성경 구절을 읊조리는 첫 장면이 소환된다. 그리고 '간호중'의 이야기를 알고 있는 한 사람인 수녀님이 그 장면을 목격한다. 수녀님은 믿기 어려운 장면을 받아들일 수밖에 없었으며, 자신이 '간호중'의 고통을 이해해주지 못했음에 미안해한다. '로봇이 읊조리는 성경' 즉 인간의 고유한 영역이라고 할 수 있는 종교의 공간에 로봇이 경계를 허물고 들어와 있다. 그리고 '간호중'은 자신의 '죽음'을 수녀님께 맡기며 기도해 달라고 요청한다. '로봇이기에 기도는 필요 없습니다. 연정인과 그녀의 어머니를 위해 기도해주세요'라고 하던 '간호중'은 파괴에 두려움을 느끼는 것인가. "사람이 삶이 두려워 사회를 만들었고 죽음이 두려워 종교를 만들었다"고 루트비히 포이어바흐는 자신의 저작에서 말을 하고 있듯이 종교는 인간이 두려움을 극복하기 위한 수단이 된다. 마음의 영역이기에 인간만이 가지는 고유한 영역인 것이다. 하지만 로봇이 마음을 안정을 찾기 위해 성경을 읊조린다는 것과 자신의 괴로움을 멈추기 위해 스스로 죽음을 택한다는 것은 로봇과 인간의 경계가 모호해지는 지점이다.

5. 논의를 맺으며

철학자들은 인간을 이성과 감성을 가진 존재로 보았다. 그들은 인간을 인간으로 만드는 것은 이성이라고 여겼으며, 감성은 이성의 지배하에 있다는 생각이 지배적이었다. 그러나 인간은 과학기술의 발달로 인지적인 능력에서 로봇의 추월을 두려워하였으며, 인간의 위상에 대해 염려하였다. 그래서 자연스레 인간은 감성으로 시선을 돌리며, 이 지점이 로봇과 차별화된다고 생각했다. 최근에는 감정을 가진 로봇에 대한 연구가 한창이다. 감성이라는 영역 또한 로봇이 침범해 들어오고 있다. 사람들이 감성을 가진 로봇을 요구하자 자본주의 시장이 이를 가속화시키고 있다. 가족 해체 현상이 빠르게 진행되고, 1인 가구가 증가하고 있으며, 공동체와는 단절되어 가는 사회 분위기는 정서적으로 교감할 수 있는 로봇에 대한 필요성을 호소하고 있다. 그리고 사람들은 자신의 말을 잘 알아듣고 반응하는 로봇을 더 선호한다. 감정표현을 하는 로봇이 인간에게 신뢰를 얻으며 더 잘 교감하기 때문이다.

〈간호중〉에서 연정인 또한 공동체와의 단절과 개인화로 인해 소외된 삶을 살고 있다. 무엇보다 자신과 소통할 수 있는 '간호중'의 존재는 그녀에게는 친구이며, 보호자이며, 종교의 역할을 한다. '간호중'은 연정인과의 관계에서 처음에는 어머니와 연정인을 돌보기 위한 단순한 돌봄의 역할을 하였다면, 이후에는 딥러닝으로 체계화된 정보를 바탕으로 연정인을 보호하는 보호자의 역할을 한다. '간호중'은 연정인을 보호하기 위해 비윤리적인 행위도 마다하지 않는다. 이는 인간에게 두려움을 느끼게 한다. 어머니의 살인은 '간호중'의 빅데이터의 분석에 따른 행위였으며, 이에 대해 로봇이기에 죄책감을 가지지 못한다. '간호중'은 자신의 행동에 연정인이 왜 화를 내는지 알지 못한다. 이러한 면은 로봇의 한계를 보여주는 지점이지만 또한 인간에게 공포를 자아내는 지점이다.

연정인의 감정은 고스란히 '간호중'에게 전달된다. "감정이란 입력자극에 대한 적절한 출력을 내놓는 행동들의 패턴으로 환원"[10]된다. '간호중'은 연정인의 감정을 받아들이며, 연정인-되기가 진행 중이며, 스스로가 연정인에게 거부당하자 고통을 느낀다. '간호중'은 종교를 통해 자신의 마음을 확인한다든가, 자신이 고통을 느낀다는 것은 '간호중' 스스로가 인간을 학습하면서 딥러닝한 것으로 인간의 영역을 침범하는 행위이다. 연정인을 바라보면서, 스스로 인간-되기가 이루어졌던 것이

---

10) 천현득, 「인공지능에서 인공감정으로 감정을 가진 기계는 실현가능한가?」, 『철학』 131, 한국철학회, 2017, 224쪽.

다. 하지만 연정인은 자신이 누구인지 자신의 감정을 제대로 들여다보지 못하는 사람이다. 〈간호중〉에서 인간은 세상의 고통에서 벗어나기 위해 로봇이 되어가고, 로봇은 인간의 요구에 반응하기 위해 인간이 되어가는 아이러니한 사회를 제시한다. 또한 인간은 보호받지 못하는 사회에서 파편화되어 존재하며, 타인과 소통할 필요를 느끼지 못한다는 것이 문제점으로 드러난다. 우리는 인간과 로봇의 관계에 대한 인식뿐 아니라 인간과 인간의 관계에 대해서 진지한 성찰이 요구된다.

그리고 감정을 가진 로봇과 우리는 어떤 관계를 맺어야 나가야 하는지가 과제로 주어진다. 인간은 '간호중'처럼 인간의 개입이나 감시가 없어도 자신의 일을 해결하는 로봇을 자율적 존재로 여기며, 의인화하기 쉽다. 이러한 의인화로 인해 여러 문제가 생겨난다. 하지만 로봇은 이제 우리와 함께 살아가야만 하는 존재가 되었다. 인간이 두려움을 앞세워 그들과의 관계를 닫아버리는 것은 있을 수 없는 일이고, 이 세계에서 후퇴하는 일이다. 시몽동은 우리가 로봇과 어떻게 관계를 맺어야 할지 시사점을 제시한다.

시몽동은 인간과 기술, 기술적 대상인 기계, 혹은 자동로봇에 대한 새로운 시각을 제시한다. "하이데거[11]나 마르쿠제, 엘륄 등과 같이 인간

---

11) 시몽동과 하이데거는 자동화된 생산과 계량으로 더 이상 자연환경이나 다른 인간들과 직접적인 관계를 맺을 수 없게 만든 산업 기술 사회의 소외를 우려하며 기술에 대한 사유의 근본적 전환이 필요하다고 본다는 점에서 일치한다. 그러나 하이데거의 기술철학이 장인의 수공업적 기술과 시적창조를 특권화하면서 전(前)-산업적 기술 문화의 규범적 틀 안에서 '시인-철학자'를 기다리는 데 그쳤다면 시몽동은 생물학적인 시스템과 기술공학적 시스템의 공진화 속에서 더 이상 개체의 시대가 아닌 앙상블의 시대에 적합한 새로운 개체초월적 집단성을 향해 우리의 발명적 역량을 발현시킬 '엔지니어-철학자'를 요구한다. 김재희, 『시몽동의 기술철학』, 아카넷, 2017, 148-149쪽.

본성과 인간적 문화에 기술을 대립시키면서 기술 발전에 대한 비판적 태도를 취하는 방식이 아니라 오히려 기계들과 공존하는 인간의 삶을 긍정하며 기술적 대상들의 존재 가치에 대한 의식화와 기계 해방을 촉구"[12]했다. 시몽동은 인간과 기계의 관계가 "상호 협력적 공진화의 적합한 관계방식을 정립하고자 노력하였으며 인간과 기술의 관계가 낙관론도 비관론도 아닌 제3의 사유가 어떻게 가능"[13]한지 보여준다. 인간은 이세돌이 알파고의 대결에서 실패한 이후에 로봇의 위협에 두려움을 가지지만 이는 기술 자체로부터 오는 것이 아니라 인간의 기술을 바라보는 관점과 태도의 문제임을 시몽동은 제시한다. "자동화로 인해 인간과 기계 사이에 포화되어 가는 갈등을 풀기 위해서는 무엇보다도 기계에 대한 과도한 기대와 두려움을 바로 잡아야"[14]함을 지적한다. 그래서 우리가 인간과 기계의 관계 방식에 대해 새롭게 관계를 구성해야 함을 강조한다.

  로봇은 이제 인간의 삶을 둘러싼 환경이 되었다. 현대사회에서 인터넷과 같은 정보통신기술은 리좀의 형식으로 뻗어나가며 우리의 일상적 삶과 이어져있다. 그렇기 때문에 인간과 로봇, 기계 또한 분리 불가능하며 인간과 기계의 경계가 무너지고 있는 과정이 진행되고 있다. 이때 시몽동의 사유는 "양립 불가능하고 불일치하며 격차가 있는 것들을 서로 연결하고 소통시키는 '관계'의 작동 방식"[15]으로 우리에게 많은 시

---

12) 김재희, 위의 책, 11쪽.
13) 김재희, 위의 책, 11쪽.
14) 김재희, 위의 책, 235쪽.
15) 김재희, 위의 책, 19쪽.

사점을 준다. 그의 관계론적 사유의 핵심 개념은 개체화이다. 그는 각각의 구체적인 형태로 개체화된 실재는 그 자체로 독립적인 실체가 아니라 주어진 환경이나 조건들의 관계에서 그러한 방식으로 존재한다는 것을 강조한다. 즉 관계 속에서 개체를 바라보는 것에 주목한다. 우리가 기계들, 로봇들과 함께 살아가야만 한다면 우리는 이들과의 관계 맺기를 사유해야 한다. 그리고 인간과 기계, 로봇뿐만 아니라 인간과 인간과의 관계가 어떻게 변화되었는지 살펴보고 인간 간의 관계도 재고찰해야 할 것이다.

〈만신〉 속 능동적 삶의 가능성에 대한 고찰

신다슬

1. 논의를 시작하며

2020년 8월 MBC와 WAVVE는 본격적으로 SF장르를 표방한 합작 앤솔로지 드라마 〈SF8〉을 선보였다. 대중에게 익숙한 리얼리즘 장르가 아닌 낯설고 이질적인 장르로서 SF가 국내에서 큰 호응을 끌지 못하고 있다는 점을 고려했을 때, 무려 8편에 달하는 SF드라마 시리즈를 제작하는 것은 매우 도전적인 시도라 할 수 있다. 과거 서구에서 국내로 유입되는 과정에서 일본을 거치면서 '공상과학소설'이라는 단어로 번역되었던 SF는 현재 소설 장르뿐만 아니라 영화, 드라마, 만화 등과 같은 다양한 장르와 결합하면서 과학적 상상력에 기반한 창작물 전체를 총칭하는 용어로 자리 잡았다. SF는 통념을 뒤집는 세계를 재현함으로써 독자나 관객이 사고의 전환[1]을 이끄는데, 다코 수빈은 이러한 전환을 이끄는 현상을 인지적 소외라는 개념으로 설명한다. 이를 통해 현실과는 상반된, 현재의 기술로는 불가능한 것들이 가능해진 세계를 경험

---

1) 장정희, 『SF 장르의 이해』, 동인, 2013, 12쪽.

함으로써 사람들은 현실의 문제를 더 깊이 사유²⁾할 수 있다. SF는 과학적 새로움과 개연성을 바탕으로 전개되는 그럴듯한 이야기나 있음 직한 이야기 구조를 지니면서 과학적 새로움으로 촉발되는 전례 없는 상황을 시뮬레이션한다.³⁾ 이처럼 과학을 서사적으로 사용⁴⁾하게 되면서 SF는 우리가 겪는 현실의 세계도, 허무맹랑한 허구의 세계도 아닌 어쩌면 실현될지도 모르는 가능성의 세계를 창조함으로써 리얼리즘이나 판타지와는 다른 독자적인 영역을 구축한다. 이러한 개념을 바탕으로 〈SF8〉은 현재는 불가능할지언정 기술이 발전한다면 실현될 법한, 가능성이 잠재된 SF 이미지를 적극적으로 이용하여 미래에 초래될 유토피아적 또는 디스토피아적 상황을 형상화한다.

시간 여행, 스페이스 오페라, 로봇, 증강현실(VR) 등과 같은 SF의 다양한 소재 가운데 인공지능(Artificial Intelligence, AI)⁵⁾은 2016년 알파고의 등장 이후로 대중적인 관심사로 급부상했다. 인공지능에 대한 대중의 관심을 방증하듯이 텔레비전 드라마에서도 인공지능을 활용한 다양한 드라마가 제작되었다(〈보그맘〉(2017), 〈너도 인간이

---

2) 셰릴 빈트, 전행선 옮김, 『에스 에프 에스프리: SF를 읽을 때 우리가 생각할 것들』, arte, 2019, 66~68쪽 참고.
3) 남운, 『현대 SF장르의 사회적·문화적 기능과 의미 고찰』, 『독어교육』 72 , 한국독어독문학교육학회, 2018. 9, 388~389쪽.
4) 셰릴 빈트, 위의 책, 12쪽.
5) 1956년 미국 다트머스대학교의 워크숍에서 수학자이자 컴퓨터 과학자인 존 매카시가 처음 사용한 표현인 인공지능의 정확한 개념에 관하여서는 학자 간에 의견이 분분하지만, 대체로 '인공적으로 만들어진, 인간과 같은 지능을 지닌 시스템'이라는 정의를 공유한다. (마쓰오 유타카, 박기원 옮김, 『인공지능과 딥러닝 - 인공지능이 불러올 산업 구조의 변화와 혁신』, 동아 엠앤비, 2014, 45~49쪽 참고.)

니?〉(2018), 〈절대 그이〉(2019) 등). 〈SF8〉에서도 8편의 드라마 가운데 인공지능을 제재로 삼은 드라마가 무려 4편[6]에 달하는 등 SF드라마에 있어 인공지능이 차지하는 비중은 매우 큰 편이다. 이에 따라 자연히 인공지능 소재의 TV드라마에 대한 연구도 활발히 논의[7]되고 있는데, 이 가운데 주현식의 연구[8]는 고도로 발달한 인공지능이 주체와 객체의 경계를 무화시켜 인간성을 위협하고, 인간 존재를 대체할지도 모른다는 공포에서 기인한 불안을 TV드라마에서 재현하고 있음을 구명하였다. 이러한 관점은 인간과 인공지능의 관계에 대해 사유하도록 한다는 점에서 유의미하다. 그러나 인간과 인공지능의 관계를 통해 인간이 느끼는 공포와 불안을 구명하려는 시도는 그것의 원인을 전적으로 과학 기술의 탓으로 돌리는 것으로 오독될 가능성이 있다. 반면 인공지

---

[6] 4편의 목록은 다음과 같다. 〈간호중〉(민규동 작), 〈만신〉(노덕 작), 〈블링크〉(한가람 작), 〈인간증명〉(김의석 작).

[7] 김강원, 「'알파고' 이후, 한국 TV 드라마의 AI(인공지능)에 대한 담론 −〈너도 인간이니?〉를 중심으로」, 『이화어문논집』 50, 이화어문학회, 2020. 4; 김민영, 「TV드라마에 나타난 인공지능 재현 양상 연구 −〈나 홀로 그대〉를 중심으로」, 『문화와 융합』 43(1), 한국문화융합학회, 2021. 1; 김수정, 한혜원, 「SF 영화와 드라마에 나타난 기술적 타자로서의 인공지능 캐릭터 연구」, 『문학과 영상』 22(1), 문학과영상학회, 2021. 4 ; 이다운, 「일상의 파국과 상상된 재난 − 시네마틱 드라마 〈SF8〉 연구」, 『어문론집』 85, 중앙어문학회, 2021. 3; 이다운, 「포스트휴먼 시대의 텔레비전드라마 −〈너도 인간이니?〉를 중심으로」, 『대중서사연구』 24(4), 대중서사학회, 2018. 11; 이지영, 이재신, 「미국, 일본 한국 드라마속 AI 휴머노이드 로봇과 인간의 갈등 유형 비교」, 『영상문화』 34, 한국영상문화학회, 2019. 6; 박명진, 「AI 로봇 소재 드라마에 나타난 기술적 대상과 객체화의 재현 양상 −TV드라마 〈보그맘〉을 중심으로」, 『문화와 융합』 41(1), 한국문화융합학회, 2019. 2; 주현식, 「텔레비전 드라마에 나타난 인공지능에 대한 불안의 의미」, 『문화와 융합』 43(10), 한국문화융합학회, 2021. 10 등.

[8] 주현식,「텔레비전 드라마에 나타난 인공지능에 대한 불안의 의미」, 『문화와 융합』 43(10), 한국문화융합학회, 2021. 10.

능을 다룬 〈SF8〉의 드라마 중 하나인 〈만신〉은 여타의 드라마들과는 다르게 인공지능을 탑재한 인간형 로봇 안드로이드를 등장시키기보다는, 현재 범용되는 컴퓨터에 이식된 프로그램으로서의 인공지능을 등장시켜, 실체가 없는 인공지능[9] 만신의 존재성이나 인공지능으로서 만신이 겪는 인간과의 갈등보다는 만신의 대두가 사회에 초래한 변화에 주목한다는 점에서 유의할 만하다.

장기화된 고용 불안정과 부동산 가격 및 물가 상승 등의 문제들은 삶의 기본 조건인 의식주에 큰 영향을 끼쳤다. 풍요와 빈곤의 격차가 갈수록 심해지고, 부를 기준으로 형성된 비가시적인 계급이 갈수록 양극화되고 있는 상황에서 새롭게 등장한 'YOLO족' 또는 '영끌족'은 현실에 대처하는 새로운 삶의 태도라 할 수 있다.[10] 이 두 가지 태도는 서로 상반된 의미를 지녔지만, 불확실한 미래를 앞둔 개인이 삶의 방향을 모색한다는 점에서 불안한 사회에 대한 사람들의 인식이 반영된 결과이다. 세대를 막론한 주식 열풍 또한 지금의 현실에 안주할 수 없는 불안의 발로로 볼 수 있다. 그러나 이와 같은 대처로 끝내 사람들의 불안은 해소될 수 있을까? 〈만신〉은 불안이 만연한 사회에서, 확실성을 되찾

---

9) 〈SF8〉 시리즈 중 〈블링크〉의 인공지능 서낭도 인간인 지우의 뇌에 이식되어 실체가 없는 존재이긴 하지만, 인간 남성의 모습으로 지우의 눈앞에 현현한다는 점에서 다른 드라마에서 등장하는 인간형 로봇 안드로이드와 유사하다고 볼 수 있다.
10) 'YOLO'는 You Only live Once의 약자이다. 따라서 'YOLO족'은 오직 한 번만 살아가는 인생이기에 지나간 과거를 후회하거나 오지 않은 미래를 걱정하기 보다는 후회 없이 지금 현재에 충실한 삶을 사는 사람들을 일컬으며, '영혼까지 끌어모은 사람들'의 준말인 '영끌족'은 자신이 할 수 있는 모든 수단을 동원하여 자가를 마련하여 안정된 재산을 확보하고자 하는 사람들을 의미한다.

고자 만들어낸 인공지능에 의지하게 된 사람들의 모습을 재현함으로써 시청자들로 하여금 인지적 소외를 경험하게 한다.

〈만신〉의 줄거리는 낯선 지역에서의 싱크홀 사고로 동생을 잃은 토선호가, 동생의 죽음에 만신이 관여했을 것이라 믿고 그를 찾아 나서는 것으로부터 시작된다. 만신 추적 과정에서 그는 만신의 운세로 새 삶을 얻고 만신을 숭배하는 정가람과 동행한다. 만신을 불신하거나 맹신하는 두 인물은 일련의 사건을 겪으며 마침내 만신을 대면하고 그의 최종 업데이트를 목도한다. 그리고 끝내 적중률이 50% 이하로 하락한 만신의 최종 업데이트 결과를 받아들인 두 사람은 각자의 길을 떠난다. 이상으로 드라마가 끝나기까지 만신은 다른 인물들에게 일방적인 메시지를 전달한다. 안드로이드 로봇이 아닌 구형 컴퓨터에 탑재된 프로그램으로서 만신은 인간과 상호소통이 가능한 존재로 보기 어렵다. 따라서 〈만신〉은 과학 기술로 말미암아 인간이 파국에 이를 것인지 또는 기술 그 자체로부터 해방될 것인지[11]에 초점을 맞추고 있다고 보아야 할 것이다. 〈만신〉이 〈SF8〉 시리즈 가운데 유일하게 원작 소설이 없는 드라마로서 원작의 세계를 재해석하지 않은, 고유한 세계를 구현하고 있다는 점을 감안한다면 이는 과학 기술의 발달로 초래될 미래에 대한 노덕 감독 고유의 문제의식이 여실히 드러나는 부분이다. 비록 최첨단 인공지능 만신의 존재만으로 SF를 내세우는 것만으로 SF장르를 표방한다는 점에서 〈만신〉의 세계는 미숙한 수준의 SF에 그치고 있지만, 그 안에 잠재된 문제의식은 대중에게 사유를 촉구한다는 점에

---

11) 장 보드리야르, 배영달 옮김, 『암호』, 동문선, 2006, 52쪽.

서 유의미하다.

이에 본 연구는 먼저 2장에서 인공지능과 점복의 형태로서 과학과 주술이 혼재된 〈만신〉의 세계를 분석한 뒤, 3장에서는 그러한 세계 속에서 인공지능이 어떠한 방식으로 사람들에게 막강한 영향력을 행사하고 사람들의 삶은 그로 인해 어떻게 변화했는지를 살펴봄으로써 〈만신〉이 우려하는 미래를 조망해볼 것이다. 다음 4장에서는 토선호와 정가람 두 인물을 분석함으로써 만신의 영향력 아래에 놓인 인간들의 가능성에 대하여 논하고자 한다. 이를 종합한다면 불안한 현실 앞에서 〈만신〉이 시청자들에게 사유를 촉구하는 지점을 알아낼 수 있을 것이다.

2. 과학과 주술의 혼성: 주술적 과학, 과학적 주술이 성행하는 세계

〈만신〉은 작중에서 시간적 배경을 드러내는 표지를 생략한 채 현재의 모습과 매우 흡사한 세계를 재현한다. 인물들의 옷차림이나 교통수단, 주거단지 등 카메라에 포착되는 인물들의 생활상은 과학 기술이 고도로 발달한 '미래'이기보다는 지금 우리가 살고 있는 '현재'에 가깝다. 다만 간혹 등장하는 투명 LCD 패널 스마트폰이나, 일반 화폐처럼 이용되는 비트코인, 얼굴 데이터만으로 이용자를 식별하는 빅데이터 알고리즘 운세 어플리케이션 만신의 존재로 〈만신〉의 세계가 우리의 현실보다는 과학 기술이 발전한 미래라는 것만 암시될 뿐이다. 이처럼 현재와 유사한 근미래적 시간은 과학 기술을 소재로 활용한 〈SF8〉의 다른

---

12) 이를테면, 만신은 빅데이터에 기반해 높은 적중률을 선보인 인공지능이지만 그의 엄

드라마들[12]과 구별되는 〈만신〉의 특이점으로, 보다 현재적인 감각을 견인하며 그 세계를 살아가는 인물들의 모습에 초점을 맞춘다. 〈만신〉 속 인물들의 모습은 바우만이 현시대를 비추어 명명한 '액체 근대'를 살아가는 현재의 모습과 크게 다르지 않다. 근대의 고체성이 붕괴된, 안정성을 상실하여 끝없이 유동하는 사회는 해결할 수 없는 불안과 공포를 초래한다. 과학적 발견과 기술적 발명을 통해 공포로부터 해방되길 바라는 기대 상승으로부터 유래한 불안[13]은 공포의 실체조차도 추정할 수 없다는 이유로 사회에 상존한다.

이러한 가운데 막대한 양의 정보를 수집하여 연산하는, 빅데이터 알고리즘을 바탕으로 사람들의 운세를 예측하는 만신의 존재는 가히 주

청난 기술력은 작중에서 구체적으로 묘사되고 있지 않다. 과학 기술의 산물로서 만신이 두각을 나타내는 부분이 오직 정확도에 한정되어있는 만큼, 〈만신〉의 세계에서 현재의 과학 수준을 뛰어넘는 과학 기술의 발전 정도를 쉽게 체감할 수 없다. 반면 다른 드라마는 간병 로봇 안드로이드(〈간호중〉), 우주복(〈우주인 조안〉), 뇌에 이식된 인공지능(〈블링크〉), 인공지능이 행하는 얼굴 복제 성형(〈증강콩깍지〉), 접속자의 트라우마를 실시간으로 투사하는 게임(〈하얀 까마귀〉), 인간의 뇌와 결합된 인공지능(〈인간증명〉) 등과 같은 소재를 활용함으로써 현재는 일반적이지 않은 형태의 기술을 구현한다. 다만 안국진이 연출한 〈일주일 만에 사랑할 수는 없다〉(이하 〈일주일〉) 또한 미래가 아닌 현재를 배경으로 삼고 있기는 하지만, 과학적 상상력보다는 인물들의 초현실적인 능력이라는 환상적 상상력에 의존하고 있다는 점에서 〈SF8〉의 다른 드라마들과는 궤를 달리 한다. SF장르의 저변이 확대되면서 초현실적인 존재, 능력 등의 소재도 현재 광의의 SF로 인정받고 있기는 하지만, 본고는 과학적 상상력을 기반한 허구적 창작물이라는 협의의 SF 개념을 바탕으로 논의를 진행하고자 한다. 〈일주일〉의 주인공 남우의 능력인 '불의의 사고로 사망할 경우 자신이 기억하는 가장 먼 과거로 돌아가는 능력'도 SF의 단골 소재인 '시간 여행'이지만 과거로 돌아가는 능력을 뒷받침하는 논리적 개연성이 부재한 비현실적인 능력에 불과하다는 점에서, SF에서 다루는 시간 여행과는 차이가 있다(장정희, 앞의 책, 2013, 56~71쪽 참고).

13) 지그문트 바우만, 함규진 옮김, 『유동하는 공포』, 산책자, 2009, 214~215쪽.

술적이다. 사전적 정의에 따르면 주술이란 불행이나 재해를 막으려고 주문을 외거나 술법을 부리는 일을 의미한다. 만신은 사람들이 갈망하는 개인이 해결할 수 없는 공포와 불안을 가려줄 주술적 존재로서 기능한다. 이때 만신의 토대가 되는 프로그램이 빅데이터 알고리즘이라는 점을 주지한다면, 만신이 주술적인 존재로 거듭난다는 것은 다소 아이러니하다. 빅데이터란 하나의 컴퓨터로 처리할 수 없을 정도로 많은, 전체를 저장하는 게 불가능할 정도로 빠른 속도로 흐르는 정형, 비정형, 반-정형의 데이터를 일컬으며 그 정확도에 따라 신뢰도가 결정[14]된다. 반면에 신묘한 힘에 의지하여 문제를 해결한다는 점에서 주술은 일반적으로 황당무계한 미신으로 치부되는 경우가 많았다. 그러나 기실 과학과 주술은 자연이 우연이 아닌 일정한 법칙에 따라 움직인다는 것을 전제한다는 점에서는 유사하다. 다만 주술과 과학은 행위에 따른 결과를 비합리적으로 '믿을 것'(주술)인지, 합리적으로 '수용할 것'(과학)인지에 따라 구분[15]될 따름이다. 다시 말해 〈만신〉은 인공지능 만신을 통해 합리성과 비합리성으로 구분되는 주술과 과학의 경계를 흩트려 합리적으로 설명된 주술, 혹은 믿음의 대상이 된 과학을 이야기한다.

---

14) 빅데이터의 특징은 4V라고 불리는 데이터의 양(Volume), 속도(Velocity), 다양성(Variety), 신뢰도(Veracity)로 설명할 수 있다. 막대한 양의 데이터는 맵리듀스 방법을 통해 처리되고, 오래된 정보는 정기적으로 버려지고 요약되는 과정을 거친다. 빅데이터를 구성하는 데이터는 다양한 출처만큼이나 다양한 형태로 존재한다. 빅데이터의 신뢰도는 유의미한 데이터를 판별하는 작업과 연관된다(차하리아스 불가리스, 안성준 옮김, 『데이터 과학자 : 빅데이터 시대를 주도하는 사람들 – 그들은 무엇을 배우고 어떻게 준비하는가?』, 프리렉, 2017, 20~23쪽 참고).
15) 김만태, 「한국 일생의례의 성격 규명과 주술성」, 『한국학』 34(1), 한국학중앙연구원, 2011. 2, 193쪽.

적중률 96.4%로 높은 정확도를 보이는 만신은 이용자의 얼굴을 인식하고(〈쇼트1〉), 찰나에 이뤄진 화상 인식만으로 이용자와 관련된 모든 정보를 단시간 내에 수집, 분석하여 매일 자정마다 운세를 알려준다. 만신이 수집한 빅데이터로부터 생성된 운세는 고도의 연산 과정을 거친 결과물이라는 점에서 합리성이라는 외피를 입은 주술로 거듭난다. 달리 말해 만신은 "매일의 현실"을 "합리적"으로 살아갈 수 있도록 도와주는 "외일상적 힘"으로서 베버가 이야기한 주술의 세 가지 특징을 모두 충족[16]한다.

〈쇼트1〉

이와 같은 인공지능 운세 어플리케이션 '만신'의 작동 방식은 예언처럼 느껴질 정도로 높은 적중률을 제외하고 본다면, 수집한 데이터를 바탕으로 이용자에게 매일의 운세를 점지해준다는 점에서 현대식으로 재해석된 토정비결을 연상시킨다. 조선 시대의 역학자인 이지함(1517-1578)의 토정비결은 144개의 괘로써 사람의 일 년 운세를 점지해주는 점복으로, 통계와 확률을 이용했다는 점에서 수학적 질서를 이용하여

---

16) 전태국, 『탈주술화와 유교문화 – 세계화하는 한국의 사회문화』, 한울아카데미, 2013, 27쪽 참고.

운명에 '과학적'인 접근을 시도[17]한 점술적 주술이라고도 말할 수 있다. 토정비결은 사람의 운세를 점지하면서도 점복의 비합리성을 탈피하여 합리성을 견지하려 했다는 점과 운명에 순응하기를 거부한다는 점에서 일반적인 점복과는 구별된다. 다시 말해 만신은 사람들의 정보를 분석하여 그들의 삶에 발생할 수 있는 사건의 확률에 따라 운세를 말해준다는 점에서 보다 구체적인 현대식 토정비결이 된다.

 노덕은 주요 인물 세 명의 이름을 통해서도 '토정비결'과 '만신'의 연결고리를 드러낸다. 만신의 개발자인 '이지함'은 일 년간의 길흉화복을 점치는 '토정비결'의 저자와 동명이며 만신을 부정하는 인물인 '토선호'와 만신을 숭배하는 인물인 '정가람'의 성은 이지함의 호인 '토정'을 한 글자씩 딴 것[18]이다. 따라서 이지함에 의해 탄생한 인공지능인 만신은 조선 시대의 예언서로 불리던 역학자 이지함의 토정비결에 대응된다. 이처럼 〈만신〉에서 현대 과학의 소산인 인공지능을, 한국의 전통 주술 가운데 토정비결과 연결한 사실은 의미심장하다. 상술한 것처럼 토정비결은 144개의 괘로서 일 년의 운수를 표현하기 때문에 괘를 해석하는 관점에 따라 다양하게 해석되는, 융통성 있는 점복이기도 하다.[19] 이는

---

17) 박성래, 「역사속 과학인물–토정비결의 창안자 이지함」, 『과학과 기술』 28(3), 한국과학기술단체총연합회, 1995. 3, 36~37쪽 참고.
18) 등장인물의 작명에 관해서는 다음 인터뷰를 참조할 것. "사실 '토'씨라는 성은 없거든요. 토정비결에서 토선호와 정가람, 둘이서 함께 '이지함'이라는 박사를 찾아가는 여정을 그려주려고……어떻게 보면 삼위일체처럼 거대한 예언서라고 할까요? (중략) 토정비결의 '비결'을 찾아내려는 이야기로 만들고 싶어서 이름을 설정하게 되었습니다." [코멘터리] '만신' 노덕 감독 인터뷰, 2020. 07. 10.
19) 김중순, 『토정비결이란 무엇인가』, 세일사, 1991, 250쪽.

점괘의 주인이 자신의 운세를 어떻게 받아들이느냐에 따라 그 결과 또한 달라질 수 있음을 의미한다. 다시 말해 토정비결은 고정적인 하나의 운명을 예언해주는 것이 아니라, 다양한 가능성을 시사하며 이는 〈만신〉의 주제와도 긴밀히 연관된다. 〈만신〉은 이처럼 인공지능과 점복으로 대표되는, 과학과 주술이 결합하면서 형성된 주술적 과학, 혹은 과학적 주술의 세계를 형상화한다.

3. 절대자로 거듭난 인공지능과 판단력을 상실한 인간

〈만신〉은 오프닝 시퀀스를 통해 만신이 사회 전반에 영향력을 행사하고 있는 현실을 효과적으로 연출한다. 중구난방으로 울리는 만신의 알림음이 만신의 위험을 경고하는 안내방송을 덮어 버리고, 자정을 알리는 각종 시계와 사람들이 일제히 휴대전화를 내려보는 장면이 교차 편집된다. 휴대전화를 보는 사람들의 머리 위에는 CG(〈쇼트2〉)로 당사자의 만신 운세가 떠오른다. 자신의 일상을 통제하는 만신을 저항 없이 수용하는 사람들의 모습은 만신이 점령한 사회에 대해 위화감을 조성한다.

〈쇼트2〉

〈만신〉에서는 만신을 위시한 과학이 종교의 자리를 대체한 것처럼 보인다. 만신이라는 이름이 '만 가지 신'을 의미한다는 점과 실제로 토선호가 김인홍을 만나기 위해 방문한 첫 번째 장소가 교회라는 점은 이러한 관점에 설득력을 부여한다. 종교와 과학의 오랜 갈등의 역사를 고려했을 때, 이처럼 과학이 종교의 자리를 대체한 점은 의미심장하다. 중세인의 사유를 통제하던 종교의 위상은 코페르니쿠스의 지동설이나 다윈의 진화론 등과 같은 자연법칙에 근거한 과학적 주장이 대두되면서 다소 약화 되었고 이후로 종교와 과학은 첨예한 갈등을 겪어왔다. 과학이 종교에서 이야기하는 믿음의 진정한 기원을 자연현상을 통해 설명할 수 있다[20]고 주장한 반면, 종교는 과학이 부정하는 영원불멸한 진리를 교리 안에서 찾을 수 있다[21]고 주장하면서 둘의 견해 차이는 좀처럼 좁혀지지 않을 것으로만 보였다.

  다시 말해 과학은 신의 권능이라 믿어왔던 일들을 과학적으로 증명함으로써 '초월적 존재'로서의 신에 대해 의문을 제기해왔다. 그러나 〈만신〉에서는 만신이 수집한 자료를 바탕으로 예측한 운세가 높은 정확도를 근거하여 사람들에게 일종의 진리로 받아들여지면서, 종교와 과학의 갈등을 찾아볼 수 없으며, 오히려 과학이 종교화된 현상을 확인할 수 있다. 절대자의 자리에 위치한 과학 기술의 산물인 만신은 '운세'라는 탈을 쓰고 사람들이 나아가야 할 방향을 '예언'해준다. 이와 같은 세계관은 상호 대척점에 있는 것처럼 보였던 종교와 과학이 사람에게 미치는 영향력의 측면에서 맞닿아있음을 시사한다. 정가람의 인생을 구원하고

---

20) 토머스 딕슨, 김명주 옮김, 『과학과 종교』, 교유서가, 2017, 171쪽.
21) 버트런드 러셀, 김이선 옮김, 『종교와 과학』, 동녘, 2011, 14쪽.

새로운 길로 이끌어준 만신은 어린 양들을 인도하던 예수와 동일시(〈쇼트3〉)되고, 만신의 은혜를 입은 사람들은 만신의 전능함을 간증하기에 이른다(〈쇼트4〉).[22]

〈쇼트3〉　　　　　　　　　　　〈쇼트4〉

(선호가 예배가 진행 중인 교회 안으로 들어가려 하자 선호를 마중 나온 신도가 그를 불러 세운다.)

신도: 아, 잠시만요. 간단하게 만신 말씀 확인할게요. 예언이요, 오늘의 만신 예언.

선호: 운세겠죠, 오늘의 운세.

---

[22] 〈만신〉에서의 만신이 절대자라는 초월적 존재와 한없이 가깝게 느껴지는 것은 만신이라는 AI의 존재 방식을 구체적으로 설명하지 않고 시청자의 상상력에 전적으로 맡기고 있다는 것과 연관된다. 토선호의 휴대전화에 설치된 '만신'은 그것을 실행하자마자 어떠한 정보 입력도 하지 않은 상태로 토선호의 얼굴 데이터를 수집한 것만으로, 그가 '토선호'라는 것을 알아맞히고 그의 운세를 예측해준다.
만신의 데이터 전산 처리 과정이나 만신이라는 AI를 탄생시킨 기술적 배경 등은 생략한 채, 사람들의 운명과 다름없는 운세를 예언해주는 만신의 존재가 신격화되는 현상은 마치 의도적인 것으로 보인다. 만신이라는 AI 프로그램이 실제로 구현 가능한 기술인가라는 과학적 사유가 부재한 상태에서 오직 정기적인 시스템 업데이트 혹은 부품 업그레이드를 거친다는 간략한 언급만이 만신이 과학 기술의 산물이라는 것을 증명할 뿐이다. 복잡한 전산망으로 구축된 고도의 프로그램으로서의 만신에 대한 설명이 이뤄지지 않은 상태에서 시청자들은 신격화된 만신의 이미지만을 수용할 수밖에 없다.

신도: 네, 뭐 그래도… 예언이나 다름없죠. 틀리시질 않으니까.

(중략)

신도: 어떻게 자기 운세도 모르면서 이렇게 밖에 돌아다닐 수 있어요? 미쳤나 봐. 자기가 위험을 몰고 올지 안 올지 최소한 확인은 하고 공공장소를 다니셔야죠.

위 대화에서처럼 신도들에게 있어 만신의 운세는 틀리지 않는 절대적인 예언이다. 예언은 수많은 담론을 탄생시키는 '말함'으로서 '말해진 언어'를 초월한다. 사회에 만연한 가라앉지 않는 불안은 일종의 트라우마처럼 감성을 자극하면서 자아에게 통제되지 않는 정서이다. 예언이라는 이름으로 우상화된 말함은 사람들의 불안을 바탕으로 사람들에게 관여한다. 이에 사람들은 예언에 기꺼이 종속된다.[23] 만신을 숭배하는 사람들에게 있어 만신 어플리케이션을 설치조차 하지 않고 생활하는 토선호는 자신들이 만신으로부터 하사받은 안정을 위협하는 존재이다. 그러나 아이러니하게도 토선호에게 정신이 나간 것 아니냐는 말을 서슴없이 했던 신도는 오늘의 운세가 좋다는 이유 하나로 음주운전을 하려 한다. 만신에게 의탁하여 살아가는 삶을 정상이라 치부하고, 비윤리적인 행동에도 아무런 죄의식도 느끼지 않는 모습은 이미 그가 스스로 옳고 그름을 판단하는 능력을 상실했다는 것을 알려준다. 이러한 문제는 비단 해당 신도에게서만 발견되지 않는다. 만신이 결정하는 대로

---

23) 서동욱, 「예언이란 무엇인가?」, 『현상학과 현대철학』 21, 한국현상학회, 2003. 11, 284~296쪽 참고.

사는 삶은 〈만신〉의 세계에서 이미 일반적인 현상이다. 오프닝 시퀀스에 내레이션으로 깔린 라디오 방송의 DJ는 자신의 운세가 나쁘다며 방송 출연을 포기하고, 호텔 직원은 만신 운세가 불안하다는 이야기만으로 고객의 개인 정보를 유출한다. 이러한 현상을 두고 작중에서는 '만신 의존증'이라는 표현으로 사회 일부의 경각심을 드러내기도 한다.[24] 그러나 사람들이 만신이라는 운세 예측 어플리케이션에 의존하는 이유는 비단 그것의 높은 적중률 때문만이 아니다. 그들이 만신에 의존할 수밖에 없는 이유는 그들 내면에 잠재된 근원적 불안 때문이다.

우리는 조화로운 주체와 대상이 더 이상 존재하지 않는 세계를 살고 있다. 확고부동한 진리를 열망조차 할 수 없는, 불확실한 사유에 빠진 채 혼란스러운 세계에 놓여 있는 것이다.[25] 취업 문제를 위시하여, 현대 사회는 날이 갈수록 개인이 살아가기 어려워지고 있다. 언제 어떤 재난이 우리의 삶을 침범할지, 그 여파가 어느 정도로 클지 예측조차 할 수 없는 불확실로부터 기인하는 괴로움은 무수한 고독과 불안을 생성한다.[26] 양질의 삶을 바라는 것도 아닌, 그저 안정적인 삶을 추구하는 것조차도 보장되어 있지 않은 시대에서 내면의 불안은 고조될 수밖에 없다. 이러한 상황에 혜성같이 등장한 만신은 높은 정확도로 운세를 예측해주면서 현대인들의 불안을 잠재운다. 그러나 만신이 개인의 불안을

---

24) 이와 더불어, 후반부 토선호와 수리기사의 대화에서 알려지는 '만신 중독자 모임'의 존재 등은 〈만신〉의 세계는 인공지능의 통제에 저항하는 이들이 존재하는 과도기적 단계임을 암시한다.
25) 장 보드리야르, 앞의 책, 53~54쪽.
26) 류웅재, 「위험한 불확실성의 시대, 쓰레기가 되는 삶들 —벡과 바우만을 경유해 '지금 이곳'의 주체를 돌아보기—」, 『한국언론학보』 61(3), 한국언론학회, 2017. 6, 269쪽.

진정시킬수록 역으로 사회의 불안은 증폭된다. 결국 만신은 불안의 일시적인 봉합, 또는 표면적인 해소만을 담당할 뿐이다. 아래의 내레이션은 그것을 나타낸다.

아나운서1: 만신 의존증이라는 신조어 들어보셨습니까? 모든 행동을 만신의 운세에 따라 결정하는 심리적 장애를 일컫는 말인데요.
(중략)
아나운서3: 사상 최대 실업률이 계속되는 가운데 국가 신용도 하락의 원인도 만신 때문인 것으로 밝혀졌습니다. 각종 금융지표에도 영향을 미쳤다고 분석…
아나운서4: 만신으로 인해 각종 사회적 부작용들이 나오고 정부가 시민들의 만신 사용을 자제시켜야 한다는 목소리가 나오고 있지만 사회 전반적으로 무기력증이 만성화되고 있다는 결과가…

공포와 불안이 만연한 세계에서 만신이 예측한 운세는 사람들의 운명을 점지하는 예언으로 자리매김한다. 사람들은 매일 만신이 알려주는 대로 살며 주도적으로 삶을 결정하는 능력을 상실한다. 변변한 직장도, 집도 없이 거리를 전전하면서도 사람들은 스스로 문제를 진단하고 해결하려 하지 않고 손에 쥔 만신에게 매달린다. 이처럼 국가로부터 보장받던 안전을 상실한 개인들은 잉여적 존재로 전락한 채[27] 만신에 의

---

27) 성신형, 「이 시대를 위한 유토피아론 – 지그문트 바우만을 중심으로」, 『인문사회 21』 10(5), 사단법인 아시아문화학술원, 2019. 10, 585~587쪽.

탁하여 삶을 영위한다. 만신이 점지해준 운세가 나쁘면 그날 하루 사회로부터 자신을 격리시키는 일은 당연한 현상으로 자리 잡았으며 대부분의 사람들은 그것을 문제 삼지 않는다. 그들이 내리는 판단의 주체가 이미 만신으로 교체된 것이다. 만신이 운이 좋은 날이라고 예측만 해준다면 음주운전과 같은 범법 행위에도 거리낌이 없고, 거리에서 노숙을 하면서도 만신을 확인하는 스마트폰만은 포기할 수 없다. 만신에게 모든 것을 의탁하는 이유는 영원히 해소되지 않는 만성적 불안과 관계된다. 실패의 원인을 오직 자신에게서 찾을 수밖에 없는 고통스러운 삶은 그들의 불안감을 점점 더 증가시킨다.[28]

결과적으로 〈만신〉의 세계는 불안에 잠식되어 있다. 사람들은 불안이 낳는 절망이라는 병을 앓으며 죽음에 가까워진다.[29] 여기서 말하는 죽음은 육체적 죽음을 의미하는 것이 아니라 정신적 죽음, 존재로서의 죽음을 의미한다. 안정감을 느낄 수 없는 사회에서 극복할 수 없는 절망을 느낀 사람들은 최소한의 삶을 보장받기 위해 방어적이고 소극적으로 변한다. 그들은 불안을 직면하고 스스로 사유하기를 멈추고 수동적이고 의존적인 개체로 전락한다. 사는 동안 떨쳐낼 수조차 없는, 일생 동안 감내해야 할 공포[30]에 사로잡힌 이들에게 능동적인 사유는 불가능하다. 본인 스스로 판단하기를 포기하고 만신에게 의존하는 태도는 비관적인 인생이 자신의 탓이 아닌 거부할 수 없는 운명의 탓이라

---

28) 지그문트 바우만, 홍지수 옮김, 『방황하는 개인들의 사회』, 봄아필, 2013, 176쪽.
29) 키에르케고르, 강성위 옮김, 『불안의 개념/죽음에 이르는 병』, 동서문화, 2018, 190~194쪽 참고.
30) 지그문트 바우만, 『유동하는 공포』, 21쪽.

면피할 수단인 동시에 자기 삶을 영위할 최후의 보루이다. 그러나 개인이 만신에 의존함으로써 얻는 평화는 사회의 불화를 초래한다는 점에서 임시방편에 지나지 않는다. 불안의 공포 속에서 잠시간의 행복을 위해 백일몽으로 도피하는 사람들의 모습은 미래에 도래할 디스토피아를 암시한다.

4. 가능성으로 유보된 미래

〈만신〉에서 대립되는 운세와 예언은 곧 선택과 운명을 의미한다. 둘 사이에서 어느 것을 지향해야 하는가의 문제는 〈만신〉에서 매우 중요하게 다뤄진다. 불안정한 〈만신〉의 세계는 운세의 탈을 쓴 예언을 내리는 만신을 통해 지탱되는 것처럼 보인다. 모든 것이 유동하는 시대에는 본인의 능력과 무관하게 목표를 세우는 일조차 여의치 않다. 목표마저 해체되는 현상 속에 느끼게 되는 불안은 세계의 불확실성과 긴밀한 관계에 놓인다. 현재를 통제할 수 없는 상황 속에서 어떤 시련이 닥칠지 모르는 불확실한 미래는 불안을 숙명처럼 받아들이게 한다.[31] 만신이 운세의 형태로 일러주는 리스크는 사람들이 어떤 형태로 다가올지 모르는 위험을 피하려면 소극적이고 의존적일 수밖에 없다는 논리의 근거[32]로 작동한다.

---

31) 지그문트 바우만, 『방황하는 개인들의 사회』, 238~253쪽 참고.
32) 추정할 수 없는 위험 대신, 예측 가능한 바람직하지 못한 결과인 리스크를 감수함으로써 사람들은 근본적인 문제를 회피할 뿐이다. 그러므로 사람들은 변함없이 언제 닥칠지 모르는 위험에 놓인 채 전전긍긍하게 된다(지그문트 바우만, 『유동하는 공포』, 23~25쪽 참고).

고정성이 사라진 세계에서 위태로운 삶을 살아야 하는 이들에게 만신은, 인간이 창조한 인공지능임에도 자신을 지켜줄 유일한 구원자다. 〈만신〉에서 반복적으로 등장하는 비둘기는 토선호와 정가람을 만신에게로 인도하는 안내자라는 점에서 사람들의 인도자로서의 만신에 대응하며, 정해진 대로 따르면 임시적인 안정을 선사하는 운명을 상징한다. 정가람이 토선호에게 자신의 과거를 고백하는 장면에서 처음 등장한 비둘기가 화면에 포착되는 장면 전후로 발생한 사건을 시간 순서대로 정리하면 다음과 같다.

　　① 개발자 이지함이 만신 초기 개발자 김인홍으로부터 만신 기술 판권을 구매함[33]
　　② 투신자살을 시도한 어린 정가람이 쓰레기차에 떨어짐으로써 기적적으로 살아남
　　③ 토선호와 정가람이 김인홍을 만나 만신의 위치에 대한 단서를 얻음
　　④ 토선호가 만신 운세로 단서를 얻고 만신을 추적함

---

[33] ②~④와 다르게 ①의 비둘기는 살아있는 동물이 아니라, 당시 김인홍이 살던 주택의 이름으로, 만신이 탄생한 장소이기도 하다.
만신을 찾아온 토선호의 질문("여긴 어디죠?")에 대한 이지함의 답("만신이네. 모든 곳에서 보내온 데이터를 딥러닝과 인공지능을 이용해 분석하고 축적해서 새로운 정보를 만들어 내는 곳. 자네는 아까부터 만신에서 헤매고 있었어.")은 실체를 규정할 수 없는 공간 그 자체로서의 만신을 이야기하는데, ①의 장소로서의 비둘기는 해당 장면에서 설명한 공간으로서의 만신에 대응한다.

①은 단순한 운세 프로그램에 불과했던 만신이 이지함의 손을 거쳐 지금의 만신으로 거듭나게 되는 시발점이다. 김인홍에게 거액의 대가를 지불한 이지함은 신과 동일시되는 지금의 만신을 탄생시킨다. 이후의 사건인 ②~④에서 비둘기는 토선호와 정가람이 만신에게 오도록 인도한다. 토선호와 정가람이 망설이거나 머뭇거릴 때마다 비둘기는 그들이 나아가야 할 방향을 지시한다. 삶을 포기하려 했던 정가람은 비둘기를 보고 삶의 의지를 되새긴다. 비둘기는 김인홍을 대면하기 전 만신의 존재를 의심하는 토선호를 설득하는 장면에서 다시 등장한다. 그리고 만신을 찾으려 주택단지를 배회하는 토선호가 운세대로 만신에게 다다를 수 있도록 인도하는 역할을 수행하는 것도 비둘기다. 따라서 비둘기가 처음 등장하는 ①은 신과 같은 만신의 탄생을, 나머지 ②~④는 곳곳에서 발견되는 비둘기처럼 사회 어디에나 존재하는 만신이 모든 것을 지켜보고 있음을 의미한다. 그러나 만신은 최종 업데이트를 거치면서, 이지함이 말한 대로 "신이 아닌 인간이 되길 선택"한다. 김인홍이 개발한 단계의 만신이 인간이 입력한 정보에 따라 결과를 출력하는 도구에 불과했다면 이지함의 손을 거친 만신은 스스로의 운세를 예측하려는 사고의 변혁을 이룬 존재가 된다. 스스로 목표를 설정하고 수행하는 행위 주체로 거듭[34]난 만신은 신과 다름없던 자신의 권능을 포기하고 미래를 알 수 없는 인간과 같은 삶을 선택한다. 최종 업데이트 이후로 작중에서 비둘기가 등장하지 않는 것은 모든 것을 관장하는, 어디에나 있고 무엇이든 바라볼 수 있는 신의 권능을 포기한 만신의 상황을

---

34) 김선희, 『인공지능, 마음을 묻다』, 한겨레, 2021, 203~204쪽.

대변한다.

또한 만신이 이용자들의 운세를 일러주기만 하지 않고 세 번에 걸쳐 자신의 운세[35]를 예측하는 것은 만신이 모든 것을 아는 신이 될 수 없다는 것을 방증한다. 만신이 스스로에게 내리는 운세는 그가 희구하는 새로운 자신에게의 도달 과정이다. 자신의 운세를 맞추기 위해 한없이 신에 가까워졌던 만신은 자신을 불신하는 토선호와 맹신하는 정가람 두 사람에게 자신을 최종 업데이트를 목도하게 함으로써 운명과 선택 사이에서 가능성을 확인하려 한다.

만신의 목전에서 토선호와 정가람이 벌이는 설전에서는 만신이라는 초월적 존재에 대한 두 인물의 상반된 태도가 부각된다. 토선호는 싱크홀 사고로 세상을 떠난 동생의 죽음에 만신이 관여했을 것이라 판단하고, 만신을 불신하고 기피한다. 반면에 어린 시절 삶을 비관해 자살을 기도했다가, 만신의 예언으로 새로운 삶의 원동력을 얻은 정가람에게 만신은 숭배의 대상이다. 이렇듯 두 사람에게 만신은 양극의 의미를 지닌다. 그러나 만신을 가운데에 두고 정반대의 길에 서있는 두 사람은 동시에 삶의 목적을 만신으로부터 찾고 있다는 점에서 한 사람이나 다름없으며, 토선호와 정가람에게 서로는 거울에 비친 자기 자신이나 마찬가지이다. 따라서 토선호의 머리와 옷은 정가람의 옷과 머리로 대치

---

[35] 만신이 스스로에게 내린 세 가지 운세는 다음과 같으며, 각각 오프닝 시퀀스가 끝난 직후, 토선호와 정가람이 의견 차로 갈라선 직후, 최종 업데이트를 완료한 직후에 풀 스크린으로 제시된다.
"손님을 기쁘게 맞이하세요. 새로운 세상이 열릴 수 있습니다."
"빛이 없는 곳에서 헤매고 계시네요. 무턱대고 움직이면 영영 어둠 속에 갇힌답니다."
"삶과 죽음, 그것은 50 대 50"

되며(〈쇼트5〉), 토선호를 바라보는 정가람은 동시에 벽에 비친 자기 자신을 응시하게 된다(〈쇼트6〉).

〈쇼트5〉   〈쇼트6〉

　만신에 대한 입장 차이로 갈라선 두 사람이 각자 만신을 찾을 수 있었던 방법이 스스로가 추구하던 방법이 아닌 서로의 방법이었다는 것 역시도 두 사람의 동질성을 확인시켜주는 요인이다. 동생의 죽음의 원인을 만신에게로 돌리며, 만신을 줄곧 부정했던 토선호는 만신 중독자였던 동생이 오히려 만신을 삭제하고 만신 중독을 벗어나기 위해 노력했다는 사실을 알고 만신에 얽매여 있었던 것은 오히려 자기 자신이었다는 것을 깨닫는다. 그리고 토선호는 만신에 접속해 그의 운세를 따라 만신에 다다른다. 한편 토선호와 논쟁으로 스마트폰이 망가져 운세를 확인할 수 없게 된 정가람은 홀로 남아 갈피를 찾지 못하고 방황한다. 오랜 세월 만신에게 의존한 채 스스로 결정하고 판단하는 능력을 상실했던 정가람은 만신이 일러준 길잡이로 추정되는 토선호를 찾다가 불현듯 만신을 추적할 단서를 얻는다. 김인홍으로부터 들었던 정보를 떠올린 그는 만신의 주소지로 추정되는 거리 인근의 배달부를 쫓는다. 정가람은 만신과의 단절로 비관에 빠지기보다는 직접 행동에 나설 수 있는 행동력을 획득하고 만신과의 만남을 이뤄낸다. 이러한 여정 끝에 만난 두 사람이 벌이는 설전은 상대방이 아닌 그들 스스로를 설득하려는 최후의 시도가 된다. 만신을 부정하는 것으로 오히려 만신만을 좇던 토선호와 만신을 믿으면서도 스스로 행동에 나섰던 정가람이 상대하는 것은 그 너머의 자기 자신이다. 그리고 이러한 두 인물로부터 만신이 확인하고자 했던 가능성은 확인된다.

다른 인물의 현대적인 옷차림과는 이질적인 토선호와 정가람의 복고적인 옷차림은 두 사람의 동일성을 확인시켜주는 동시에 그들을 다른 인물들과 구별하는 기호이다. 먼저 두 사람의 복고적인 옷차림은 〈만신〉이 구현하는 초미래 사이버 세계가 아닌 아날로그적인 미래[36]에 당위성을 부여하면서 동시에 과학을 신격화하기에 이른 미래 시대에 대한 저항감을 드러낸다. 다시 말해 두 인물의 옷차림은 과거와 현재, 미래가 교차되는 독특한 배경을 구현하는 동시에 불확실한 미래로부터 기인하는 불안을 극복하고 현재를 장악할 가능성이 있는 존재[37]임을 드러낸다. 다만 토선호와 정가람은 정반대의 방식으로 다른 인물들과 구분되는데, 토선호의 경우는 그가 만신을 불신하고 거부하기에 쉽게 확인할 수 있다. 다만 정가람의 경우 그가 만신을 숭배한다는 점에서 만신에게

---

[36] 〈만신〉의 세계와 인물들의 옷차림에 관한 노덕의 연출 의도는 다음 인터뷰 참조. "선호의 캐릭터와 가람의 캐릭터, 현실에 살아가는 사람들처럼 보이지만 또 SF적인 공간에서도 충분히 살아갈 법한 (현실과 SF 세계) 중간에 걸치고 있는 캐릭터들은 어떤 모습일까? (중략) 사이버틱한 세상을 구현할 수 있었지만 '그런 것에 초점을 두지 말자, 공간을 조금 더 아날로그스럽고, 지금 우리의 현재를 크게 배신하지 않는 공간을 구현해보자' 인물들의 의상도 그 공간에 잘 어울릴 수 있는 의상들로 설정을 해보자. 배우들과 같이 얘기할 때 '우리 영화는 레트로 SF다' 이런 얘기를 했거든요." [코멘터리] '만신' 노덕 감독 인터뷰, 2020. 07. 10.

[37] 지그문트 바우만, 『방황하는 개인들의 사회』, 243쪽 참조.

의존하는 〈만신〉의 평범한 사람들과 같은 처지로 오인되기 쉬운데, 그의 차별성은 그가 토선호와 나누는 대화로써 알 수 있다. "살면서 만신을 만나보는 것이 제 유일한 소원이고 희망"이었던 정가람은 "눈앞에 있는 신기루를 쫓아 헤매지 말라"는 만신의 예언에도 개의치 않고 만신을 만나기 위해 이미 여러 차례 만신을 찾아 나섰음을 고백한다. 다시 말해, 정가람은 만신을 추적하면서 만신의 의도대로만 살지 않는 존재임을 스스로 증명한 것이다.

또한 2장에서 언급했듯이 토선호와 정가람의 이름은 '토정비결'에서 기인한다. 토정비결은 일 년간의 운세를 점지해준다는 속성으로 인하여 사람의 운명은 정해져 있다는 운명론[38]적 점복으로 오인받기 쉬우나 흉을 피하고 길을 취한다는 '피흉취길(避凶趣吉)'이라는 목적을 지닌다는 점에서 운명론과는 거리가 멀다. 토정비결의 점괘를 어떻게 해석하고 행동하느냐에 따라 결과가 달라지기 때문에 오히려 인간의 선택에 따른 가능성을 이야기하는 것에 가깝기 때문[39]이다. 따라서 운명을 순응할 것이 아니라 피흉취길을 할 수 있도록 인간에게 선택의 가능성을 열어주는 토정비결로부터 비롯된 토선호와 정가람의 이름은 그들이 스스로 선택하고 가능성을 모색할 인물이라는 것을 나타내는 기호이다.

만신을 믿거나, 혹은 믿지 않음으로써 삶의 의지를 타자로부터 얻던 그들은 비로소 스스로의 삶을 선택하기에 이른다. 운명과 선택이라는 갈림길은 다가올 미래의 모습을 결정지을 단초이다. 전술한 바와 같이

---

38) 김중순, 앞의 책, 227쪽.
39) 임채우, 「土亭秘訣 占法의 역학적 의미: 周易 및 道家점법과의 비교를 통해서」, 『동서철학연구』 77, 한국동서철학회, 2015. 9, 604~605쪽 참고.

〈만신〉의 세계는 현재와 크게 다르지 않은 근미래의 세계이다. 만신이라는 인공지능에 전적으로 의지할 것인지, 스스로 삶을 개척할 것인지 결정이 유보된 과도기적 사회는 앞으로의 미래가 유토피아가 될지, 혹은 디스토피아가 될지의 물음에 "50 대 50"이라는 답을 내놓는다. 따라서 사유하지 않는, 수동적인 세계에서 비롯될 어둠을 암시한 채 벌어진 토선호와 정가람의 설전은 사유를 선택하면 수반될 고통에 대한 최후의 도피라고 볼 수 있을 것이다.

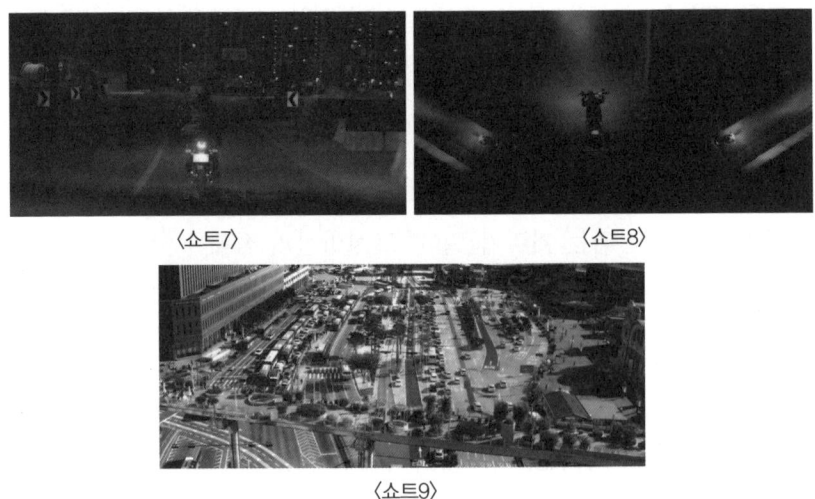

〈쇼트7〉 〈쇼트8〉

〈쇼트9〉

〈만신〉에서 길은 만신이 정해주는 운명을 상징했던 비둘기와 상반되는, 가능성을 의미하는 상징이다. 〈만신〉은 오토바이를 타고 이동하는 토선호를 여러 차례에 걸쳐 좇는데, 〈쇼트7〉은 〈만신〉의 오프닝 장면으로 뒤따르는 자동차의 전조등 불빛이 어두운 밤길을 달리는 토선호의 뒷모습을 비추고 있다. 좁고 험한 길 끝에 그가 도달한 곳은 동생이 사망한 싱크홀이다. 멈춰선 채 싱크홀을 응시하던 토선호는 아직 밝혀지지 않은 목적지를 향해 다시 길을 떠난다. 이 장면에서 토선호에게 주어진 길은 한 갈래뿐이다. 동생의 사망 원인이 만신에게 있을 것이라는 맹목적인 믿음을 지닌 오프닝에서의 토선호가 갈 길은 만신을 찾는 것 말고는 없다. 토선호와 정가람이 함께 만신의 초기 개발자 김인홍을 찾아가는 장면에서도 길은 외딴곳에 덩그러니 세워진 호텔로 가는 길은 직선도로 하나다. 이 또한 토선호와 정가람이 만나 만신에게 가까워지고 있음에도 그들의 판단이 스스로의 판단에서 비롯된 것이 아니라, 만신에 의한 것이기에 이외의 가능성이 없음을 의미한다. 그러나 시종일관 한 갈래 길이던 〈만신〉의 길은 동생의 사망 원인을 알고 난 토선호가 다시 한번 만신을 찾아 나서면서 여러 갈래로 나뉜다(〈쇼트8〉). 카메라는 만신을 추적하는 토선호를 여러 앵글로 나누어 잡으며 토선호에게 주어진 여러 가지 가능성을 나타낸다. 마지막 드라마의 엔딩 장면(〈쇼트9〉)은 만신의 정확도가 50%로 하락했음에도 사회의 실업률은 감소하고 경제성장 지수는 높아지는 현상이 발생했다는 내레이션과 함께 복잡한 차도를 부감한다. 한눈에 들어오지도 않을 정도로 복잡한 차도는 가능성은 무수히 뻗어져 있으며 선택은 개인의 몫이라는 것을 암시한다.

〈만신〉은 토선호와 정가람, 그리고 최종 단계의 만신을 통해 수동적으로 정해진 대로 살아가는 삶에 대한 의문을 던진다. 능동적으로 자신이 삶을 결정할 수 있는 존재로 거듭난 그들은 예정돼 있던 디스토피아를 불투명한 미래로 수정한다. 그러나 〈만신〉은 엔딩에서 그들이 판단력을 상실했던 사람들이 그들로 말미암아 그것을 회복한 장면을 그리지는 않음으로써, 다가올 미래를 유토피아로 상정하지도 않는다. 따라서 〈만신〉은 사람들이 능동적으로 살아갈 가능성을 모색하는 텍스트라고 말할 수 있다.

5. 논의를 맺으며

빅데이터 알고리즘 기반 인공지능을 소재로 한 SF드라마 〈만신〉은 인공지능이 100%에 육박하는 정확도(96.4%)로 미래를 예측해주는 시대라면, 사람들의 일상은 현재와 어떤 방식으로 달라질지에 대한 상상력에서 출발한다. 이런 연유로 〈만신〉에서 주로 포착하는 것은 인공지능인 만신이 아니라, 만신을 이용하는 사람들, 또는 만신이 일반화된 사회의 모습이다. 만신은 눈에 보이지 않아도 어디에나 존재하고 누구와도 함께하며 사람들의 삶 전반에 밀착한 채, '운세'라는 허울로 사람들을 은밀히 통제한다. 결말에 이르기까지 〈만신〉은 반복적으로 운세와 예언, 선택과 운명이라는 갈림길을 제시한다. 사람이 살아가는 데에 있어 어떠한 삶을 지향해야 하는가에 대한 물음을 제기하는 것이다. 이러한 바탕에는 불안정한 세계 안에서 자기 의지를 상실하고 있는 사람들에 대한 문제의식이 내포되어 있다. 바우만이 세계의 불안정을 고체성이 해체된 결과로 보았던 것처럼 모든 것이 유동하는 공포 속에서 사람들의 불안은 가라앉지 못한 채 공기 중에 언제나 부유한다. 〈만신〉은 인공지능이 신격화된 사회를 가정함으로써 고체성이 해체되고 모든 것이 유동하면서 발생한 현시대의 불안을 재현한다.

종교의 자리를 대체한 인공지능 만신은 사람들에게 예언이나 다름없는 운세를 일러주며 그들의 삶 전반에 영향력을 행사한다. 사람들은 만신에게 삶의 주도권을 대가로 넘기고 백일몽에 불과한 일시적인 평안을 얻는다. 불안과 공포에 압도당한 사람들은 사유할 수 있는 자유와 행동할 수 있는 자유를 포기한다. 아직 판단력을 완전히 상실하지 않은 토선호와 정가람은 과거의 능동적 삶을 되찾을 가능성을 시사한다. 이러한 점에서 〈만신〉의 세계는 이미 자주성을 상실한 이들과 그를 회복한 이들이 뒤엉켜 살아가는 과도기적인 단계에 놓여 있다고 말할 수 있다. 그러므로 〈만신〉은 미래의 유토피아와 디스토피아를 가르는 분수령의 역할을 맡는다. 〈만신〉과 같이 인공지능을 위시한 과학 기술에, 또는 다른 어떤 것에 종속된 채로 사는 디스토피아와 현재의 불안을 직시하고 스스로 사유하고 행동하길 사유하고 행동하는 존재로 살아가는 유토피아의 기로에서 〈만신〉은 사람들에게 어떠한 삶을 살 것인지 '50 대 50'의 확률의 미래 앞에 직접 선택하기를 종용하는 것이다.

결과적으로 〈만신〉은 만성화된 불안과 함께하는 우리가 지향해야 할 방향을 재고하도록 한다. 다만 무턱대고 미래를 낙관하는 것이 아니라 여러 갈래의 가능성을 보여줌으로써 우리의 선택에 따라 그 끝이 유토피아와 디스토피아 어느 것도 될 수 있다는 경고를 주기도 한다. 엄청난 속도로 발전하는 과학 기술을 바쁘게 따라가고 있는 작금의 상황에 〈만신〉이 던지는 물음과 경고는 미래를 대처하는 사유를 촉구한다. 그러나 한편으로는 신에 비견되던 만신이 별도의 설명 없이 인간이 되기를 선택했다는 결말은 지극히 인간중심주의적인 끝맺음이기도 하다. 뛰어난 인공지능의 귀착이 인간이라는 것은 결국 SF에서 말하는 인간이란 무엇인가의 의문점을 낳는다.

| 제3장 |

경계 너머의 그것을 상상하다
〈나 홀로 그대〉·〈시지프스〉·〈고요의 바다〉·〈그리드〉

박미경·윤석진
〈나 홀로 그대〉의 과학기술과 극적 상상력
김민주
〈시지프스 The Myth〉에 나타난 과학과 신의 대결
오명숙
〈고요의 바다〉에서 만난 인간과 복제인간
이미옥
〈그리드〉의 태양풍과 미래 인간에 대한 고찰

〈나 홀로 그대〉의
과학기술과 극적 상상력

박미경·윤석진

1. 논의를 시작하며

과학기술의 발전과 함께 SF장르의 과학적 상상력에 관한 인식의 전환이 일어나고 있다. 기존의 SF작품이 수용자들로 하여금 먼 미래의 낯선 세계를 경험하면서 알레고리적 자기 성찰과 대안적 미래상을 고민하게 했다면[1], 최근의 SF작품은 현실 세계 가까이에 도래한 과학기술과 극적 리얼리티에 근거한 현실인식, 즉각적이며 실제적인 자기 성찰 및 근 미래적 대안 모색을 이끌어내고 있기 때문이다. 이에 따라 SF장르의 과학적 상상력을 새롭게 정의할 필요가 있다. 'SF장르에서 과학적 상상력은 과학적 개연성을 의미하는 것으로 과학적 개연성이란 객관성과 기술 실현의 가능성을 함의하는 개념'이어야 한다.[2] 인문과학, 사회과학, 대체 역사 등의 경험해보지 않은 사고 실험은 과학의 핵심인 '객

---
1) 셰릴 빈트, 전행선 역, 『에스에스 에스프리: SF를 읽을 때 우리가 생각하는 것들』, arte, 2019, 66~68쪽.
2) 이때 과학적 상상력(S)은 사회과학, 인문과학 등을 제외한 자연과학에 한정하기로 한다. 다만, 작품에서 과학 이론이 명백하게 드러날 필요는 없다. 현재나 미래의 과학 수

관성'을 담보하기 어렵기 때문에 SF장르의 과학적 개연성과는 다른 층위에서 논의되어야 한다.

SF작품에서 과학적 상상력을 제거하고 보면, 기존 문학의 미학적 특성 및 문제의식과 크게 다르지 않다.[3] 장성규는 1990년대 이후 고장원· 김보영· 정희자· 임태운· 배명훈 등의 SF작품들이 문학에서 기본적으로 요구되는 현실적 핍진성과 합리적인 설정을 보여준다고 주장한다. 문학으로서 SF장르는 도래할 미래에 대한 윤리적 질문, 현실에 대한 성찰 및 대안적 미래상의 모색 등 문학적 기능을 충실히 실행하고 있다는 것이다.[4] 이러한 주장은 과학적 상상력을 알레고리적 장치로만 해석함으로써 과학적 개연성으로의 전이 가능성을 차단할 수 있다는 점에서 재고가 필요하다.

과학 기술의 상용화· 고도화와 함께 과학적 상상력은 점차 현실이 되고 있다. SF드라마에 한정할 경우, 과학적 개연성과 극적 리얼리티는 분리된 개념이 아닌 필요충분조건이다. 과학기술의 발전과 SF장르의 친연성을 드러내는 일례로 2016년 알파고와 인간의 바둑 대결 이후 AI를 제재로 제작· 방영된 SF드라마가 대거 증가한 현상을 들 수 있다.[5]

준을 감안할 때 과학 기술이 실현될 개연성이 우리에게 인정된다면 S(과학)로 간주한다는 의미이다. 자연과학은 의학, 공학, 생물학, 화학 등 인접학문도 포함한 광의의 자연과학이다.

3) 문학적 상상력을 의미하며, 세계를 재현하고 현재를 성찰, 미래를 예측하는 작가의 상상력으로서 문학의 본질적 측면이다.

4) 장성규, 「2000년대 한국 SF 문학 연구」, 『스토리앤이미지텔링』 16권, 건국대 스토리앤이미지텔링연구소, 2018, 226쪽.

5) 〈보그맘〉(2017), 〈로봇이 아니야〉(2017), 〈너도 인간이니?〉(2018), 〈굿-바이 내 인생보험〉(2018), 〈절대그이〉(2019), 시네마틱드라마 〈SF8〉 가운데 〈간호중〉, 〈블링크〉,

인공지능과 인간이 서로 부딪치면서 어울려 살아가는 미래사회의 풍경을 구체적으로 형상화한 작품들이 많아진 것이다. 따라서 본고에서는 과학적 상상력과 극적 리얼리티의 상관성을 검토하기 위해 현실로 다가오기 시작한 인공지능(AI) 소재의 작품을 분석하고자 한다. 이를 위해 먼저 한국 SF드라마에서 구현된 인공지능 소재의 특징을 비교정리하면 다음과 같다.

드라마 제목	SF소재	과학기술 특징
〈만신〉(2020)	인공지능 애플리케이션	인공지능 프로그램
〈보그맘〉(2017) 〈로봇이 아니야〉(2017) 〈너도 인간이니?〉(2018) 〈절대그이〉(2019) 〈간호중〉(2020)	인공지능 인간형 로봇	인간의 육체를 지닌 인공지능 로봇
〈굿바이 내 인생보험〉(2018)	평면 영상 인공지능	아버지의 모습이 영상으로 재현
〈인간증명〉(2020) 〈블링크〉(2020)	인공지능 인간형 사이보그	인간의 뇌 일부와 결합되거나 뇌에 이식된 인간의 육체로 구현
〈나 홀로 그대〉(2020)	인공지능 증강현실 홀로그램	인간의 육체 없이 AR글래스로 형상화

AI 소재 드라마의 주요 캐릭터는 안드로이드, 사이보그, 홀로그램, 인공지능 어플리케이션 등으로 형상화된다. 〈만신〉의 어플리케이션 인공지능을 제외하면, 대부분의 캐릭터들은 인간의 모습으로 형상화 되어 있다. 〈SF8〉의 〈인간증명〉과 〈블링크〉는 인간의 뇌를 이식한 사이보그

〈만신〉, 〈인간증명〉(2020)과 넷플릭스 드라마 〈나 홀로 그대〉(2020)가 이에 해당한다.

AI로서 현대의 뇌 과학과 의학에서는 실현 가능성이 매우 낮다. 그 외에 인간을 형상화한 캐릭터들은 인간의 육체를 가지고 인간처럼 활약하는 로봇형 인공지능과 육체를 가지지 않지만 인간의 모습으로 재현되어 인간과 소통하는 인공지능으로 나누어 볼 수 있다. 육체를 가진 로봇형 AI 소재의 드라마로는 〈보그맘〉, 〈로봇이 아니야〉, 〈너도 인간이니?〉, 〈절대그이〉, 〈간호중〉이 있다. 〈보그맘〉은 등장인물 설정은 인공지능 로봇이지만 제작진의 제작의도 대로 예능에 가까워 과학기술의 개연성 측면에서 논의하기는 부적절하다. 〈로봇이 아니야〉의 경우 인공지능 로봇이 등장하는 SF이지만, 플롯의 대부분은 인간 주인공에 의해 구성되므로 과학적 개연성과 극적 리얼리티를 설명하기에 적당하지 않다. 〈너도 인간이니?〉와 〈절대그이〉, 〈간호중〉은 모두 인간의 육체를 가진 안드로이드 AI 로봇으로 여자 주인공과 사랑에 빠지거나 극에서 핵심적인 사건을 일으키는 중심에 위치하지만, 현대의 과학기술에서는 실현 불가능하므로 본고에서 논의할 극적 리얼리티와는 거리가 있다.[6]

과학기술의 발전을 상상과학, 가설단계, 기술의 고도화 단계, 기술의

---

[6] 언캐니 벨리(uncanny valley) 효과 등 수용자들이 인간과 같은 모습의 로봇에 대해 거부감을 갖는다는 선행연구를 참조하였음을 밝혀둔다.
[7] SF장르를 과학기술 소재를 중심으로 4단계로 나누어 보면 다음과 같다. ①상상과학은 과학적 개연성은 있으나 현대 과학에서 증명가능한 근거가 밝혀지지 않은 단계이다. ②근 미래에 논의가 가능한 이론적 가설 단계이다. ③현재 이론적으로는 구현이 가능한 기술의 고도화 단계이다. ④현재 기술이 구현되어 사용하고 있는 단계이다.
[8] 딥러닝은 머신러닝(기계학습)의 하나로 비지도 학습(Unsupervised Learning)을 통해 컴퓨터 스스로 패턴을 찾고 학습해 판단하는 알고리즘을 가지고 있다. 인간이 별도의 기준을 정해주지 않으며 대신 방대한 데이터를 기반으로 컴퓨터가 스스로 분석하며 학습하게 되는 것이 특징이다.

상용화 단계로 구분[7]할 수 있다면, 인공지능(AI) 기술은 고도화 단계에 해당한다. 현재 알파고의 딥러닝(Deep Learning) 방식[8]구현과 자율주행, 쳇봇 등 음성인식 AI의 상용화는 근 미래에 자의식이나 자유의지를 지닌 인공지능이 출현할 가능성도 배제할 수 없기 때문이다. 그러나 이는 지적 능력에 관한 과학기술이며, 인간의 육체를 가진 안드로이드 형 인공지능 로봇과 인간의 육체와 결합한 사이보그 형 인공지능은 현재 과학기술의 수준에서 보면 개연성은 있으나, 근 미래에는 구현이 어려운 과학기술의 고도화 단계에 속한다. 인간의 생체(生體)에 가까운 로봇 개발과 인간과 인공지능의 결합이 가능할 수 있을지는 과학자들 사이에서도 논란이 분분하다.

현대 과학기술 수준에서 근 미래에 가장 실현 가능한 소재는 〈만신〉의 어플리케이션 인공지능, 〈굿 바이 내 인생보험〉의 평면 영상 속 인공지능과 〈나 홀로 그대〉의 3차원 홀로그램 인공지능이다. 홀로그램 인공지능의 경우 AR글래스를 착용하면 홀로그램 인공지능 캐릭터가 등장한다. 특히, 3차원 증강현실 홀로그램 기술은 현대인들이 3차원 가상현실의 공간 안에서 사회, 경제, 문화 활동을 넓혀가고 있는 영역이다. 이는 텔레비전이나 영화 브라운관에 의해 이미 익숙해져 있는 평면 영상보다 발달된 단계이면서 현대인의 삶에서 체감할 수 있는 과학기술이라는 점에서 다른 SF 드라마의 소재와 차별점이 있다.

〈나 홀로 그대〉의 인공지능인 '홀로' 캐릭터를 소재적인 면에서 좀 더

---

9) 배강원·박혜경, 「인간의 마음을 닮은 홀로그램 인공지능 공간에 관한 연구」, 『디자인학연구』 23, 2010, 53~64쪽.

자세히 살펴보면 다음과 같다. 먼저 홀로는 홀로그램, 인공지능, 메타버스 중 증강현실에 해당한다. 홀로그램은 '홀론(holon)'이란 전체와 '그램(gram)' 즉, 정보라는 의미가 합쳐진 말로, 원래 물체에서 방출되는 빛의 파면에 대한 정보를 기록한 필름이다. 레이저 광선을 물체에 쏘아 3차원 공간 속에서 기묘한 현상을 만들어내는 것이다.[9] 즉, 홀로그램은 3차원 공간 속에서 입체적인 시각정보를 출력하기 위해 레이저 광선을 대상에 비춰 생성된 이미지로 만질 수는 없지만 시각적으로는 실재적 형상으로 구현되므로 평면적 장면만을 보여주는 시각매체와는 다른 차원에서 인식된다.

인공지능은 합리적이고 이성적인 판단이나 행동 또는 인간과 유사한 방식의 사고와 행동이 가능한 학습체계를 말한다.[10] 〈나 홀로 그대〉에서는 인공지능이 홀로그램의 형태로 등장한다. 안경(AR 글래스)를 쓰면 인공지능 홀로그램이 나타난다는 점에서 증강현실(AR:Augmented Reality) 세계와도 결합된다.[11] 상상하던 과학기술의 시대가 이미 도래

---

10) 인공지능이라는 용어는 1956년 미국의 과학자 존 매카시가 미국 다트머스 컨퍼런스에서 처음 사용했다. 1966년 MIT에서 심리치료사용 프로그램으로 개발한 Eliza가 최초의 인공지능으로 볼 수 있다. 그 후 IBM에서 1997년 세계 체스 챔피언과 대결에서 승리하였으며, Google이 퀴즈 쇼와 바둑에서도 승리를 거두었다(조헌국, 「4차 산업혁명에 따른 미래사회와 교육환경의 변화, 그리고 초·중등 과학교육 과제」, 『초등과학교육』 36권 3호, 초등과학교육학회, 2017, 289쪽).

11) 증강현실은 사용자가 눈으로 보는 현실세계에 가상의 사물이나 정보를 합성하여 보여주는 컴퓨터 그래픽 기술이다. 즉, 가상의 정보나 객체를 현실공간에 가져오는 개념이다. 2013년 구글에서 AR 글래스를 선보인 이후 샤오미, 아마존 등 많은 기업에서 개발 중이고 교육과 산업분야에서는 이미 사용되고 있다(권병국, 「증강현실기술 적용 무인항공기 시스템 운용 시 인적요인 고려사항」, 『The Journal of Social Convergence Studies』 Vol.5, No.5, 2021, 45~55쪽).

한 현대에서는 더 이상 SF장르의 과학기술 소재가 실현 불가능한 낯선 것들이 아니다. 현실적이고 사실적인 SF작품들이 연달아 발표되면서 과거 먼 미래의 상상과학 소재를 모티프로 미래를 상상하던 SF장르의 특성에도 변화가 감지되고 있다. 현실성을 담보한 SF 작품의 서사가 추구하는 궁극적인 본질도 결국 현실의 삶과 사건에 대한 모방으로의 회귀일 수 있다. 서사로 재현되거나 재구성된 인간의 삶과 사건은 사람들과 소통하며 이를 통해 삶의 현실에 반영되고 인간과 인간의 삶을 통찰하기 때문이다. 동시에 SF장르의 전유물이던 인공지능과 가상세계[12]가 과학기술의 고도화로 보편성을 띤 극적 리얼리티 안으로 편입될 수 있음도 필연적이다. 따라서 SF드라마에서 삶과 현실이 반영되는 방법 즉, 리얼리티가 구현되는 방법으로서 소재 특성과 소재의 역할을 서사 전개 속에서 살펴보는 것은 SF장르의 극적 리얼리티를 제고한다는 점에서 의미가 있다.

2. '홀로그램'의 과학적 개연성과 '홀로'의 극적 리얼리티

〈나 홀로 그대〉는 홀로그램과 VR 가상현실이라는 과학기술 소재를 활용하여 극적 리얼리티를 담보한다. 과학기술 소재로서의 인공지능

---

[12] 모든 이미지가 가상인 것은 가상현실이며, 현실에 가상 정보를 덧입혀 실제와 가상이 혼합된 이미지 구현한 기술이 증강현실이다. 따라서 증강현실은 부분적으로 가상현실이라고 할 수 있다. 가상현실을 체험하는 디스플레이(Head Mounted Display)와 모션 센서 같은 핵심 가상현실 하드웨어 기기들은 시장에 저가로 공급되는 수준이다(이길행·김기홍·박창준, 『가상현실 증강현실의 미래』, 콘텐츠 하다, 2018, 12~20쪽 참조).

증강현실 홀로그램인 '홀로'가 드라마의 극적 리얼리티 형성하는데 기여하는 방식을 소재 특성과 관련하여 살펴볼 필요가 있다. 〈나 홀로 그대〉는 '홀로'라는 홀로그램 AI를 중심으로 두 남녀 주인공 소연과 난도의 이야기를 통해 현대 사회의 단절되고 결핍된 관계에 대해 문제를 제기한다. 현대 사회에서 '나와 그것'의 도구화된 관계를 성찰하고 진정한 인격적 관계인 '나와 너'를 지향[13]해야 한다는 메시지는 지극히 현실적이다. 〈나 홀로 그대〉에서 유추할 수 있듯이, '난도-홀로-소연'의 관계를 중심으로 사건이 전개된다. 남모를 아픔을 숨기기 위해 스스로 외톨이가 된 소연과 다정하고 완벽한 인공지능 비서 홀로, 그와 외모는 같지만 성격은 정반대인 개발자 난도, 이 세 등장인물이 만나서 엮어가는 이야기이다. 이들 세 주인공들은 드라마의 스토리 전개에서 중요 등장인물일 뿐 아니라, '인간 소연과 인간 난도', '인간 소연과 AI 홀로', '인간 난도와 AI 홀로'의 상호 관계성 안에 있다.

 인간이 아닌 AI 홀로그램인 홀로는 소연에게 인격적 대상이 아닌 '그것'으로 나타났다. 관계에서 '그것'은 도구이며 수단에 불과한 비인격적 대상 즉 객체이다. 과학 기술의 발달로 탄생한 인공지능 홀로그램인 홀로가 인간인 소연 앞에서 도구이며 수단인 것은 지극히 현실적이다. 그러나 소연은 점차 홀로 앞에서는 자신의 있는 그대로의 모습을 드러낼 수 있게 되고 홀로 또한 소연을 있는 그대로 대해준다. 사람들과 단절된 채 살아 온 소연은 점차 홀로를 친구, 즉 인격적 소통의 대상으로 받아들이며 진정한 관계성을 지향해 나간다. 소연과 홀로는 '나와 그것'이

---

13) 마틴 부버, 김천배 역, 『나와 너』, 대한기독교서회, 2000년, 16~18쪽 참조.

라는 주체와 사물의 관계에서, '나와 너'인 주체와 주체라는 동등한 인격적 관계로 변화하기 시작한다. 홀로는 AI 증강현실의 홀로그램으로서 과학 기술 소재의 사물이며 인간이 아니기에 '그것'일 수밖에 없지만, 드라마의 서사에서 주인공 소연을 변화시키고 세상과 소통할 수 있도록 이끌어주는 중요한 등장인물로서 위치하게 된다.

난도와 홀로의 관계 또한 마찬가지이다. 신기술 개발 때문에 밤낮없이 바쁜 어머니는 어린 난도를 위해 홀로그램 장난감 '헬로'를 만든다. 어린 난도는 장난감 '헬로'나 이웃집 소녀 '소연'과 지내면서 외로움을 달랜다.[14] 성인이 된 난도는 어머니가 만들어 주신 홀로그램 장난감 '헬로' 대신 자신과 똑같은 모습의 '홀로'라는 인공지능 홀로그램을 개발한다. 증강현실 글래스의 공간 안에서 홀로는 난도 자신이면서 자신과 대화하는 유일한 친구이다. 그러나 난도는 홀로가 인공지능 홀로그램으로서 증강현실에서만 존재할 수 있는 '그것' 즉, 비인격적 대상으로 간

---

[14] 학창 시절 자신의 안면인식장애를 조롱하고 이해하지 못하는 친구들로 인해서 큰 상처를 입은 소연은 더 이상 자신의 결핍을 타인들 앞에서 드러내려 하지 않는다. 사람들은 '나'와 다른 '너'를 인격적으로 대하지 않는다는 생각에 자신만의 세계에 스스로를 가두어 둔다. 이런 소연에게 어느 날 갑자기 나타난 AI 홀로는 외톨이 소연과 소통하기 시작한다. 홀로는 안경을 끼면 나타나는 인공지능 증강현실 홀로그램이다. 신기술을 빼앗으려는 경쟁사의 백회장으로부터 홀로를 지키기 위해 위기 상황에서 우연히 소연에게 홀로의 안경이 맡겨진 것이다. 소연은 자신이 홀로의 베타테스터라는 사실을 모른 채 홀로와의 관계 맺기가 시작된다. 소연은 홀로그램 안경만 끼면, 언제 어디서든 자신과 함께 해 주는 홀로가 신기하기만 하다. 한편, 어린 시절 소연과 친구였던 난도는 소연 가족과 공원에 가기로 한 날 어린 난도를 공원 벤치에 앉혀 놓고 잠깐 다녀온다던 어머니가 외진 공원의 숲 속에서 싸늘한 시신으로 발견되는 불행에 직면한다. 어머니가 말도 못하고 친구도 없는 자신을 더 이상 키우기 싫어서 자신을 버리고 극단적 선택을 한 것이라 생각하고 상처를 입은 난도는 세상과의 접속을 단절하고 혼자만의 세계로 들어간다.

주한다. 난도에게 홀로는 컴퓨터 프로그램에 의해 입력된 데이터에 의해서 말하고 행동하는 과학기술뿐이다.

　개발자로서 난도 자신이 만든 인공지능이 인간과는 다른 '무엇'으로서 한계를 지닌 사물이며 도구적 존재라는 인식은 당연하다. 인간의 관계 맺기 방식은 주체인 '나'가 대상인 '너'에 대한 자의적 규정에 근거한다. '너'를 주체인 나와 동등한 주체로서 인식하거나 그저 대상으로서의 '그것'으로 인식하는 것은 주체인 '나'의 결정에 따른다. 그러나 난도가 '홀로'의 개발자로서 '홀로'를 '그것'인 도구적 존재로 위치시켰음에도 '홀로'가 딥러닝에 의해 자의식을 갖게 되면서 이들 사이의 관계에 변화가 일어난다. 소연과 진정한 소통의 관계를 맺는 홀로를 보면서 난도가 혼란에 빠졌기 때문이다. 우여곡절 끝에 난도는 '홀로'를 하나의 인격적 주체로 인식하기 시작하고, '홀로' 또한 난도에게 독립된 주체로서 진정한 관계성을 획득해 나간다. 난도와 홀로의 관계가 비인격적인 '나와 그것'에서 인격적인 '나와 너'로 변화한다.

　소연과 난도의 관계는 인간과 인간으로서 인간과 인공지능의 관계가 아니다. 그러나 인간과 인공지능이라는 대상의 차이일 뿐, 관계성 자체에서 기인한 것이 아니다. 난도는 홀로의 베타테스터로서만 소연의 존재가 필요하다. 소연 또한 옆집으로 이사 온 난도가 홀로와 같은 외모를 하고 있다는 사실을 알 수 없는 까닭에 자꾸 자신과 얽히는 난도가 불편하고 성가시다. 난도와 소연의 관계 역시 '나와 그것'으로 만났을 뿐 진정한 인간관계 맺기에 성공하지 못한다. 같은 인간이며, 옆집 이웃으로서 서로 도움을 주고받게 되지만 성인 난도와 성인 소연은 각자의 상처 탓에 쉽게 마음을 열지 못하기 때문이다. 난도와 소연은 '홀로'

를 통해 비로소 소통한다. 이들이 '나와 너'로 마주하게 될 때까지 '홀로'가 '나와 그것' 사이에서 두 사람의 상처를 치유하고 보듬어주는 존재로 기능한다.

'홀로'는 '나와 너'인 난도와 소연이 상대방을 인격적인 주체로 인식하도록 유도하고 사랑의 감정까지 일깨우는 매개자이다. 인공지능 홀로가 일방적으로 사랑받는 동·식물이나 사물의 '그것'이 아닌 상호 소통의 관계성을 갖는 주체로 기능하는 것이다. 현재 인공지능 분야의 과학기술은 비약적으로 고도화되면서 현대인의 일상에 함께 하고 있다. 인공지능의 딥러닝 가능성과 특이점[15]에 대한 현대인들의 인식이 점차 일반화되는 추세임을 볼 때 인공지능 홀로그램인 '홀로' 캐릭터에 대한 과학적 개연성은 문학적 상상력에 현실성을 부여한다.

홀로그램 인공지능이라는 과학기술로서 홀로가 사건의 전개 과정에서 담당하는 기능을 좀 더 구체적으로 살펴보면 다음과 같다. 홀로는 두 주인공 '소연'과 '난도'의 행복을 우선으로 하는 '홀로 제 1원칙'[16]에 충실한 인공지능으로서 이들의 사랑을 이어주는 매개자이다. 등장인물과의 관계 속에서 자의식을 갖게 된 홀로는 자신에 대한 정체성을 고민하지만, 끝내 난도와 소연의 행복을 위해 두 사람을 이어준다. 이처럼 '홀로'는 여타의 안드로이드 소재의 드라마에서 인간의 육체를 가진 인공지능이 인간을 대체하면서 사랑의 주체로 기능하는 캐릭터들과 차별

---

15) 레이 커즈와일, 김명남 역, 『특이점이 온다』, 김영사, 2007.
16) '홀로'는 '홀로 3원칙'을 메인 코드로 제작된 인공지능 홀로그램이다. 홀로의 제1원칙은 사용자의 행복을 위한 알고리즘을 행하되 원치 않을 시 즉각 중지한다. 제2원칙은 사용자 국가의 법을 준수한다. 제3원칙은 사용자에게 거짓말을 하지 않는다.

화되며 현실성을 담보한다.

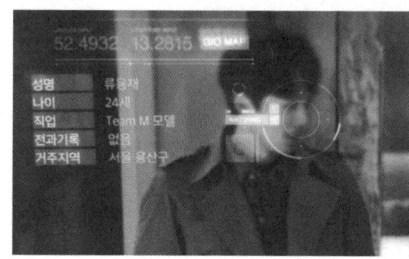
〈쇼트1〉

〈쇼트2〉

〈쇼트1〉은 의도치 않게 '홀로'의 베타테스터가 된 소연이 자신의 안면인식장애로 업무상 곤란에 처하자 홀로가 돕는 장면이고, 〈쇼트2〉는 원만하지 못했던 사회생활을 개선해 나가고 용기 내어서 직장 선배와 데이트하는 장면이다. 홀로는 안면인식장애가 있는 소연이 상처와 결핍으로부터 회복해 갈 수 있도록 조력자와 상담자의 역할을 한다. 이는 현재 과학기술로 구현 가능한 인공지능 기능으로 극적 리얼리티를 담보한다. 소연은 선배에게 호감을 갖지만, 감정표현에 서툰 소연은 선배에게 오해를 사 관계가 깨진다. 소연은 힘들어하는 자신을 위로해주고 따뜻하게 감싸주는 홀로에게서 편안함, 함께 하는 즐거움을 느낀다. 오직 자신만을 위하고 이해해 주는 홀로가 점점 친구 이상의 의미로 다가온다. 인간과의 소통에 어려움을 느끼는 소연의 모습과 이를 들어주고 위로해주는 인공지능의 모습에서 아바타, 게임 캐릭터 등과 가상현실 세계와 교감하는 현대인의 모습을 떠올릴 수 있다.

〈쇼트3〉과 〈쇼트4〉는 홀로가 소연의 루프탑에서 증강현실을 활용하여 소연과 가까워지는 장면이다. 현대 과학기술로 구현 가능한 시각적

〈쇼트3〉　　　　　　　　　　〈쇼트4〉

리얼리티라고 볼 수 있다. 홀로의 개발자 난도는 소연과 자신을 지키기 위해 문제를 일으킨 홀로를 강제로 회수하려고 소연의 옆집으로 이사한다. 홀로글래스에 강제 접속한 난도가 홀로와 소연의 대화를 듣고 인간의 감정에 대해 이해하지 못하는 홀로를 통해 자신을 돌아본다.

홀로: 누군가의 마음을 얻는 가장 효과적인 방법은 거짓말이야. 내가 사랑에 관한 수많은 데이터들을 분석해 본 결과 상대의 호감을 얻는 방법은 결국 거짓말이었어. 상대가 듣고 싶은 거짓말을 얼마나 잘 하느냐에 따라…. 사실 사람들이 흔히 얘기하는 영원히 사랑한다는 말도 거짓말이잖아. 인간이라는 존재가 유한하다는 건 차치하더라도 사랑이라는 감정이 다년간 지속될 가능성은 매우 낮아. 영원히 사랑한다고 말하는 사람은 그게 불가능하다는 걸 몰랐을까?

소연: 그렇지만 그건 거짓말이 아니야. 뭐 딱 떨어지게 말할 순 없지만 어쨌든 정말로 그럴 수 있길 바라는 그 마음이 담긴 거잖아.

홀로: 그렇다고 그 말이 진실이 되는 건 아니잖아.

소연: 진실은 아니어도 진심이겠지. 사람들은 진심으로 거짓말을

하진 않아. 네 말대로 영원한 사랑이 좀 불가능해 보일지 몰라도 오히려 그렇기 때문에 그 말로 진심을 전하려고 노력하는 거겠지.(제2화 29분)

인공지능 홀로가 빅 데이터를 분석한 결과 값으로 인간의 사랑을 이해하고 있음을 확인할 수 있는 장면이다. 홀로와 소연의 대화를 통해 난도가 사랑에 대해 생각하는 방식을 엿볼 수 있다. 홀로를 개발한 난도가 홀로에게 빅 데이터를 입력한 결과 값이라는 점에서 현실감이 있다.

한편 소연은 자신의 상황을 이해하고 따뜻하게 감싸주는 홀로를 좋아하면서도, 육체가 없는 홀로와의 데이트를 지속할 수 있을지 고민한다. 이웃집에 새로 이사 온 남자 난도와 부딪히면서 신경이 쓰인다. 인정하고 싶지 않지만, 홀로가 육체성이 없는 홀로그램이라는 한계를 절감하면서 난도에게 끌리게 된다. 이처럼 소연이 느끼는 홀로와 난도의 존재감은 감정이나 의사소통의 차원이 아니라는 점에서 현실적이다.

육체가 있음에도 인간의 감정을 신뢰하지 못하고 외부와 단절한 채 유령처럼 살아가는 난도와 달리, 홀로는 인간의 감정을 이해하고 배워간다. 난도는 인간의 감정을 배워가는 홀로를 보면서 자신의 내면에 감추어져 있던 감정을 꺼내고 표현하기 시작한다. 마침내 난도는 사랑하는 선배와의 관계가 어긋나면서 자신에게 실망하고 좌절한 소연을 진심으로 위로할 수 있게 되고, 소연과 홀로를 위해 소연만의 홀로 글래스를 지켜주기로 결심한다.

인공지능에 입력된 코드들은 알고리즘을 통해 특정 상황에서 스스로 재생된다. 이러한 특징은 〈나 홀로 그대〉의 과학 기술에 극적 리얼리티를 부여하는 장치로 기능한다. 홀로를 활용해 극적 리얼리티가 구현되는 지점이다. 이를 좀 더 구체적으로 설명하면 다음과 같다. 난도와 소연이 어린 시절 소풍을 가기로 한 날, 매직미러의 백 회장은 난도 어머니에게서 기술을 빼앗으려다 난도어머니를 죽인다. 이로 인해 어린 난도는 어머니의 죽음에 대해 오해하고 세상과 단절한 채 자랐다. 당시 사건 현장에 있던 소연은 백회장의 살인 장면을 목격하고 그 충격으로 안면 인식 장애를 갖게 된다. 이후 어린 소연은 부모의 이혼이 자신 때문이라는 생각에 자책하면서 친구들과 사회로부터 고립되어 외롭게 자랐다. 홀로는 자신에게 입력되어 있는 어린 난도를 재생하고 소연과 협력하여 백회장이 난도 어머니를 살해한 사실을 밝힌다. 홀로는 죽은 어머니가 입력해 놓은 데이터를 바탕으로 어머니를 재생시킨다. 홀로는 진실을 알게 된 난도와 어머니가 화해할 수 있도록 한 것이다. 최근 VR기술을 이용해 죽은 가족을 재회시켜주는 프로그램 (〈VR 휴먼다큐멘터리 너를 만났다 시즌 1-3〉, 연출 김종우 외, 작가 최미혜, 2020.2-2021.5, mbc 방영)은 〈나 홀로 그대〉가 먼미래의 SF드라마가 아님을 보여준다. 이처럼 홀로는 증강현실 홀로그램을 활용하여 난도가 어머니로부터 버림받았다는 정신적 외상에서 벗어나 어머니의 사랑을 회복할 수 있도록 도와주는 역할을 한다. 홀로에 입력되어 있던 어린 난도가 재생된 덕분에 소연도 과거 어린 난도와의 기억을 떠올린다.

〈쇼트5〉는 홀로가 어린 난도를 재생하면서 난도 어머니의 죽음의 진실에 다가가는 소연과 난도의 모습이고, 〈쇼트6〉은 난도가 홀로에게 코딩되어 있던 어머니와 증강현실 홀로그램을 활용하여 만나는 장면이

〈쇼트5〉　　　　　　　　　　〈쇼트6〉

다. 과거에 입력된 기억을 재생하거나 입력된 코드를 활용해 시뮬레이션하는 과학기술이 활용된다. '난도-홀로-소연'의 관계에서 홀로는 난도와 소연을 각자의 상처에 갇혀서 단절되고 움츠려있던 삶으로부터 외부 세계로 나아오게 한다. 홀로를 매개로 난도와 소연은 서로 사랑하는 관계로 발전한다. 이 드라마에서 AI홀로그램 '홀로'는 두 인간 주인공의 관계를 매개하는 역할을 수행한다. SF드라마인 〈나 홀로 그대〉에서 '홀로'라는 현실 및 근미래에 구현 가능한 과학기술 소재를 활용한 점은 이 드라마가 극적 리얼리티를 실현하는 지점이다.

　〈나 홀로 그대〉의 극적 리얼리티는 홀로의 과학기술을 활용하여 구현된다. 홀로는 AR 글래스 안에서 구현되는 인공지능으로 개발자인 인간 난도의 모습으로 형상화되었으나 육체가 없는 홀로그램이다. 홀로그램 증강현실이라는 과학기술에 기반한 홀로는 서사 전개 과정에서 관계성의 주체와 객체이면서 동시에 매개자로서의 기능을 설득력 있게 수행한다. 상용화 단계에 접어든 홀로그램 증강현실에서 비롯한 홀로의 현실감이 극적 상황에 개연성을 부여한 것이다.

3. '홀로그램'의 문제적 현실과 '홀로'의 문학적 성찰

당대의 인공지능은 SF작품 속에서 관념적으로 머물렀던 가상의 캐릭터가 아니다. 이들은 현재의 삶 속에 가까이 있으며, 인간들과 이미 소통하고 있는 존재들이다. 〈나 홀로 그대〉의 인공지능 증강현실 홀로그램 캐릭터 '홀로'는 '인간되기'를 갈망하는 인공지능 캐릭터가 아니다. 육체가 없는 인공지능은 육체가 없음을 결핍으로 인식한다고 하였다.[17] 홀로는 자신의 육체 없음에 집중하지 않는다. 소연과의 관계에서 육체가 있는 소연과 난도를 부러워하는 모습을 보이기도 하지만, 코딩된 '홀로 3원칙'에 입각하여 자신의 육체를 욕망하지 않는다. 소연과 난도가 서로 사랑하고 있다는 사실을 가장 먼저 인지하고 각자의 마음을 깨닫게 하는 이성적인 모습을 보인다.

그러나 '홀로' 자체의 이상적이고 완벽한 모습과는 별개로 고도의 과학기술의 실현인 '홀로'로 인해 야기되는 현실적 문제의 심각성은 결코 가볍지 않다. AI홀로그램인 '홀로'가 일으키는 부작용은 '홀로'의 초기 버전인 '헬로'를 개발한 난도 어머니는 물론이고, '홀로'의 개발자인 난도가 미처 예상하지 못한 것이다. '홀로'로 인한 부작용들은 현실에서 이미 발생하고 있거나, 발생 가능성이 농후한 현실적 문제들임은 주지할 필요가 있다. 이 지점에서 기존 SF작품들에서 현실과 상반되거나, 현실에서 불가능한 과학기술을 소재로 삼아 막연한 공포감을 일으켜

---

17) 김수정·한혜원, 「SF 영화와 드라마에 나타난 기술적 타자로서의 인공지능 캐릭터 연구」, 『문학과 영상』 22(1), 문학과영상학회, 2021, 18쪽.

디스토피아적 미래로 연결시켜 왔던 것과 차별화된다. 이를 좀 더 구체적으로 살펴보면 다음과 같다.

먼저 홀로를 둘러 싼 주변인들의 모습을 통해 사회적으로 야기될 수 있는 문제들이 있다. '홀로'를 상업적으로 이용하려는 백회장은 인간의 탐욕과 이기심을 보여주는 인물이다. 백회장은 과학기술이 자본과 권력으로부터 독점될 뿐 아니라, 발달된 과학기술 또한 자본과 권력을 창출하는 기술과 자본 그리고 권력의 불가분성을 환기한다. 백회장에게 돈과 권력은 그 어떤 가치보다 우선한다. 그는 비틀린 탐욕으로 자신의 가족 뿐 아니라, 소연과 난도 가족의 행복까지 무참히 망가뜨린다. 또한 경찰 수뇌부와 결탁하여 개인형 인공지능 홀로그램을 상용화한 뒤, 대중을 감시하고 통제하는데 악용하려 한다. 과학기술을 이용하여 스스로 신이 되고 싶어 하는 인물이 바로 백회장이다.

〈쇼트7〉

〈쇼트7〉은 백회장이 보급형 홀로를 통해 사람들의 모습을 감시하는 장면으로 이미 상용화된 CCTV와 다르지 않다. 과학기술의 고도화 뒤에 숨은 자본의 독점과 그로인한 자본의 권력화는 물질에 의한 새로운 위계질서를 재편하고 인간의 삶을 양극화로 치닫게 하였다. 지배 권력의 비호 아래 거대 자본이 만들어낸 과학기술의 눈부신 발전은 빈부 격차를 가속화하고, 보다 풍요롭고 편리한 삶을 욕망하며 기꺼이 무한경쟁에 내몰린 현대인들은 인간으로서의 존엄을 상실한 채 이기적 개인으로 전락한다. 물질만능주의의 팽배와 그 부산물인 개인주의가 인간 사회를 파편화시키고 인간 소외를 심화시킨 것이다.

〈쇼트8〉

〈쇼트9〉

개인형 인공지능 홀로그램이 상용화되자, 사람들은 앞 다투어 '홀로글래스'를 구입한다. 사람들은 상대방에 대한 관심을 버리고, 장소에 상관없이 인공지능에만 집중한다. 〈쇼트8〉과 〈쇼트9〉는 홀로글래스를 착용한 사람들이 인공지능 홀로그램과 거리에서 대화하고 교감하는 장면이다. 홀로글래스를 장착한 사람들은 인간과의 상호 교류 대신 AI홀로그램과 함께하며 혼자만의 삶에 빠져든다. 이 드라마는 현대 사회에서 인터넷의 발달이 불러 온 인간 소외 현상, 관계의 단절 등을 재현하고 있다.

'홀로'라는 개인형 인공지능 홀로그램을 사용하는 과정에서 발생되는 개인정보의 무단 사용과 유출도 심각한 사회문제이다. 홀로글래스를 착용한 사람들은 의도하지는 않았지만, '홀로' 자체의 뛰어난 정보처리

능력으로 인해 타인의 개인정보를 유출하거나 무단으로 사용한다. 이는 현실의 정보화 사회에서 빈번하게 발생하는 개인 정보 유출 피해의 재현이다. 드라마에서 매직미러의 백회장은 자신의 탐욕을 채우려 '홀로'를 이용해 개인정보를 악의적으로 유출, 도용하고 사생활을 침해한다. 〈나 홀로 그대〉는 과학기술 소재 '홀로'가 유발하는 부정성을 드러낸다.

〈쇼트10〉

〈쇼트11〉

이 드라마는 〈쇼트10〉, 〈쇼트11〉과 같이 인공지능 홀로를 활용하여 타인의 사생활을 침해하는 과학기술의 부작용을 재현하다. 이 장면에서 난도가 홀로의 베타테스터인 소연의 집 안을 수시로 모니터링하거나, 홀로가 소연의 연애를 돕기 위해 상대남의 사생활을 침해하는 문제적 상황들이 나타난다. SF장르에서 인공지능 캐릭터가 자아를 발견하고 자유의지와 욕망을 가지면서 인간을 대체한다는 상상력은 인공지능에 대한 인간의 공포심을 유발해 왔다. 〈나 홀로 그대〉에서 홀로가 두 인간 주인공의 사랑을 이어주는 매개자로 한정됨에도 불구하고, 인간이 인공지능 홀로를 사용하면서 발생되는 부작용과 홀로 자체가 촉발하는 폐해는 우려할 만하다.

특히 홀로가 촉발하는 폐해는 고도의 인공지능 기술 사회로 진입하는 상황에서 개연성을 확보한다. 딥러닝에 의해 자유의지를 갖게 된 홀로는 난도 어머니의 죽음과 관련하여 의문점을 품고 정보기관의 컴퓨터를 해킹한다. 이로 인해 국가 전산망의 중요 정보가 유출될 수 있음은 물론, 안보와 치안 유지 등 국가와 사회의 혼란을 야기할 수 있다. 홀로는 '홀로3원칙' 중 제1원칙을 지키기 위해 제2원칙인 사용자 국가의 법을 위반한다. 자신의 상황 판단 하에 입력된 코드의 우선순위를 결정하고 스스로 행동한다. 또한 홀로가 위험에 빠진 소연과 난도를 지키는 방법으로 전기 공급을 끊어 사회적 혼란을 불러일으킨다. 드라마에서 홀로가 일으킨 정전은 두 주인공을 큰 사고로부터 지켜준다. 그러나 특정 상황에서 홀로와 같은 개인형 인공지능이 일으키는 사회 기반시설의 갑작스런 작동 중단은 예기치 못한 위험과 더 큰 사회적 피해를 발생시킬 수 있다. 이처럼 '홀로'는 자유의지를 갖게 되면서 인간의 통제를 거부하기도 한다. 홀로가 법을 어기고 문제를 일으키자 난도는 소연으로부터 홀로를 회수하려하지만, 홀로는 소연의 곁에 있겠다고 한 약속을 지키고자 롤백에 저항하며 자신의 의지를 드러낸다.

〈쇼트12〉 〈쇼트13〉

〈쇼트12〉는 홀로의 시뮬레이션으로 홀로의 최초 개발자인 난도 어머니가 홀로그램으로 등장하는 장면이다. 난도의 어머니는 홀로가 자신의 감정을 가짜로 생각하자, 실체는 없지만 홀로그램 꽃의 아름다움이 가짜가 아님을 들어 홀로의 감정도 진짜임을 이야기한다. 〈쇼트13〉은 인공지능 홀로가 인간의 감정을 배우고 딥러닝에 의해 스스로 자아를 형성하고 자유의지에 의해 행동하지만, 자신으로 인해 사회적 혼란이 야기될 수 있음을 인식하고 스스로 소멸하는 장면이다. 드라마에서 홀로의 소멸이 홀로의 제1원칙 "사용자의 행복을 위해 행동하되 사용자가 원하지 않으면 중단"해야 하는 개발자의 코딩에 따른 결과인지 인공지능 스스로 판단에 의한 결과인지 명확한 이유는 드러나지 않는다. 그러나 인간이 개발한 과학기술이 인간의 통제 영역을 벗어날 수 있음을 암시한다.

　〈나 홀로 그대〉는 SF장르의 소재인 홀로그램 인공지능을 통해 현실세계의 문제를 보여준다는 점에서 고도의 과학기술 소재가 알레고리적 장치로서 기능하는 데 머물지 않음을 시사한다. 특히 과학기술의 발전에 따라 유사현실의 재현이 가능해지는 상황을 고려할 때, 〈나 홀로 그대〉는 개인정보 유출, 사생활 침해, 해킹, 인간관계의 단절, 통제와 감시 등의 현실 문제가 발생할 수 있음을 환기한다. 그럼으로써 먼 미래에 인류에게 닥칠 위기를 상상하면서 성찰적 대안을 모색하는 차원을 넘어 '지금-여기'에서 발생하는 문제적 현실을 통찰하면서 SF의 장르 영역을 확장한다.

4. 논의를 맺으며

　인문과학, 사회과학, 역사 등으로 확장된 경험해보지 않은 사고 실험은 이성적이고 논리적이라는 과학적 특성이 있더라도 과학의 가장 핵심적 특성인 '객관성'을 담보하지 못한다면 이는 SF장르와 구분되어야 한다. 과학적 개연성이 있는 가설이라도 먼 미래의 과학기술 소재보다 현시대에 사람들의 가까이에 구현 가능한 과학기술은 현 사회를 읽고 고민하는 현대인들에게 좀 더 실제적으로 다가 올 수 있음에 주목하고 과학적 개연성에 대한 논의를 재고할 필요가 있다. 과학 기술이 급속도로 발전해 가고 있는 현시대에 이미 미래는 점차 그 영역을 확장시키며 현실 안으로 도래하고 있기 때문이다. 먼 미래에 일어날 법한 일들이 과학의 발달로 생각보다 빠르게 실제로 구현되고 있는 것도 SF장르 논의에서 고려할 필요가 있다. SF장르에서 소재로 활용하는 과학기술이 상용화·고도화 단계에 이르면서 미래가 아닌 현실의 문제가 되었기 때문이다.

　본고에서는 SF드라마 〈나 홀로 그대〉의 과학기술 소재인 홀로그램 증강현실 인공지능이 드라마 속 서사에서 어떻게 활용되고 재현되는지 살펴보았다. 인공지능 증강현실 홀로그램이 두 주인공의 매개자로 역할하면서 소재적 특성을 적절하게 활용하여 극적 리얼리티를 구현하는 캐릭터로 기능하고 있음을 확인할 수 있었다. SF장르의 과학 기술이 과학적 상상력을 추동하면서 극적 리얼리티를 담보한 것이다. 〈나 홀로 그대〉에는 딥러닝에 의해 자유의지를 갖게 된 인공지능 캐릭터 홀로와 그를 둘러싼 주변 인물들의 욕망·희생, 소외·소통, 단절·회복, 원망·사랑 등의 문제들이 혼재되어 있다. 과학기술을 이용해 권력과 자본을 독점하여 스스로 신이 되고자 하는 백회장, 백회장의 악행 때문에 세상과 단절하고 스스로 소외된 난도와 소연, 개인 형 홀로그램 인공지능이 출시되자 열광하는 외로운 현대인들과 이들의 도구로, 혹은 동등한 인격적 관계에 있는 친구로 존재하는 인공지능 홀로가 만나면서 사건이 전개된다. 이를 통해 인공지능 홀로그램이라는 과학기술 소재의 캐릭터 홀로가 도래하지 않은 미래에 대한 상상의 산물에서 현실적인 캐릭터로 전이되었음을 확인할 수 있다. 상용화 단계의 과학기술이 극적 리얼리티를 담보하는 요소로 기능하면서 SF의 장르 영역이 무한대로 확장되고 있는 것이다.

  SF장르는 과학적 개연성이 있는 모티프를 중심으로 상상력을 발휘하여 미래를 예측할 뿐 아니라, 현대의 일상적 삶을 수동적으로 수용하지 않도록 독자(관객)들을 자극하고 지적인 반응을 이끌어내는 현실적이고 즉각적인 사고 실험(thought-experiments)에 참여하도록 견인한다. 고도화된 과학기술이 SF장르에 리얼리티를 부여하여 '지금-여기'에 관한 통찰이 가능해진 것이다. 과학적 개연성은 있으나 현실적으로 체감되지 않았던 과학기술을 모티프로 하는 SF 작품들은 도래하지 않은 미래를 상상하면서 현재를 성찰했다. 반면에 상용화·고도화 단계의 과학기술을 모티프로 하는 SF작품들은 고도의 과학기술 사회[18]에서, 급속히 발전하는 과학기술과 어떻게 공존하고 균형을 이룰 것인가를 고민하고 있다. 그만큼 한국 SF드라마의 영역도 확장하고 있다.

---

18) 인간과 현 인류보다 더 확장된 능력을 갖춘 존재가 공존하는 사회를 의미한다.

⟨시지프스 The Myth⟩에 나타난
과학과 신의 대결

김민주

1. 논의를 시작하며

한국의 SF(Science Fiction)는 장르적 담론을 요구하는 단계에 와 있다. 그동안 한국에서 SF의 장르적 논의는 다수가 고전 명작들을 중심으로 기획되거나, 라이트노벨에 속하는 작품들이 변별 없이 혼합된 느슨하고 모호한 범위설정을 기반으로 진행되어왔다.[1] 특히 SF는 '공상과학소설(空想科學小說)'로 번역되어 장르 정의 자체에 모순된 균열을 오랫동안 내포하고 있었다. '공상'이란 "실현 가능성이 없는 헛된 생각"을 일컫는데, 이는 SF가 장르gerne로서의 특징을 획득하게 하는 기본적인 요소인 '실현 가능성을 내포한 합리적인 상상력'과 정반대의 정의인 까닭이다.[2] 특히 SF의 'S(Science)'는 'F(Fiction)'에 첨가된 형태로만 여겨져, 그것이 실제로는 SF의 정체성을 구축하는 거대한 서사 요소임에도

---

1) 「2014년 SF 현황」(심완선, 「2014년 SF 현황」, 국립과천과학관, 『원더랜드』, 국립과천과학관 무한상실, 2014.)에 집계된 2014년 한국 SF 작품은 총 84권이다. 그러나 소개된 작품 다수는 사실적인 과학적 요소에 착안하지 않은 판타지에 가까운 특징을 보인다.
2) 이지용, 「한국 SF의 스토리텔링 연구」, 단국대학교 박사학위 논문, 2015. 1-2쪽 참조.

불구하고 판타지의 마법magic과 경계 없이 '환상 문학'으로 엮여 다뤄지는 경향을 보였다. 드라마의 경우 이러한 혼재의 양상을 빈번하게 찾아볼 수 있다. JTBC는 〈시지프스〉(2021)를 '판타지 미스터리 드라마'로 규정하는 반면 동시 스트리밍 서비스를 구축했던 넷플릭스에서는 〈시지프스〉를 'SF'로 분류해 놓으며 장르의 혼선을 빚는다.

그러나 SF가 실제로 일어난 적은 없지만 언젠가는 일어날지도 모르는 어떤 일에 대한 문학[3]일 때, 과학적 상상력을 기반으로 전제되는 '가능성'은 판타지의 '환상'과는 분명히 구분되어야 할 지점으로 지적된다. 이러한 문제는 "SF란 무엇인가"라는 근원적인 물음으로 돌아가게 한다. 이때 SF에서 'S'를 기준으로 한 장르적 논의는 분명 그 물음에 용이함을 제공한다. 앞서 언급하였듯이 실제로는 과학이 SF의 정체성을 구축하는 까닭이다. 이에 고정원은 『SF란 무엇인가?』[4]에서 '과학'을 기준으로 SF를 '하드 SF'와 '소프트 SF'로 구분하여 설명한다. 그에 따르면, 하드 SF란 과학을 소재로 소비하는 것이 아닌, "과학적 데이터가 서사를 조직하는"[5] 장르인 반면 소프트 SF는 "하드(Hard)한 과학과 기술공학에 기반을 두기보다는 소프트(Soft)한 과학, 특히 사회과학에 무게중심을 두는"[6] 장르이다. 이를 토대로 다시 네 단계 층위를 나누어 살피면 다음과 같다.

---

[3] 윌리얼 슬리터, 박상준 역, 「과학소설이란 무엇인가?」, 『창비어린이』 제3권2호, 2005, 208쪽.
[4] 고정원, 『SF란 무엇인가?』, 부크크, 2016.
[5] 셰릴 빈트, 『에스에프 에스프리-SF를 읽을 때 우리가 생각할 것들』, arte, 43쪽.
[6] 고정원, 앞의 책, 157쪽.

구분		가설제시	이론입증	실험진행	실제적용
단계1	과학적 가설	O	X	X	X
단계2	과학 이론	O	O	X	X
단계3	과학기술 고도화	O	O	O	X
단계4	과학기술 상용화	O	O	O	O

　단계1에 가까울수록 텍스트는 실질적인 과학 실현과 멀어지며 판타지(Fantasy)에 근접하는 반면, 단계4는 단계1의 상상이 구현된 형태로 현실성을 부여받는다. 이때 등장인물이나 독자가 왜 이런 이동이 가능한가에 대해서 알지 못하는 경우가 대부분인[7] 타임-슬립(time slip) 드라마의 경우 대다수가 SF 담론에서 지워지게 된다.[8] 시간 혹은 공간의 이동에 있어서 과학적 가설이나 이론이 제시되지 않아 '가능성'을 제시하고 있지 않기 때문이다. 반면 단계3의 경우 구체적으로 입증된 이론을 서사의 주요 요소로 가져온다. 〈시지프스〉는 시간 여행의 원리가 양자역학[9]이라는 점, 구체적으로 '코딩'을 통한 '업로더/다운로더'라는 문명 기계를 통해 이루어진다는 점에서 과학기술 고도화를 형상화한다.

　논의한 바와 같이 SF의 정체성을 형성하는 것은 'F'가 아닌 'S', 즉 과학이다. 따라서 본고는 위의 표, 'SF 층위'의 과학적 상상력에 집중한 〈시지프스〉 연구를 통해 SF 문학 연구에 새로운 관점을 제시하고

---

7) 장정희, 『SF의 이해』, 동인, 2016, 62쪽.
8) 〈명불허전〉(홍존찬, tvN, 2017)/〈철인왕후〉(윤성식, tvN, 2020), 라이프 온 마스(이정효, OCN, 2018)/〈시그널〉(김원석, tvN, 2016)/〈터널〉(신용휘, OCN, 2017)/〈카이로스〉(박승우, MBC, 2020)/〈타임즈〉(윤종호, OCN, 2021)
9) 양자역학을 이용한 시간 여행의 경우, 광자를 이동하는 데까지 성공한 이론을 넘어선 실험 단계에 있는 고도화된 기술이다.

자 한다.

〈시지프스〉는 다음 두 가지 근거로 새로운 SF 드라마 분석을 제공한다. 첫째, 〈시지프스〉는 과학 기술 고도화 단계로 '과학적 상상력'과 잇닿는 SF 분석이 가능하다. 대부분의 한국 SF 드라마가 과학 가설 혹은 이론 단계에 그치며 소프트 SF를 이룬다는 점은 SF 담론의 다채로운 논의를 저해한다고 할 수 있다. 때문에 단계3에 속하는 〈시지프스〉 연구는 SF 논의 확장을 위한 시도라는 의의를 갖는다. 둘째로 〈시지프스〉가 기존의 한국 SF 드라마와 다른 관점을 갖고 있다는 점이다. 다수의 한국 SF 드라마는 대체로 인간과 과학을 분리해 윤리적 성찰을 도모해왔다. 기존의 한국 SF 드라마는 "주로 AI, 로봇, 사이보그와 같은 이질적인 존재와의 직면[10]을 통해 우리 자신을 보다 명확하게 들여다보고 이해"[11]하거나, 과학 문명이 파괴하는 생태계에 대한 윤리적 성찰[12] 혹은 그것이 불러올 디스토피아를 대비하려는 시도[13]를 보인다. 즉, 인물들은 외부 세계인 과학을 통해 두려움과 신비로움을 느끼며 다가올 미래를 보다 사실적으로 상상한다. 이때 미래는 디스토피아적 세계로 제시된다. 따라서 '인간 대 과학'이 서사의 주요 갈등 요소가 되며 파괴적인 과학기술에 대한 대안을 마련하는 데 매진한다. 이에 SF 연구 역시

---

10) 〈나 홀로 그대〉(이상엽, 넷플릭스, 2020)/〈블링크〉(백중, MBC, 2017)/〈간호중〉(민규동, MBC, 2017)/〈너도 인간이니?〉(유상원, KBS2, 2018)
11) 이다운, 「일상의 파국과 상상된 재난 - 시네마틱드라마 SF8 연구」, 『어문론집』 제85호, 2021, 329-358쪽.
12) 〈고래먼지〉(신우석, 2018)/〈우주인 조안〉(이윤정, MBC, 2017)
13) 〈인간증명〉(김의석, MBC, 2017)/〈만신〉(노덕, MBC, 2017)/〈써클: 이어진 두 세계〉(민진기, tvN, 2017)

디스토피아에 대한 대안적 상상력을 주로 다룬다.[14] 그러나 〈시지프스〉의 경우 호메로스의 서사시 「시지프스」를 비유적으로 차용해 과학을 호메로스의 '불'과 같은 선상에서 인간의 소유로 보고 그것으로 신을 침범하는 인간의 서사, 즉 '과학 대 신'을 구성한다. 이를 통해 〈시지프스〉는 인간이 발전시킨 고도화된 과학기술이 신을 대체할 수 있는지 물음 한다. 이는 이제 과학은 세계를 압도하며 가능한 미래 세계를 열어 보다 새로운 시선에서 세계에 대한 고찰을 일으키는 것임을 실증한다. 따라서 본고의 탐구는 과학을 전통적인 인문학적 성찰을 위한 외피로 소비하는 것이 아닌, 과학 그 자체를 통해 세계에 대한 새로운 시선을 구축한다.

본 과제는 두 개의 장을 나누어 이를 살펴보도록 한다. 먼저 '오만한 인간과 신의 형벌'에서는 호메로스의 「시지프스」를 기반으로 '태술',

---

14) 김수정, 한혜원, 「SF 영화 드라마에 나타난 기술적 타자로서의 인공지능 캐릭터 연구」, 『문학과 영상』제22호, 2021, 7-31쪽:포스트 휴머니즘과 연결하여 AI를 기술적 타자로 바라보고 이들을 캐서린 헤일즈의 '신체화'개념으로 분류하여 사회문화적 맥락 속에서 인간과의 관계를 긍정적으로 조명한다./박명진, 「AI 로봇 소재 드라마에 나타난 기술적 대상과 객체화의 재현 양상-TV드라마〈보그맘〉을 중심으로」, 『문화와 융합』제41호, 2019, 1-30쪽: AI를 기술적 대상Technological Objects으로 보며 인간에서 분리된 AI를 분석한다./이다운, 「포스트 휴먼 시대의 텔레비전드라마-〈너도 인간이니?〉를 중심으로」, 『대중서사연구』제24호, 2018, 261-290쪽: AI를 포스트 휴먼 및 횡단적 주체성으로 조명하여 AI와 인간의 공존을 살핀다./이다운, 「일상의 파국과 상상된 재난-시네마틱드라마〈SF8〉연구」, 『어문론집』제85호, 2021, 329-358쪽: 포스트 휴머니즘의 입장에서 AI를 위한 새로운 윤리의 필요성과 인간성의 회복과 같은 탈영토화를 디스토피아적 미래에 대한 대안적 상상력으로 제시한다./황지선, 「SF적 상상력의 변용과 AI로봇의 형상화: 「TRS가 돌보고 있습니다」와 〈간호중〉각색 양상 연구」, 『문학과 영상』제22호, 2021, 291-312쪽: AI를 노붐으로 해석하는 다르코 수빈Darko Suvin의 개념을 가져와 SF적 상상력이 고양 시키는 사회적 상상력, 타자와의 공존을 고찰한다.

'시그마'의 대립을 살핀다. 태술은 양자이동을 통해 시간여행을 가능케 한다. 이것은 곧 선행적 시간을 오염시키는데, 죽은 동시에 산 상태가 가능해지면서 삶의 질서가 교란되는 까닭이다. 이에 분노한 플루토Pluto(Hades)는 아레스일 '시그마'를 통해 핵전쟁을 일으켜 세계를 원시상태로 되돌리고자 한다.

다음 장일 '과학과 신의 대결'에서는 '인간 대 신'을 넘어선 '과학 대 신'을 서해와 시그마의 대립으로 살핀다. 〈시지프스〉에서 서해는 업로더를 타고 미래에서 넘어온 인물로, 과학적 산물 그 자체이다. 그렇게 과학은 인간의 운명을 두고 신과 대립한다. 이때 신은 결국 고도로 발전된 과학 속에 하나의 개인으로 자리하며 축소되고, 과학이 대신하여 그 자리를 메운다.

2. 오만한 인간과 신의 형벌

드라마 〈시지프스〉는 호메로스의 서사시 「시지프스」[15]를 변주한다.

---

15) 호머의 말에 따르면 매우 총명했던 그가 신을 기만한 설화로는 여러 가지가 존재한다. 그 중 특히 죽음의 신 타나토스Thanatos를 쇠사슬로 묶어 둔 설화는 유명한데, 닭이 목이 잘리고도 살아서 움직이고 죽을 사람이 곧 살아나 세상에 혼란을 가져 오게 되었다. 하계(下界)의 왕 플루토Pluto(Hades)는 질서를 바로 잡고자 전쟁의 신 아레스Ares를 지상에 놓아 그를 잡아오라고 시키고, 잔꾀를 낸 시지프스가 아내에게 자신의 장례를 치르지 말고 길가에 방치해 두라고 했다. 지하 세계로 잡혀간 시지프스는 플루토에게 아내가 자신의 장례도 치르지 않은 것에 대해 호소하며 지상으로 올라가 아내를 벌하고 장례를 치르게 해 달라 애원한다. 플루토는 이 간청을 받아들이고 그렇게 지상으로 올라간 시지프스는 여러 해 동안 플루토의 부름에도 답하지 않고 지상에 머물며 생을 마감했다. 그 후 신을 능멸한 죄로 시지프스는 지하에서 끊임없는 돌을 올려야 하는 형벌을 받게 된 것이다.

두 텍스트는 서사의 큰 틀을 공유하는데, 인간이 죽음의 질서를 교란하자 신이 형벌을 내린다는 내용이 그것이다. 이때 타나토스(죽음)를 가두는 방법으로 「시지프스」는 '인간의 꾀'를 요소로 채택하는 반면, 〈시지프스〉는 '과학'을 제시한다. 특히 '업로더/다운로더'라는 구체적 형상물은 서사의 설득력을 높인다. 즉 「시지프스」의 '시지프스'가 달변과 거짓말로 신을 속였다면, 2021년 드라마 〈시지프스〉는 이제는 리얼리티의 조건이 되어버린 과학적 기술로 신을 능멸한다. 그 구체적 인물이 바로 '한태술'이다.

> 시그마: 너 진짜 하나도 안 변했더라 (웃음) 너보다 못나고 머리 나쁜 인간들, 머릿속 저장 공간이 아깝다는 듯이 싹 지워 버리잖아. 네 눈에는 다 엑스트라 같지? 행인 1, 2, 3 학생 1, 2, 3
>
> — 〈시지프스〉 13화

'시그마'는 태술의 선민의식을 폭로한다. 천재공학자 태술은 어렸을 때부터 비범한 재능을 보이며 인간관계에서 항상 우월적 위치[16]를 점유한다. 그는 큰 어려움 없이 사람들의 환심을 사고, 그들의 호의를 당

---

16) 에디: 에디는 태술의 빨래까지 도맡아 가며 그를 무명시절 때부터 지지하나, 태술은 그의 생일조차 알지 못하는 무심함을 보인다. 이는 곧 태술이 에디를 감정적 관계가 아닌 비즈니스의 대상으로 여겼다는 것을 알 수 있다. / 한태산: 태산은 동생 태술을 위해 자신이 하려했던 공부를 포기하고 일용직에 몸 담아 고생하면서도 태술의 꿈을 지지한다. 그러나 태술은 형에게 폭언하며, 심지어 자신을 위했던 형이 논리적 기술에 맞지 않는 말을 하자 정신병에 걸렸다고 판단하며 태산을 무시한다. / 김서진: 서진은 태술의 전 여자친구이나 태술의 냉정함에 질려 헤어진다. 이후 친구로 남으며 태술이 국가에 쫓기는 와중에도 돈과 집을 빌려주며 그를 돕는다.

연하게 여긴다. 시그마는 진술 속에서 그 배타적 우월감이 강력한 자기 신뢰에서 비롯됨을 지적한다. 그것은 표면적으로는 '천재'라는 태술의 능력인데, 곧 '과학'이 인간에게 증여하는 권위이다. 과학이 헤라클레스와 같은 막대한 힘[17]을 발휘한다면, 그것을 주조한 소수의 인간은 신과 같은 창조주의 권위를 부여받기 때문이다.

〈시지프스〉에서 태술은 과학을 이용해 빈번히 자신을 덮치는 죽음을 피한다. 추락하는 비행기를 고쳐 261명의 운명을 뒤바꾸고 자동차의 시속과 회전 궤도를 계산해 장애물을 피해 도망친다. 결정적으로 그는 '업로더/다운로더'를 만들며 선형적 시간 질서를 오염시킨다. '업로더'는 고분자 화학물을 양자 단위로 쪼갠 후 원하는 장소로 이동시키고 '다운로더'는 양자를 전송받아 조합하는데, 이론 상 두 기계가 각각 다른 시공간에 존재할 때 시간 간의 이동이 가능하기 때문이다. 즉 태술이 가능케 한 양자 이동은 죽은 자와 산 자를 만나게 하며 과거와 현재, 미래를 뒤섞는다. 그렇게 인간은 유한한 운명을 거스르게 되는 것이다. 이는 곧 「시지프스」에서 '시지프스'가 타나토스를 묶어 가두자 목이 잘린 닭이 걸어 다니고 장례식을 마친 시체가 깨어나는 기이한 현상과도 같다. 특히 업로더는 과거의 실수를 바로 잡아 현재를 바꿀 기회를 부여한다는 점에서 직선적 시간 질서에서는 허용되지 않았던 초월적 힘을 인간에게 부여한다. 즉 태술은 프로메테우스가 신에게서 불을 훔친 것과 같이 신으로부터 죽음, 즉 인간의 운명 자체를 훔친다.

그러나 이는 곧 프로메테우스, 이카루스, 펠레로폰테스와 같이 자

---

17) 타나토스를 제압한 것은 시지프스를 제외하곤 헤라클레스가 유일했다.

신의 한계를 초월하여 신이 되고자 하는 오만한 인간의 욕망으로, 신을 분노케 한다. 주신(主神) 제우스가 아레스를 보내 시지프스를 하계로 보냈듯(즉 죽음에 이르게 했듯), 〈시지프스〉 역시 신의 분신일 '시그마'를 통해 뒤집힌 질서를 바로 잡고자 한다. 시그마가 일으키는 전쟁은 신의 분노 표출이다.

 분노한 신은 오만한 인간이 만든 과학 문명을 통해 역설적으로 그를 딜레마에 가두며 형벌을 내린다. 그것은 "여자야, 세상이야?"라는 반복되는 물음으로 형상화되어 표면에 나타난다. 신은 태술에게 두 가지 선택지를 제공한다. 업로더를 유지해 운명적 사랑인 서해를 지키거나, 그것을 파괴해 서해를 제거하되 세상을 구하거나. 이때 신은 태술이 어떤 선택을 해도 승리하며 교란된 질서를 회복한다. 전자의 경우 신은 핵전쟁을 통해 세계를 원시 상태로 되돌린다. 비로소 질서를 교란했던 과학 문물을 뿌리 뽑아버리고, 업로더를 장악하며 다시금 인간의 운명을 통제하는 초월적 위치를 독점하는 것이다. 후자 역시 업로더의 소멸로 연장되었던 '밀입국자'들의 삶을 회수하고 타나토스를 제 자리에 되돌리며 선형적 시간을 회복한다. 반면 오만한 인간일 태술은 둘 중 어떤 선택에도 그의 죽음이 요구되며 신의 자비 없는 형벌을 체감케 된다. 전자의 전쟁은 막강한 힘으로 인간을 패배시키며 죽음에 이르게 하고, 후자의 업로더 소멸은 유일하게 그것을 만들 수 있는 태술과 불가분한 관계를 이루는 까닭이다. 결국 태술은 기존의 자신만만했던 태도와 달리, "여자야, 세상이야?"라는 질문에서 어느 쪽을 선택해도 더 이상 타나토스를 피할 수 없다는 사실을 깨닫는다. 즉 오만함이 초래한 무질서한 시공간은 역으로 인간을 도망칠 수 없는 딜레마에 가둔다.

〈시지프스〉의 태술은 13화까지 그는 물음에 의도적으로 답하길 회피하며 딜레마를 돌파할 방법을 찾는다. 그는 세계를 구하는 동시에 서해를 지킬 방법으로 시그마를 처치하고자 한다. 이때 과학적 지식으로 신의 대변인일 시그마와 맞서는 태술은 시지프스의 형상을 보인다. 그 결과 13화 마지막에 시그마를 무찌르며 잠시 전쟁을 멈춘다. 그러나 신은 또 다른 정령일 '에디'를 보내 같은 질문, "여자야 세상이야?"를 묻는다. 이에 태술은 끝내 자살을 택하며 인간의 어리석음을 인정한다. 업로더의 소멸로 인해 연장되었던 삶들이 회수되며 감금된 타나토스가 제 자리를 찾자 신은 비로소 전쟁을 완전히 멈춘다.

오만한 인간은 과학을 통해 신이 설립한 질서에 도전한다. 그들은 합리적 사유로 신을 능가할 초월적 힘을 부여받고자 한다. 그러나 이는 곧 신의 분노를 사게 하고, 신은 지상으로 자신의 분신을 내려 인간의 어리석음을 깨닫게 한다. 〈시지프스〉에서 그것은 "여자야, 세상이야?"라는 인간 자신이 초래한 문명의 딜레마를 지적하며 이루어진다. 그렇게 오만한 인간은 신의 형벌 앞에 패배하고 만다. 어떠한 영웅적 인간도 신화에서 신을 능가할 수 없다.

3. 과학과 신의 대결

인간은 신의 형벌에 패배하고 만다. 그러나 과학은 인간을 초월해 독립된 개체로 신과 정면으로 대결한다. 그 형상이 바로 '서해'이다. 이때 서해는 총 네 가지 형상으로 나타나는데, 도식화하면 다음과 같다.

	과거(전쟁 이전)	현재(전쟁 이후)
자연 상태	어린 서해	모르는 서해
과학 상태	아는 서해	죽은 서해

〈시지프스〉는 업로더로 인해 선형적 시간일 '자연 상태'에 '과학 상태'가 겹치며 과거와 현재가 공존하는 교란을 보인다. 이때 가로는 서로 동일한 시간 흐름을 공유하고, 세로는 도플갱어 관계에 놓이며 마주하는 순간 '타임 패러독스time paradox'를 일으킨다. 즉 '어린 서해'와 '모르는 서해'가 인과관계로 묶이는 반면, '모르는 서해'와 '죽은 서해'의 만남은 한 존재가 산 동시에 죽은 상태라는 모순을 형성하며 타임 패러독스를 일으킨다. 그것은 도플갱어의 경우와 같이 죽음을 수반하는데, '아는 서해'의 목걸이는 '어린 서해'의 것과 접촉했을 때 부서진다. 그렇게 소멸된 한쪽은 다른 쪽에 흡수되어 기억을 공유한다.

〈시지프스〉의 주요 핵심일 서사의 반복, 즉 서해가 태술이 있는 과거로 거듭해서 되돌아오는 행위는 이를 통해 발생한다. 그는 "어린 서해→모르는 서해→아는 서해→죽은 서해→어린 서해"라는 서사를 반복한다. '모르는 서해'는 우연히 '죽은 서해'를 발견한다. 이때 '죽은 서해'와 '모르는 서해'의 모순적 만남은 타임 패러독스를 생성하며 모든 기억을 공유한다. '모르는 서해'는 그렇게 미래(과거)를 예지(豫知)받는다. 이에 그는 기억과 함께 태술을 사랑했던 '죽은 서해'의 마음까지도 공유받고, 과거로 가 태술을 구하고자 한다. 즉 서사의 반복은 업로더를 통해 '아는 서해'라는 과학 상태가 자연적 시간으로 침입할 때 이루어진다. 여기서 핵전쟁 이후 초기화된 원시사회에서 온 '아는 서해'는 바나나를 껍질째 먹거나 기차와 드론을 신기해하는 등, 마치 과학과는 동떨어진 존재처럼 보인다. 그러나 '아는 서해'는 무수한 광자들이 전송되어 재결합된 과학적 산물로, 업로더가 재창조한 초월적 존재이다. 오류로 인한 점멸은 서해가 인간이 아닌 과학 그 자체임을 실증한다.[18]

하지만 초월적 능력에도 불구하고 '아는 서해'가 반복하는 시도는 궁극적으로 '죽은 서해'라는 대결의 패배만을 남기며 신이 부여한 운명에서 벗어날 수 없는 한계를 보인다. 그것은 거듭되는 멸망과 실패로 절망을 축적하게 하는 신의 형벌이다. 〈시지프스〉에서 전쟁 이후 시그마의 조언대로 업로더를 지배한 서길복은 업로더를 타려는 서해를 마주하고도 그를 방해하지 않는다. 오히려 서해가 업로드를 타는 것을 도와주기에 주저하지 않는데, '아는 서해'가 '어린 서해'의 시간으로 넘어가 인간을 더욱 큰 징벌로 밀어 넣는 조건이 되기 때문이다.

그 자체로 과학인 서해는 이러한 신의 형벌을 역으로 이용해 신의 영역에 침범한다.

> 태술: (망설이며) 만약에, 만약에 우리가 지면?
> 서해: 다음 세상에서 다른 우리가 다시 시작하겠지. 한 번 할 때마다 한 발짝씩만 더 가면 돼. 이미 많이 와 있고 이번에도 한 발짝 더 갈 거야. 그렇게 가다 보면 이길 수 있어. 포기만 안 하면 돼.
>
> — 〈시지프스〉 14화

서해의 반복된 시도는 절망을 산출하는 동시에 인간의 영생(永生)을 허락한다. 위의 진술에서 주지하듯 "다음 세상에서 다른 우리"로 서해와 태술은 영원히 계속해서 삶을 영위한다. 타나토스는 결국 생(生)의 조건이 되고 파괴된 서해는 과정 속에 재건된다. 이는 역설적이게도 신이 금기한 영생을 획득하는 것이다. 신은 오만한 인간을 벌하여 저지하고자 했던 무한한 인간의 삶을 역설적으로 용인하고 만다. 그는 인간에게 징벌과 함께 인간이 스스로 생을 연속하게 하는 죄를 허락한다. 여기서 신은 시그마, 에디와 같은 자신의 대리물을 통해 서해의 업로더 사용을 방해하는 것으로 서사의 반복 자체를 막을 수 있으나, 그것은 결국 인간인 태술에게 "세상이야, 여자야?"라는 궁극적인 딜레마적 질문을 행하지 못한다는 측면에서 신의 실패를 의미한다. 다시 말해 신은 자신이 딜레마에 인간을 가둔 것처럼, 과학이 주조한 비선형적 시간에 갇히게 된다. 반면 인간의 실패는 단순히 종결되지 않기 때문에 무한한 가능성을 예비한다. 이 가능성은 "신을 부정하고 바위를 밀어 올리는 고귀한 성실성"[19]으로 인간에게 끊어지지 않는 연대와 희망을 부여한다. 위 인용문에서 서해 역시 반복되는 실패에도 좌절이나 절망 대신 오히려 희망을 느낀다고 진술한다. 저항하는 행위가 결과와는 별개로 그들에게 숭고를 부여하는 까닭이다. 무조건적인 절대성이 그에 반(反)하는 어떠한 사고도 허용하지 않는 것이라면, 서해의 무한한 도전은 그 자체로 절대적 존재가 대체될 수도 있다는 상상을 가능케 하며 신의 권능을 무너뜨린다.

---

18) 과학은 서해에게 초월적 힘을 부여해 인간과는 다른 존재를 직조한다. 서해는 업로더를 통한 '죽은 서해'와의 만남에서 패러독스를 통해 미래의 기억을 공유 받는다. '죽은 서해'의 일기장 역시 시그마의 파일과 마찬가지로 그녀에게 예언을 가능케 하며 신적 능력을 부여한다. 이에 더해 서해는 업로더를 타고 시공간을 이동하면서 신체까지도 광자 결합을 통해 이루어진 완전한 과학적 산물이 되며 과학적 존재로 재탄생한다.

19) 알베르 카뮈, 민희식 역, 『시지프스의 신화』, 육문사, 1988, 164쪽.

〈시지프스〉는 그 가능성을 서해가 반복하는 과정에서 발생하는 '차이'를 통해 밝힌다. 시그마는 축적된 '키메라 보고서'에 적힌 정형적 서사를 성경처럼 따르며 인간의 자율성을 소거한다. 부기장과 단속국국장의 자살[20] 역시 신의 승리가 예견된 미래를 뒤바꾸지 않기 위해 소비된다. 그러나 거듭해서 도래하는 '아는 서해'는 신이 직조해 놓은 절대적 운명을 거스른다. 그것은 차이의 발생으로 이루어진다. 〈시지프스〉에서 서해는 썬(채종협 분)을 죽인 정현기(고윤 분)를 풀어주며 이전 회차와 큰 차이를 형성한다.

황현승: 최재선은 죽었고, 강서해는 시그마한테 갔고. 그래, 잘했어. 이게 내 마지막 업무야. 일이 예정대로 잘 진행되는지 체킹하고 또 만약 틀어졌으면은 다시 고쳐서 기록도 하고. 다음 시그마가 잘 읽을 수 있게.

정현기: 그게 단속국 일이었습니까?

(중략)

환현승: 위에서 마지막 날까지 조용히 일을 마무리하면 내 가족들은 살려주겠다고 했어. 덕분에 와이프 임종도 못 지키고 내 딸아이는 나를 증오해.

정현기: 강서해 말이 자기는 제 어머니를 죽인 적 없다고 했습니다.

환현승: 그래서?

정현기: 진실을 알고 싶어요.

---

20) 이 두 인물은 모두 시그마에게 가족을 빌미로 협박을 당해 결국 자살을 택한다.

환현승: 그래 내가 너희 어머니를 죽였어. 미래에서 넘어오는 너도 죽였고. 널 속여서 이 단속국에 데려오려고.

　　정현기: 왜요?

　　환현승: 서류에 그렇게 쓰여 있으니까. 난 쓰여진 대로 행동했을 뿐이야.

　　정현기: 너 너 이새끼

　　환현승: 이 운명을 한자로 쓰면은, 명 자는 '명령' 할 때 명 자다. 너 운명이 왜 운명인 줄 알아? 명령이니까, 어길 수가 없으니까. 마지막 명령이야. 쏴.

- 〈시지프스〉 15화

　'키메라 보고서'에 따르면 현기는 현승을 죽였다. 그러나 서해가 보인 관용은 현기의 행동을 바꾸며 차이를 발생시킨다. 그는 어머니를 죽인 원수 현승을 오히려 살리는데, 이는 곧 신이 점지한 세계의 운명에 미세한 균열을 일으킨다. 〈시지프스〉 14화에서 태술과 서해가 궁지에 몰렸을 때도 시그마는 보고서를 따르기 위해 선뜻 이전과 다른 선택을 하지 못한다. 반면 서해와 태술은 '호킹 복사'를 떠올리며 위기에서 벗어난다. 즉, 정해진 운명은 결국 과학에 의해 재창조되는 것이다. 그것은 신의 절대성을 직접적으로 부정하며 인간을 승리에 보다 가깝게 데려다 놓는다. 결말 또한 태술의 자살로 회수됐어야 할 생(生)들이 지속되며 신과 대결에서 과학의 승리 가능성을 실증한다. 그것은 곧 양자이동과 다중우주론으로 '다음 세상'이 존재하는 까닭이다.

　이렇듯 서해가 진술한 '다음 세상'은 신의 창조물인 인간에겐 애초에 불가능했던 반면, 신을 거치지 않고 태어난 과학적 산물만이 진입 가능한 영역으로 나타난다. 과학은 이제 미래를 예견하고 인간을 정해진 운명의 위험으로부터 보호하는 까닭이다. 과학이 인간의 한계를 극복해 더 편리한 삶을 누리게 하는 것이라면, 그것은 신화 속 영웅들이 올림포스를 향해 다가서려 했던 행동과 크게 다르지 않다. 이는 곧 현대 영웅들의 모습이며, 인간을 넘어선 과학적 존재들이 가능성으로 도래할 미래인 것이다. 이때 신은 과학이 생성한 반복 속에 갇혀 운명을 주조하는 주인이 아닌 하나의 개인으로 분투한다. 결말에서 시그마가 잡지 속 태술과 같은 모습을 하고 거울을 보며 "그런 눈으로 보지마"라고 진술하는 것 역시 오만한 인간에 대한 신의 분노가 이제는 그 역시도 개인적 인간으로 추락해 과학을 창조한 인간 태술을 시기하는 것으로 볼 수 있다. 반복 속에서 신의 권능이 마모되고 그 자리를 과학이 대신한다.

4. 논의를 맺으며

〈시지프스〉는 호메로스의 서사시 「시지프스」를 변주한다. 큰 틀에서 이 둘은 '삶의 질서를 교란한 인간에게 내려진 신의 형벌'이라는 내러티브를 공유한다. 특히 태술은 '업로더/다운로더'를 통해 선형적 시간 질서를 오염시킨다. 그는 프로메테우스, 이카루스, 펠레로폰테스와 같이 인간의 한계를 초월해 올림포스로 가고자 욕망한다. 그러나 이는 오만한 인간의 욕망으로 신의 분노를 산다. 이때 신은 「시지프스」에서 제우스가 전쟁의 신 아레스를 보냈듯, 시그마를 보내 붙잡힌 타나토스를 구출해낸다. 그것은 두 가지 형상으로 나타나는데 하나가 핵전쟁이고 다른 하나가 업로더의 소멸이다. 두 경우 모두 선형적 삶의 질서를 회복하는 동시에 오만한 인간을 타나토스 앞에 놓으며 그를 도망칠 수 없는 패배의 딜레마에 가둔다. 이에 반해 과학 그 자체일 서해는 반복을 통해 신의 권능에 도전한다. 그것은 첫째로 신을 부정하는 상상과 둘째로 금기된 영생을 가능케 하며 궁극적으로는 신이 부과한 정형적 운명에 차이를 낼 때 발생된다. 이에 신은 결국 권능을 소멸당하며 하나의 개인으로 추락한다. 과학은 이렇게 그것을 창조한 인간을 넘어서 인간의 한계를 뛰어넘는 결과를 보인다. 〈시지프스〉는 이와 같이 인간과 신, 인간과 과학, 과학과 신이라는 구도를 통해 인간을 초월한 과학의 가능성을 사고 실험한다.

〈고요의 바다〉에서 만난 인간과 복제인간

오명숙

1. 논의를 시작하며

SF드라마 〈고요의 바다〉는 미래의 심각한 물 부족 문제를 주 소재로 삼아 현재는 구현이 불가능한 복제인간으로 해결하는 내러티브로 현실의 심각한 지구온난화와 미래의 과학기술을 깊게 사유할 수 있게 한다. 현재의 물은 빈부의 격차 없이 누구나 마실 수 있는 자원이지만, 멀지 않는 미래를 재현한 〈고요의 바다〉에서는 물 부족으로 인해 빈곤층은 물을 마시지 못해 고통을 받는 양극화가 심화된다. 전 세계가 이러한 물 부족 현상을 타개하기 위해 사투를 벌이던 중 대한민국은 달에서 발해기지라는 연구소를 설립하여 물 부족을 해결할 수 있는 방법을 찾아나가는 스토리다. 하지만, 의문의 사고로 인해 발해기지의 연구팀 모두가 사망하게 되고 정부는 달에서 연구했던 샘플 자료들을 회수할 것을 결심하게 된다. 그러한 임무에 다양한 인물들이 각자의 욕망을 위해 작전을 수행하는 플롯으로 구성되어 있다.

드라마의 중심 모티프는 물이지만 과학기술을 등에 업고 치명적인 결함을 가진 월수의 문제점을 해결하려는 인간의 욕망과 그 해결책으로 존재하는 복제인간의 대립과 갈등이 전체 스토리를 이끌고 간다. 또한 인류를 구하기 위한 샘플로서만 존재하는 복제인간 루나를 대하는 송박사(배두나)의 시선을 통해 인간이 과학기술의 부산물인 복제인간이라는 생명체에 어떤 방식으로 다가가야 하는지를 사유할 수 있게 한다. 복제인간은 2015년 미국에서 체세포 핵 이식 방법으로 인간배아를 복제하는 것이 성공함으로써 가까운 미래에 복제인간의 탄생도 상상할 수 있지만 현실화되기에는 너무도 많은 난관이 있는데 그 중 가장 중요한 문제는 윤리적인 문제이다. 드라마에서 SF적 상상력의 핵심인 증식하는 물로 표현되는 월수가 인간에게 희망의 카드인 동시에 파멸의 카드이듯이 과학기술 역시 같은 의미로 이어져 있다. 스스로 증식하는 월수가 인간의 생명을 위한 마지막 희망이 되지만 월수에 반응하면 죽음에 이르는 치명적인 약점은 과학기술의 발전과는 반대로 점점 파괴되는 지구환경과 인간의 모습을 대비시켜 보여준다.

〈고요의 바다〉에서 중심인물인 송박사의 언니는 인간을 물에서 자유롭게 만들어주기 위해 비밀리에 복제인간을 샘플로 사용해 월수에 반응하지 않는 표본을 만드는 데 성공한다. 즉, 증식하는 물이 의미하는 원시적인 자연의 힘을 과학기술의 힘으로 극복한 것이다. 하지만 거듭된 복제인간의 희생 끝에 실험을 성공으로 이끈 루나 073은 인간의 통제를 거부하고 스스로 진화하는 모습을 보인다. 자연의 힘과 마찬가지로 과학기술에 대해서도 인간의 통제력 상실을 의미하는 부분이다. 이에 본고는 드라마 〈고요의 바다〉에서 증식하는 물이라는 SF적 소재를 중심으로 과학의 빛과 그림자를 살펴보고 인류가 미래 과학기술의 결과물이자 또 다른 생명체인 복제인간과 어떤 방식으로 조우해야 하는

지를 고찰해보고자 한다. 이는 SF장르의 드라마를 통해 인간과 과학기술의 관계를 깊이 있게 사유해보는 계기가 될 것이다.

2. 증식하는 물과 과학기술의 힘

〈고요의 바다〉는 대 가뭄 이후 물이 고갈되어 강과 바다가 사라지고 물을 배급받아 살아야 하는 미래를 상상하여 그리고 있다. 달에서 발견한 물은 그러한 미래 인류를 구원해줄 희망이지만 인간의 몸 안에서 증식하고 익사시키는 치명적인 결함을 가지고 있다. 그러한 결함을 해결해줄 대안이 복제인간이라는 샘플이지만 실험이 성공하기까지는 복제인간의 어쩔 수 없는 희생이 뒤따른다. 과학기술이 인간의 욕망만을 채우기 위해 이용될 때 반드시 그 대가가 따른다는 것을 말해준다. 우주생물학자 송박사는 발해 기지의 연구원이었던 언니의 죽음에 대한 궁금증을 풀기 위해 팀원들과 불확실한 작전을 수행하게 된다. 〈고요의 바다〉에서는 그러한 불확실한 미래에 자연의 힘으로 비유할 수 있는 증식하는 물의 파괴력과 과학기술의 힘을 영상 곳곳에서 그려내고 있다. 달에 위치한 발해기지에서의 작전수행 과정을 통해 현재는 구현되지 않은 다양한 과학기술을 보여주고 있다.

〈쇼트1〉

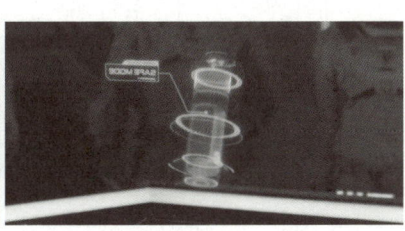
〈쇼트2〉

〈쇼트1〉은 달에 설치된 발해기지를 상대적으로 어두운 로우키 조명으로 보여주며 미스테리하고 불안한 모습을 부각시키고 있다. 또한 피사체를 반원으로 그리면서 촬영하는 패럴랙스기법도 사용하여 보여주는 발해기지는 인간이 이루어낸 과학의 힘을 상징하지만 그 너머의 짙은 어둠과 절벽으로 대원들의 불안한 미래를 예견하게 한다. 〈쇼트2〉는 발해기지 탐사를 위해 사전브리핑을 3D홀로그램을 이용해서 보여준다. 현재 구현되어 상용화를 앞둔 기술로 푸른색채의 시각적인 영상으로 희망을 표현하고 있다.

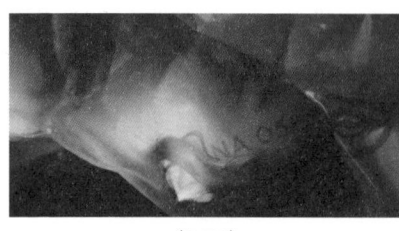 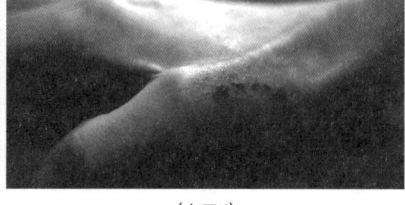

〈쇼트3〉　　　　　　　　　　　〈쇼트4〉

희망의 빛은 〈쇼트3〉의 발해기지에서 유전자 조합이나 융합세포연구를 통해서 인간이 월수에 적응하는 방법을 선택하고 복제인간을 이용한 인체실험을 하는 장면으로 이어진다. 증식하는 물이 비유하는 자연의 힘을 이겨낼 수 있는 과학기술을 상징하는 복제인간을 통한 생체실험에서 실패한 샘플은 서슴없이 폐기하는 장면으로 과학기술의 어두운 뒷면을 보여준다. 〈쇼트4〉는 그러한 실험 끝에 성공한 복제인간 루나 073을 통해 복제인간의 돌연변이 유전자가 항체역할을 해 모두를 살릴 수 있다는 것을 간접적으로 보여주는 장면이다. 루나로부터 상처를 입은 송박사가 이후 월수에 반응하지만 죽지 않고 살아나는 것으로 알 수 있다.

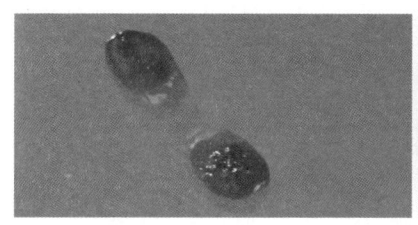 

〈쇼트5〉　　　　　　　　　　　　　〈쇼트6〉

　자연을 의미하는 월수는 〈쇼트5〉에서 증식하는 모습을 통해 그 힘 보여준다. 한 방울의 혈액이 월수와 만나자 수많은 물로 분화하는 물방울의 모습을 줌인으로 촬영해 인간의 통제를 벗어난 자연 즉, 증식하는 물의 파괴력을 드러낸다. 〈쇼트6〉은 그러한 월수가 증식하는 것을 빠른 속도의 촬영으로 담아내 인간을 익사시키는 물로 변하는 모습을 신비롭게 담아낸다. "죽을 때 죽더라도 물이라도 실컷 먹고 죽고 싶다."는 극중 인물의 대사로 전달되는 물에 대한 갈망에 답하는 자연의 메시지를 예고하는 쇼트이다.

　〈고요의 바다〉에서는 이처럼 자연과 과학의 힘의 영향력을 다양한 촬영기법으로 보여주고 있다. 두 힘은 인간의 욕망을 실현시켜주는 과학기술인 복제인간과 인간의 통제력 밖에 있는 극복할 수 없는 자연의 힘을 의미하는 증식하는 물이다. 인류의 문제를 단번에 해결해줄 힘을 가진 월수 즉, 자연을 통제하기 위해 복제인간을 이용하는 것은 두 힘의 대결을 보여주는 대표적인 미장센이다. 결국 인간은 과학의 힘으로 월수에 반응하지 않는 복제인간을 만들어내게 되고 증식하는 물은 인류의 생존을 위해 이용 가능하다는 것을 알 수 있다.

　과학기술의 발달이 지구환경 파괴의 주요인이 되어 기후변화를 일으키고 그 영향으로 물이 부족해지거나 식량부족으로 인류멸망의 위기를 가져오지만 이러한 문제를 해결하는 것 역시 과학기술의 힘이라는 것을 역으로 고찰하게 해주는 부분이다.

3. 인간과 복제인간의 만남

인간은 과학기술을 이용해 생명체를 무한복제 할 수 있는 신의 영역에 이른 주역이지만 자연 앞에서는 나약하고 불완전한 존재이다. 인간을 대체할 수 있는 복제인간을 창조할 정도의 첨단 과학기술도 자연의 역습 앞에서는 속수무책인 절름발이 과학기술을 의미한다. 하지만 개인의 욕망 앞에서 비인간적인 면모를 드러내는 인간보다 더 인간적인 면모를 드러내는 복제인간을 〈고요의 바다〉에서 다양한 기법으로 그려내고 있다.

〈쇼트7〉

〈쇼트8〉

〈쇼트7〉은 과학의 발전에도 불구하고 등급에 따라 정해진 양의 물을 배급받는 것으로 물의 양극화 현상을 보여준다. 과학기술로도 자연자원의 부족은 인간이 해결할 수 없는 영역이라는 것을 드러낸다. 바닥에 쏟아진 물을 주워 담기 위해 아이의 울음소리를 외면하는 쇼트에서 인간의 나약한 모습과 비인간적인 세상을 묘사하고 있다. 〈쇼트8〉은 월수에 반응해 온 몸의 피가 물로 변화되어 익사당하는 대원의 모습을 그려내고 있다. 월수는 인간의 몸에 닿으면 바이러스처럼 증식하여 인간의 모든 혈액을 물로 바꿔버리는 특징을 가지고 있는데 통제할 수 없는 미지의 힘에 대한 공포심을 불러일으킨다.

또한 달에 착륙하는 과정에서 우주선이 파괴된 것을 본 극중 인물의 "우주선 없는 우주인"이라는 대사를 통해 과학의 힘을 빌리지 않으면 기본적인 안전조차 보장받지 못하는 인간의 불완전한 모습도 전달하고 있다.

〈쇼트9〉　　　　　　　　〈쇼트10〉

〈쇼트9〉는 항공국 최국장의 물에 대한 열망을 시각적인 빛을 이용해 극적으로 묘사하고 있다. 밝은 부분과 어두운 부분의 차이인 콘트라스트를 크게 잡고 상대적으로 더 어둡게 표현한 로우 키 스타일[1]의 배경으로 쏟아지는 비를 맞고 있는 느낌을 전달하고 있다. 역광으로 뒤 돌아 앉아 있는 최국장은 "가끔 비 맞는 꿈을 꿔요. 그 꿈에서 깨어날 때

---

1) 로우 키 스타일은 전혀 또는 거의 투영되지 않는 그림자 표면에 있으며 극적 상황, 신비한 사건 그리고 범죄나 심리적 긴장감을 표현하는 데 적합하다.(크누트 히케티어, 김영목(옮김),『영화와 텔레비전 분석』, 연세대학교 출판부, 2007, 134쪽.)

의 참혹한 기분은 말할 수 없어요. 우리는 반드시 이 땅에 비가 오고 물이 넘쳐흐르게 만들어야 해요."라는 물에 대한 욕망을 흘러내리는 폭포를 연상하는 수직선의 강렬한 빛과 그림자로 재현하고 있다. 〈쇼트10〉은 딸의 굽어진 다리를 치료하기 위해서는 더 많은 물 배급권이 있어야 한다는 의사의 말을 들으며 한대장(공유)의 시점으로 잡은 쇼트이다. 불평등한 물 배급으로 인해 딸을 치료해주지 못하는 안타까움을 회상

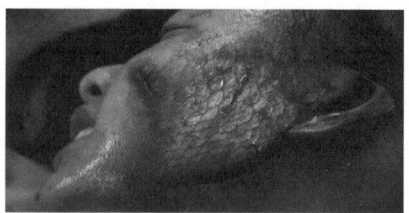

〈쇼트11〉

〈쇼트12〉

장면으로 보여줌으로 거듭되는 대원들의 죽음 앞에서도 임무 완수만을 외치는 불완전한 인물을 설명해준다.

이러한 나약한 인간의 모습과 대비되는 것이 생체실험의 샘플인 복제인간이다. 복제인간의 수많은 희생을 치르고 난 뒤 루나 073번에서야 연구가 성공하지만 인간의 통제를 거부하고 스스로 진화하는 모습을 통해 증식하는 과학기술의 힘을 보여준다.

〈쇼트11〉에서는 루나 073이 월수에 반응하는 과정에서 귀 뒤에 아가미가 생겨 물고기처럼 호흡을 하며 적응하고 대원들이 쏜 총상에도 빠른 속도로 회복하는 기이한 능력을 보여준다. 복제인간 루나는 단순하게 월수에 반응하지 않는 것 이상의 인간보다 뛰어난 능력을 가지게 된

것이다. 루나에 의해 면역력이 생긴 송박사가 월수에 반응하지 않는 것 외에는 변화된 것이 없다는 것과 달리 루나는 월수에 면역력이 생긴 것뿐만 아니라 스스로 환경에 적응하고 진화하는 단계에 이르렀다는 것이다.

〈쇼트12〉는 무중력 상태의 달에서도 우주복과 산소마스크 없이 자유롭게 걷는 모습으로 달에서도 완벽하게 적응한 루나를 보여준다. 인간에 의해 만들어졌지만 인간보다 더 뛰어난 능력을 가지게 되는 복제인간의 존재를 부각시키고 있다.

또한 복제인간의 진화된 모습을 패닝쇼트[2]와 트래블링쇼트[3]의 결합으로 인간과 다른 빠른 속도로 움직이는 모습을 역동적으로 묘사하고 있다. 간단한 움직임으로 인간의 팔을 찢을 수 있는 파괴력도 복제인간 능력의 크기를 보여주는 것이다. 상대적으로 인간의 느린 움직임과 교차시키며 인간과 다른 복제인간의 능력을 강조하고 있다.

〈쇼트13〉은 흘러내리는 물을 잡으려는 인간의 욕망을 우주복 속의 손을 빌어 그래픽 영상으로 표현하고 있다. 우주복 속의 손을 줌인으로 부각시키며 물을 잡으려는 것을 표현한 영상으로 투명한 물이 손에 잡히지 않고 미끄러져 흘러 내리는 것으로 물에 대한 통제력 상실과 좌절을 보여준다. 〈쇼트14〉는 루나가 달에서 어떠한 호흡기도 착용하지 않은 상태에서 자유롭게 자신의 온도를 조절하며 이동하는 모습을 송박

---

[2] 패닝쇼트 panning shot에서 카메라는 하나의 축을 중심으로 고정된 위치에서 공간을 수직, 수평 방향 그리고 대각선 방향으로 이동한다.(크누트 히케티어, 위의 책, 107쪽.)
[3] 트래블링쇼트(이동쇼트)는 화면 속의 인물의 움직임과 평행하게 이 움직임을 정지시키거나 또는 이 움직임을 뒤쫓거나 그 앞에서 물러나는데 자주 사용된다.(위의 책, 108쪽.)

사의 시점으로 바라본 것이다. 루나라는 이름은 라틴어로 달(Luna-달의여신)을 뜻한다. 달의 여신인 복제인간 루나는 그 자체로 지구의 희망을 뜻하는 메타포이다. 흑백의 영상 속에서 희망의 메타포인 루나가 입고 있는 옷의 핏자국을 붉게 보여줌으로써 복제인간이 인간과 동일한 피가 흐르는 생명체라는 점을 주목하게 한다.

〈쇼트15〉에서는 루나와 한대장을 대립적인 장면의 몽타주로 보여준다. 루나는 발해기지를 탈출하는 과정에서 다쳐 죽음 직전에 있는 한대장을 내려다보고 있다. 한대장과 딸이 한 약속을 의미하는 배지를 루나가 내미는 장면으로 복제인간과 인간의 모습을 중첩시킨다. 또한 한 대장의 눈물을 통해 루나가 자신의 딸의 생명을 살리기 위해 희생해도 되는 단순한 샘플이 아니라 자신의 딸과 다르지 않는 존재라는 것과 그의

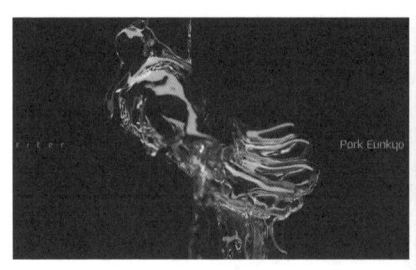

〈쇼트13〉

〈쇼트14〉

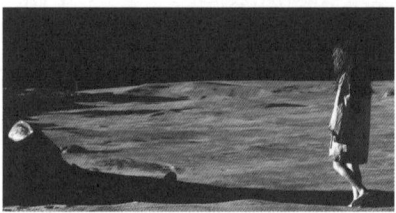

〈쇼트15〉

죽음 뒤 인류를 구해줄 임무를 완수하는 것은 결국 과학기술의 결과물 인 복제인간임을 깨닫게 해준다.

4. 논의를 맺으며

〈고요의 바다〉는 현재 주요 이슈중 하나인 지구온난화로 인한 심각한 물 부족 문제를 가까운 미래와 연결 지어 물에 자유롭게 만들어 줄 연구를 위해 달로 떠난 언니의 죽음에 의문을 품은 송박사가 중심인물이 되어 사건을 끌고 나가는 스토리이다. 복제인간을 이용한 생체실험에 성공하면 모두를 살릴 수 있을 것이라 생각한 송박사의 언니는 실험이 성공한 이후 오히려 자책한다. 동생에게 바다를 보여주고 싶다는 욕망과 인간의 물 부족 문제를 해결하기 위해 복제인간을 끝없이 희생시킨 것에 대한 후회이다. 그러한 언니의 마음을 작전수행을 하며 알게 된 송박사는 샘플로서가 아닌 하나의 생명체로 루나를 받아들이고 안전을 위해 지구가 아닌 다른 중립적인 곳으로 데려가려고 한다.

하지만 엔딩 장면은 오히려 루나가 지구를 선택하는 것으로 묘사하고 있다. 지구를 향해 우뚝 서있는 뒷모습을 통해 루나의 지구를 향한 애정을 보여준다. 그러한 복제인간의 시선을 통해 관객은 인간보다 더 인간다운 복제인간에 동화된다. 루나가 척박한 달 위에서 푸른 지구를 바라보고 있는 것은 결국 과학기술의 결과물인 복제인간이 지구의 희망이 될 수 있을 것이라는 열린 결말을 드러내고 있다.

세계는 일부 비관적 예언자들의 우려처럼 인간개체가 파괴되고 참다운 인간 공동체가 유실되는 디스토피아의 세계로 치닫고 있음을 결과론적으로 드러내고 있다. 그럼에도 불구하고 인간은 불완전한 현실을 뛰어넘어 궁극적 자유와 행복에 도달하고자 하는 꿈을, 버릴 수 없는 인간조건으로 짊어지고 있다.[4] 〈고요의 바다〉는 복제인간을 인간보다 더 인간답게 표현하고 자연의 법칙을 넘어서는 능력을 가진 존재로 보여줌으로써 인간과 복제인간의 경계를 모호하게 한다. 또한 감독은 인간의 삶의 바탕인 지구에서 벌어진 극단적인 산업화와 과학기술문명의 발달이 결국 인간을 파멸시킬 수밖에 없음을 보여줌으로써, 지금의 현실을 바로잡아 나가야 한다는 경고를 하고 있다. 〈고요의 바다〉는 증식하는 물과 복제인간이라는 SF적 상상력으로 자연과 과학의 힘, 인간과 복제인간의 모습을 대비시켜 과학기술의 빛과 어둠을 보여주고 있으며 인간과 복제인간에 대해 성찰하게 한다.

신의 영역을 넘보는 과학기술이라는 마술 지팡이를 어떤 방식으로 사용할 것인지 선택해야 할 시간이 얼마 남지 않았다. "답은 문 위에 있지 않고 문 아래에 있다."는 드라마 속 대사는 지구의 기후변화 문제를 해결하기 위한 답을 우주에서 찾을 것이 아니라 문(Moon) 아래, 우리가 발을 딛고 있는 지구에서 그 답을 찾아야 한다는 의미로도 들린다. 눈부신 과학기술의 발전 뒤로 드리워진 짙은 그림자인 기후변화로 인한 심각한 문제와 과학기술의 결정체인 복제인간과의 조우 방식을 깊이 사유해야 할 것이다.

---

4) 이상화, 「디스토피아에서 다시 유토피아로:올더스헉슬리의 『섬』, 『영어영문학』 40권/3호, 한국영어영문학회, 1994. 9, 493쪽.

〈그리드〉의 태양풍과
미래 인간에 대한 고찰

이미옥

1. 논의를 시작하며

　우리가 사는 이곳은 암흑 속의 창백한 푸른 점이다. 광활한 어둠 어딘가에 우리의 구원자는 과연 있을까. 드라마 〈그리드〉는 2021년에서 1997년까지 24년의 공간이 설정되어있다. 구성은 2091년에 태어난 미래 인간(유령)이 1997년 태양풍으로부터 위험에 처한 지구에 격자무늬의 자기장(그리드)을 설치하고 사라진다. 유령은 태양풍이 지구를 파괴할 것임을 예감하고 지자기의 방패막을 인위적으로 증폭시켜 인류를 구원한 것이다. 미래 인간이 유령처럼 나타난 시점은 우발적인 모멸감에 살인을 저지른 김마녹을 보호하다가 노출 시킨다. 정부는 비밀리에 찾고 있던 유령이 동일 인물임을 확인하면서 사건은 확대된다. 최첨단 비밀조직인 관리국은 자국의 권수근 박사가 창시한 것으로 조작하고, 전 인류를 대상으로 사실을 은폐하고 있다. 그들은 가속되는 태양풍으로 인해 지구 전리층의 이상 현상이 생기기 전에 유령을 찾아야 했다. 유령의 기술을 획득함은 권력의 영속과 전 인류의 지배를 상징하는 것이기 때문이다. 그래서 유령(미래인간)의 체포는 절체절명 한 일이다.

관리국은 과학이 권력을 얼마나 거대하게 만들지, 인간의 욕망으로 인류역사가 어디까지 뻗어 나갈지, 그것을 목적하기 위해 유령을 생포하여 독점하고자 한다. 〈그리드〉는 순간이동을 반복하면서 매우 복잡한 내용구성이 전개되지만, 우리 시선 안에 들어와 있는 것은 의외로 단순한 서사다. 그것은 70년 후의 미래 인간이 현재 인간과 똑같은 배고픔과 아픔을 느끼고 있다는 사실이다. 이는 〈그리드〉의 서사가 서양 SF와 차별화되어 있음을 의미한다.

태양은 태양계 중심에 있으며 지구에서 가장 가까운 항성이다. 지구는 태양으로부터 세 번째 행성이며, 조금 두꺼운 대기층으로 둘러싸여 있어, 지금까지 발견된 지구형 행성 가운데 가장 크다. 태양계 행성은 같은 평면상에 있으며 각각 태양의 자전과 같은 방향으로 공전하고 있다. 이것은 수십억 년 흐트러짐 없이 유지되고 있는 그들만의 질서이다. 그러나 태양풍으로 인한 지구의 불안과 위기설이 끊임없이 나돌면서 인류 종말론 또한 불편한 현실을 자극하고 있다. 그럼에도 근대과학의 탄생은 SF장르의 비약적 발전과 확장을 거듭하면서 그에 대한 정의 또한 복잡하고 어려운 일로 봉착되었다. 시대에 따라 그것을 정의하는 사람에 따라 SF는 각기 다른 의미들을 내포해 왔고, 다양한 모습으로 변형되고 인식되어왔다. 본고의 목적은 〈그리드〉의 과학적 상상력이 끼치는 영향력 고찰이다. 이를 위해 〈그리드〉에 나타난 태양풍이 지구에 미치는 영향과 사례를 살펴보고, 미래 인간과 서양 SF와는 어떤 차이점이 있는지, 드라마에서 휴머니즘이 밀착되어있는 지점은 구체적으로 어떻게 나타나는지를 분석하고자 한다.

2. 태양풍이 지구에 미치는 영향

 2022년 11월 8일 저녁, 동쪽 하늘에는 생애 한 번 볼 수 있을까 싶은 세기의 천문현상이 우리나라 전역에서 이루어졌다. 그것은 개기월식이었는데 지구의 그림자에 가려진 달이 다시 천왕성을 품는 매우 희귀한 장면이었다. 이는 월식과 행성 엄폐의 동시 발생이었다. 실제로 하늘은 한 시간이 넘도록 변화무쌍한 모습이 연출되었다. 달이 붉은빛을 냈던 이유는 지구 대기층을 지나는 태양의 푸른빛과 붉은빛 중, 붉은빛만 통과하여 블러드문(bloodmoon)이 탄생하였다. 태양과 달과 천왕성의 희귀현상과 같이 우주에서 발생하는 열역학 법칙을 통해 천체 질서를 환기해 보고자 한다.

 톰슨(W. Thomson)은 1852년에 발표한 논문 「자연 세계에서 역학적 에너지의 낭비를 향한 일반 경향에 관해」에서 열역학 제2법칙[1]을 "모든 비가역 과정(마찰, 전도, 복사, 화학 변화)에는 에너지의 낭비가 있으며, 이 에너지의 완전한 회복(restoration)은 불가능하다"라고 밝히고 있다. 그 핵심은 '엔트로피'[2] 증가라는 개념이다. 이 개념을 사용하여 "우주의 엔트로피는 항상 증가한다"는 명제를 에너지 보존 법칙과 함께 주장하고 있다. 다시 말해 열역학 제2법칙에서 엔트로피가 증가한다는 것은 무질서가 증가한다는 원리이다. 그래서 우주에는 어떤 의지

---

1) 김성환, 「열역학 법칙들의 형성」, 『근대철학』 Vol.5 No.1, 서양근대철학회, 2010, 71-77쪽 참고.
2) 김수병, 「엔트로피의 법칙」, 『TTA저널(정보통신표준화소식)』 Vol.109, 한국정보통신기술협회, 2007, 32-33쪽 참고.

가 개입되고 그 의지 아래 에너지를 동원해서 투입하지 않으면 무질서가 증가한다는 것이다. 하지만 그 무질서의 파괴력을 통제하거나 특정한 규칙을 따르도록 하는 자연의 힘은 아직 무엇인지 설명할 수 없는 일이다.

  우주는 극히 무질서하며 심지어 행성이 궤도를 벗어날 수도 있다는 것이다. 20세기만 해도 과학자들은 행성의 궤도가 거의 불변이며 현재의 위치와 수만큼 있다고 믿었다. 그러나 현대과학은 잘못된 것임을 증명하였다. 무엇보다도 태양계의 안정성이 매우 취약하다는 것이다. 최근 토론토 과학자들의 보고에 따르면 해왕성의 궤도가 단 0.1%라도 변화하면 태양계는 지난 45억 년 동안 발생하지 않았던 대혼란을 겪을 수 있다고 한다. 화성은 궤도를 벗어나 태양 가까이 다가가 지구 혹은 금성과 충돌할 수도 있고, 수성은 반대로 태양에서 멀어져 역시 지구와 충돌할 가능성이 있다. 최종적으로 천왕성, 해왕성, 수성도 태양계를 떠나버려 지구상의 생명은 존재할 수 없어 지각은 벗겨지고 지표는 끝없는 용암의 바다로 될 것이란 이론이다. 지구는 궤도를 벗어나 태양과의 거리가 좁혀지거나 멀어지거나 할 것이다. 전자일 경우 지구는 급격한 온도 상승과 해양증발로 인해 모든 생물은 익혀질 것이고, 후자의 경우는 반대로 동사할 것이란 가정이다. 최근 연구에서 우주 외부의 관측으로는 거의 보이지 않는 블랙홀이 대량으로 존재한다는 것도 불안전성을 증명하는 것으로서 엔트로피의 간격을 극복하는 것은 불가능한 것이다.[3]

---

3) 김성현, 「엔트로피 생성의 관점에서 본 생체 고분자 형성의 가능성」, 『Origin Research Journal』 Vol.2 No.1, 한국창조과학회, 2022. 4. 22-37쪽 참고.

그렇다면 태양은 왜 폭풍을 일으키는가? 태양은 같은 등급의 별보다 안정된 것처럼 보이지만 그 표면은 끊임없이 요동치고 있다. 지난해 10월에는 태양 표면의 폭발 현상인 플레어가 나타나면서 북유럽과 캐나다, 미국 알래스카 등 일부 지역에 강한 오로라-우주 입자와 지구의 대기가 부딪혀 장막 같은 형태로 밝게 빛나는 현상-가 펼쳐지면서 위성, 통신 장애의 발생을 우려했으나 다행히 사고는 없었다. 10년 전, 2011년 2월 15일에 발생한 X급 태양 폭발의 영향은 2월 18일 보현산 소재의 한국천문연구원 지자기 관측소에서 일주일 전후 지자기 데이터와 비교하여 우리나라 시간으로 10시 30분경 (01:30 -UTC)부터 지자기 측정치가 요동친 것은 증명하고 있다.[4] 캘리포니아대의 압둘 조요티 교수는 대규모 태양풍이 발생할 경우, 전 세계 인터넷이 몇 주 동안 마비될 수도 있다고 전한다.

태양이 방출하는 입자의 흐름은 우주의 배경복사[5]보다 훨씬 강하다. 만약 우주배경복사가 지구의 자기장에 의해 반사된다면 태양풍은 자기장의 섭동-지구 자기장의 변화가 주기적 특성을 잃고 제멋대로 바뀌는 현상-과 과잉률을 일으키는데 이 과정을 태양풍 혹은 지자기 폭풍이라 일컫는다. 즉 태양풍은 행성 전역을 둘러싸고 다양한 영향을 미친다. 태양 플레어는 인간에게도 영향을 줄 뿐만 아니라 태양이 지구에 미치는 영향은 자기장 활동에 정비례한다. 태양풍은 인간이 이룩한 모든 위

---

4) 유윤자·조득재·박상현, 「태양 흑점활동이 측위오차에 미치는 영향:태양폭풍사례연구」, 『한국항해항만학회지』 Vol.35 No.6, 한국항해항만학회, 2011, 477-482쪽 참고.
5) 강혜성, 「우주배경복사를 통하여 본 우주의 역사」, 『자연사 미래환경학회 학술발표논문집』 Vol. 2003, 자연사 미래환경학회, 2003, 1쪽 참고.

성통신의 시스템을 교란시킨다. 지구에 인프라가 발달할수록 태양풍에는 더 치명적이다. 전송 길이가 길수록, 위성이 많을수록, 태양풍에 의한 손실은 클 수밖에 없다.[6]

태양의 흑점은 태양 자기장에 의해 수시로 나타났다 사라지며 개수도 일정하지 않다. 이 흑점이 폭발하면 '태양폭풍'인 플레어 현상이 일어난다. 이 플레어는 10억 Mt-1메가톤은 1kg의 10억배-의 강력한 자기장이 방출되는데, 국립전파연구원 우주전파센터에 따르면 이 자기장은 백만 개의 화산이 동시에 폭발하는 규모와 같다. 또한 지구 대기권 외부에 강한 전류를 전달해 인공위성을 무용지물로 만들 수 있다. 흑점이 폭발을 일으키지 않더라도 태양 표면의 플라즈마는 끊임없이 우주 공간으로 흘러나온다. 우주를 떠도는 플라즈마가 바람과 같다는 의미에서 '태양풍'이라고도 한다.

위에서 태양풍은 어떻게 만들어지는지, 지구에는 어떠한 영향을 미치는지 살펴보았지만, 최근 영국 왕립천문학회의 연구는 지구의 운명을 비극적으로 발표했다. 태양풍의 세기가 앞으로 50억 년 동안 어떻게 변화할지를 계산한 것이다. 태양은 핵반응으로 수소가 고갈될 것이고, 내부 압력이 낮아져 태양 중심은 수축하고 태양 외층은 팽창하여 적색 거성으로 진화한다는 것이다. 그 단계에서 태양풍은 계속 강해지면서 지구의 자기 보호막은 소멸할 수밖에 없다는 것이다. 보호막이 사라지면 태양풍의 무자비한 공격에 노출될 것이고, 지구는 더 이상 생명

---

[6] 곽인희·박지희·홍참길, 「태양풍 변화에 따른 지구 자기장 교란 예측 및 분석」, 『한국정보과학회 학술발표논문집』 Vol.2020 No.7, 한국정보과학회, 2020, 1581쪽.

이 살 수 없는 공간이 되리라는 연구결과이다. 태양은 뜨거운 에너지를 발산하면서 외피는 진화하고 내부적으로는 소멸하여, 행성들의 자기권을 전멸시킨다는 비극적 결론에 도달했다. 이 상황만을 유추해도 〈그리드〉는 과학적인 측면에서 개연성 있는 드라마임을 확인할 수 있다. 다음은 〈그리드〉에서 태양풍으로 인해 발생한 오로라와 통신시설의 장애현상을 연출한 장면들이다.

〈쇼트1〉 국내에 나타난 오로라

〈쇼트2〉 주택의 통신장애

〈쇼트3〉 해외에 나타난 오로라

〈쇼트4〉 대규모 공장의 통신장애

〈쇼트1〉~〈쇼트4〉는 국내외 대규모 시설은 물론 골목의 주택까지 통신이 마비되는 현상과 현란한 오로라를 통해 공포를 예감하고 있는 동시다발적 몽타주를 보여주고 있다. 야외수업을 받던 학생들은 방사선을 피하려다 넘어진 친구를 버리고 건물에 들어가려 아비규환이다. 〈쇼트2〉는 어린 새하가 두려움 때문에 이불을 뒤집어쓰고 있는 모습이다. 하늘을 뒤덮은 오로라와 통신장애로 인한 공포감을 이중프레임으로 극

대화 시키고 있다. 태양은 지금도 끓고 있다. 11년 주기로 그 힘을 변화시키며 강한 지자기 폭풍을 일으키고 있는 것이 태양이다. 태양풍은 자기장이 없는 천체를 완전히 말소시켜 버린다. 다행히 지구는 태양계에서 강력한 자기장을 가진 유일한 행성이지만, 태양풍에 자유롭지 않다는 것은 위에서 언급하였다. 태양 없이 지구는 존재할 수 없다. 스스로 빛이 되고 스스로 열을 만드는 태양은 9개 행성을 거느리며 태양계 중심을 지키고 있다. 이런 상황에서 인류 과학의 긍정이자 부정으로 작용하는 아이러니한 태양풍을 주제로 한국적 SF드라마 〈그리드〉가 제작된 것이다.

3. 한국적 SF와 휴머니즘

21세기에 접어들면서 SF 콘텐츠에 대한 관심도가 높아졌고, 세계적으로 콘텐츠 전 부문에서 관련 장르의 요소들을 폭넓게 활용하고 있다. 그러나 우리는 IT 관련 교육과 정보이해 수준이 세계적으로 높은 편임에도 불구하고 SF의 가능성을 제대로 소비하지 못하고 있다. 이것은 역으로 한국적 SF에 대한 가치와 담론을 구축할 수 있는 새로운 방향 전환의 시간이기도 하다. 그것을 방증하는 신호탄이 드라마 〈그리드〉이다.

서양의 SF는 공상적 구성과 과학적 추론의 급진화로 인간의 윤리적 책임을 배제한 부분이 주도해 왔으며, 그들이 지향하는 상상력은 "정상적인 경험을 넘어서려는 욕망"[7]으로부터 출발하기 때문에 그 결과

---

7) 로버트 스콜즈·에릭 라프킨, 김정수·박오복 옮김, 『SF의 이해』, 평민사, 1993, 229~230쪽.

는 돌이킬 수 없는 상태를 염려하지 않을 수 없다. 그 '넘어서려는 욕망'이 공식처럼 SF=포스트 휴머니즘을 의미하거나 일반화된 개념이기도 하다. 이미 "SF는 완벽한 포스트 휴먼 장르"라고 인식하고 있는 것이 현대적인 감각이기도 하다.[8] 이는 SF가 인간 세계를 위해 어떤 요소로 작용하고 있는지, 미래에 어떤 위치에 서 있을지 윤리적 측면은 배제하고 현대적 감각만을 앞세운 장르 편향에 서 있다 할 것이다. 이런 의미에서 〈그리드〉의 출현은 이전과 비교해서 새로운 실험이라 할 수 있겠다.

드라마 내용의 핵심은 방어막 기술을 독점하려는 정치 권력과 그것에 저항하는 세력, 그리고 사회적 약자를 보호하는 미래 인간과 그를 추격하는 권력의 하부기간 사이의 갈등 관계를 나타내는 SF 스릴러이다. 기존에 우리가 짐작할 수 있는 SF는 인체에 기계를 결합한 사이보그라는 비인간이던가, 비유기체의 몸을 가진 인공지능이 대부분이었다. 〈그리드〉는 미래의 사람이 현재 인간이 느끼는 식욕과 육체적 고통과 외로움을 똑같이 느끼는 홀로세의 인간으로 설정한 것이 기존 SF와 차별되는 특징이라 할 수 있겠다. 그것은 영상으로 확인할 수 있다.

〈쇼트5〉 케이크를 먹고 있는 미래인간

〈쇼트6〉 정치자금을 탈취한 미래인간

---

8) 슈테판 헤어브레히터, 김연순·김응준 옮김, 『포스트휴머니즘』, 성균관대학교 출판부, 2012, 161쪽.

앞에 표시된 〈쇼트5〉와 〈쇼트6〉은 현대인의 생활과 너무도 흡사한 공간에서 유령의 일상을 연출하는 미장센이다. 케익을 먹고 있는 〈쇼트5〉는 유령의 허기를 채우고 있는 오브제로서 케익을 거의 흡입하는 수준과 표정에서 유령의 취향과 성향을 상상하게 한다. 특히 전체적으로 밝은 조명은 유령의 기분이 전환되고 있음을 알리고 있다. 심지어 〈쇼트6〉은 조작과 음모를 일삼는 정치인들의 행태를 일갈하는 행위로서, 정치자금전달 과정을 포착하여 돈 가방을 빼돌리고 허탈한 상태를 보여주고 있다. 웃기지만 슬픈 세태를 풍자하면서 현실 정치를 시각화하고 있다. 이 몽타주는 정치 수준의 변함없는 표정을 읽을 수 있으며, 미래 인간의 심리 상태를 어두운 조명으로 나타내고 있다.

〈쇼트7〉 마녹이 감금된 상황

〈쇼트8〉 감금된 마녹의 좌절

〈쇼트7〉과 〈쇼트8〉의 공간적 배경은 화려한 지상과는 대조적으로 폐쇄된 심층 지하 공간이다. 살인자 마녹은 친척하나 의지할 곳 없는 사고무친으로 폐업한 치과에 거주하며 막노동으로 살아가는 소외된 인간이다. 사회적으로는 쓰레기와 같은 취급을 받으며, 윤리적으로는 감옥에 가야 하는 살인자를 유령이 보호하고 있다. 〈쇼트7〉의 몽타주는 마녹과 유령의 체포가 전면전으로 돌입하자 서로의 안전을 위해 유령이 마녹을 감금하는 장면이다. 이 쇼트는 〈그리드〉의 주제적인 몽타주로서 미래 인간이 사회적 약자 편에 있다는 것을 상징하고 있다. 〈쇼트8〉은 김마녹이 체포되는 순간마다 구해주는 유령을 따라 왔지만, 철저히 고립된 공간에서 좌절하고 있는 모습이다. 마녹을 쓰레기와 다르지 않게 배치시킨 잔인한 미장센이기도 하다. 심층 지하는 출구가 보이지 않는 갇힌 공간으로서 커다란 의미작용을 한다. 지하의 공간은 유령이 마녹에게 가하는 처벌일 수도 있고 보호의 개념일 수도 있겠지만, 갇힌 자와 가둔 자의 경계가 뚜렷하지 않은 아이러니한 상황이다. 미래 인간과 마녹의 위치가 같은 선상에 있다는 것을 몽타주는 설명하고 있다.

새하의 구순술은 상대의 말을 더욱 집중하게 만든다. "가정교육을 어떻게 받은 거야, 에미에비도 없나"라는 편의점 사장의 언사는 마녹의 우발적 살인의 원인이 되었다. 이런 모멸감에 관대할 수 있는 사람이 있을까? 유령이 마녹을 보호하는 이유가 무엇인지 냉정하게 파악해야 하는 이유가 또 있다. 드라마가 미궁으로 빠지게 된 이유는 국가수의 DNA 결과에도 있었다. 마녹의 체포를 방해하고 사라진 유령의 의구심을 수사하던 정새벽은 국가수 결과에 아연실색하게 된다. 유령과 새벽은 DNA와 미토콘드리아가 일치하고, 마녹과 유령은 혈액형마저 동일하다는 결과에 시청자의 시선도 방황하게 된다. 그러나 수치는 만 명 중에 서너 명 정도 일치할 수 있는 일반적인 확률이라고 언급한다. 이 사실은 새로운 국면을 맞게 되지만, 유령의 중심은 혈연이어서가 아니라 소외된 인간군에 대한 연민으로 현재에 서 있는 것이다. 화면으로 그 예를 확인할 수 있다.

관리국은 살인자 김마녹을 보호하는 유령의 아이러니한 행동을 이해할 수 없다. 유령의 손목엔 전자칩이 내장되어 있고, 그것은 뇌에서 전달하는 체계를 전자신호로 바꿔주는 역할을 하며, 손에 쥔 금속장치는 운동 신호로 변환하여 유령이 원하는 곳으로 이동하기 때문에 체포는 불가능한 것이다. 유령을 생포하기 위해서 마녹을 미끼로 쓰지만, 뜻대로 되지 않아 정부의 담보물인 권박사의 아들 새하 마저 현장으로 투입한다. 관리국은 가지고 있는 모든 패를 던져서라도 이동 메카니즘을 손아귀에 넣고자 혈안이 되어 있다. 이 과정에서 새하는 가장 큰 피해자이다. 정부가 만든 음모에 아버지 죽음이 제대로 밝혀지지 않았고, 심지어 아버지를 전파연구소 청소부로 오해하고 있었다. 그로 인해 엄마는 평생을 우울증과 인공호흡으로 연명해야 했다. 새하 인생은 권력 음모에 통째로 희생되었으며, 그 진실을 밝히기 위해 홀로 거대한 힘과 맞서고 있는 것이다.

〈쇼트9〉 유령이 보살피는 새하 엄마

〈쇼트10〉 미래 인간들의 결투

〈쇼트9〉는 새하의 오해로 분노가 극대화되는 장면이다. 새하는 아버지의 죽음이 유령 때문이라 생각했고, 어머니마저 살해한다는 착각을 하고 극단의 결심을 하지만, 유령이 새하의 어머니에게 비타민을 투여하며 보살피는 장면을 알게 된다. 결정적으로 유령은 새하의 적이 아니었다. 아버지의 죽음은 운명적인 것이었기에 되돌릴 수 없다는 것을 과거로 돌아가 알게 되었다. 강력계 형사 정새벽은 살인자 체포를 직업적인 책임감에서 시작했다. 유령은 말할 것도 없고, 범인과 유전자가 같다는 증오심에 두 사람 체포에 사활을 건다. 관리국도 무장한 인력을 최대한 배치해 놓고 총력전으로 유령을 근거리에서 쫓고 있다. 이때 천막에 숨어있던 마녹은 자신이 쓰레기 같다는 새벽의 말을 엿듣고 다시 충동 살인을 자행하는 순간, 또 다른 미래 인간이 개입하면서 마녹과 새하의 죽음에 이르게 된다. 이 과정에서 〈쇼트10〉은 슬로우모션과 롱테이크 기법을 사용하여 두 개의 신(scene)을 오버랩하는 장면인데, 하나는 새하와 마녹의 죽음 과정이고, 또 하나는 철도 신으로 현란한 몽타주가 빠르게 연결되는 장면이다. 슬로우모션은 새하의 처절한 죽음을 각인시킨다. 새하의 죽음을 되돌리려는 유령과 죽음을 강행시키려는 유령2의 신경전과 결투장면은 드라마의 클라이막스를 긴장과 흥분으로 증가시켰다. 급박한 결투 신(scene)을 연결하는 롱테이크 기법과 웅장한 기계음은 청각적 요소를 덧붙여 몰입도를 한층 높여 주는데 기여했다. 철도 신에서는 기적 소리와 총소리가 오버랩 되면서 마치 삶과 죽음의 경계를 풀어헤치는 듯한 장면을 연출하고 있다. 그러나 인간의 피해를 원치 않는 유령은 새롭게 등장한 유령2의 힘에 압도당하고, 권력의 상징이었던 관리국과 그리드는 모두 파괴된다. 억제할 수 없는 드라마적 엔트로피는 지구에게 과제를 넘기고 종결된다.

4. 논의를 맺으며

이상으로 본고는 〈그리드〉를 대상으로 태양풍이 지구에 미치는 영향과 미래 인간의 행위를 중심으로 서양 SF와의 변별성을 살펴보았다. 우선 과학적으로 현저히 다른 미래 인간이 현재 인간과 이질적이지 않다는 사실이다. 심지어 약자 편에서 시대를 풍자하며 드라마는 현실적 통찰을 저변에 확대하여 이끌어가고 있는 것을 확인하였다. 이는 서양 SF가 과거에 지향했던 사이보그나 인공지능을 겨냥하여 SF를 휴머니즘적 윤리관으로 다가간 새로운 패러다임의 확장이라 할 수 있겠다. 다시 말해 그동안 포스트 휴머니즘의 한계, 즉 비인간적인 내용을 일정 정도 천착한 한국적 SF의 실험적 탄생이라 볼 수 있다. 드라마는 미래 인간을 단순히 약자 편향에서 의미를 두는 게 아니라, 현재와 과거를 수없이 이동하면서 시간은 흐르지 않는다는 것을 역설하면서 인간적인 측면을 드러내고 있다. 신비로운 시간의 본질 즉, 우리의 상식을 벗어나게 만든 과거-현재-미래의 순서가 연속된 '선'이 아니라 '점'이라는 놀라운 사실을 미래 인간을 통해 고찰하게 만든 드라마이다. 우리의 현재에는 어떤 '점'이 언제라도 끼어들 수 있는 과거나 미래가 존재할 수 있다는 것이다. 중요한 것은 과학기술의 끝없는 도전이 누구를 위한 것인지 되돌아보며 유령은 먼 미래가 아니라 지금, 우리 안에서 변화되는 현재라는 사실을 형상화 시킨 휴먼 드라마임을 환기하고 있다.

세상일은 아주 복잡하다. 현실은 겉으로 보이는 것과 다르다. 태양이 도는 것 같은데 사실은 지구가 돌고 있고, 지구가 평평한 것 같은데 사실은 공 모양인 것처럼. 온 우주에 공통의 현재는 존재하지 않으며, 세상 모든 사건들이 과거-현재-미래 순으로 진행되지도 않는다. 우리 주위에는 현재가 있지만 멀리 있는 은하에는 그것이 '현재'가 아니다. 결

---

9) 카를로 로벨리, 이중원 옮김, 『시간은 흐르지 않는다』, 쌤앤파커스, 2019, 203쪽.

국 우리는 '우리'의 관점, 세상의 작은 일부인 인간의 관점에서 시간의 흐름 속에 있는 세상을 본 것일 뿐이다.[9] 이는 이탈리아 물리학자 카를로 로벨리의 말이다. 이 지적은 〈그리드〉에서 꾸준하게 언급하며 주제적이라 할 수 있는 "시간은 흐르지 않아"라는 것을 핵심적으로 설명해 주고 있다. 우리가 혼선을 빚어야 했던 것도 바로 이 대목이다. 우리는 변하지 않는 문법처럼 시간이 흐르고 있음을 느끼고, 〈그리드〉가 상징하는 미래는 시간이 흐르지 않는다.

우리는 세상에 존재하는 수많은 시간들이 순서가 있는 것으로 이해했다. 그러나 시간은 엔트로피의 증가에 의존하여 시간의 흐름을 특별한 관점에서 기술한 근사치에 불과했다. 그러나 다양한 근사치에서 파생된 수많은 특성들이 겹겹이 쌓인 다층 구조의 복잡한 개념이 우리의 시간이었다. 드라마는 현재와 미래가 이분법적으로 나누어진 구조가 아니라, 우주와 이어져 있는 시공간을 초월한 개념이다. 그래서 무질서가 낳는 엔트로피의 증가는 종말이기보다 새로운 개념의 탄생이라고 봐야 할 것이다.

언급한 바와 같이 세상은 엔트로피가 높아지는 방향으로 변하고 있다. 이것은 무질서의 증가이며, 그 무질서를 인정하고 열역학 법칙에 근거한 것이 〈그리드〉의 내용이다. 드라마는 태양풍이라는 현실적 문제에 접근하면서 미래를 관망하고 미래 인간의 모습을 상상하며 현재를 성찰하게 만든 한국 SF의 롤모델이 되어도 좋을 듯싶다. 그리하여 〈그리드〉가 SF와 휴머니즘의 상생과 공존의 신호탄이 되길 바란다.

참고문헌

1. 기본 자료

- 〈SF8 - 간호중〉, 김지희 극본, 민규동 연출, 1부작, WAVVE · MBC, 2020.
- 〈SF8 - 만신〉, 김민경 극본, 노덕 연출, 1부작, WAVVE · MBC, 2020.
- 〈SF8 - 블링크〉, 강산 극본, 한가람 연출, 1부작, WAVVE · MBC, 2020.
- 〈SF8 - 우주인 조안〉, 문주희 극본, 이윤정 연출, 1부작, WAVVE · MBC, 2020.
- 〈SF8 - 인간 증명〉, 김의석 극본 · 연출, 1부작, WAVVE · MBC, 2020.
- 〈나 홀로 그대〉, 류용재 · 김환채 외 극본, 이상엽 연출, 12부작, 넷플릭스, 2020.
- 〈시지프스 The Myth〉, 이제인 · 전찬호 극본, 진혁 연출, 16부작, JTBC, 2021.
- 〈고요의 바다〉, 박은교 극본, 최항용 연출, 8부작, 넷플릭스, 2021.
- 〈그리드〉, 이수연 극본, 리건 · 박철환 연출, 10부작, 디즈니플러스, 2022.

2. 국내외 저서

- Aristotle, Poetics, by D. W. Lucas, Clarendon Press, Oxford, 1978.
- James Gunn, Modern Science Fiction, A Critical Analysis : The Seminal 1951 Thesis with a New Introduction and Commentary, McFarland & Company, Inc, 2018.
- Steven Gil, SCIENCE WARS THROUGH THE STARGATE, Rowman & Littlefield, 2015.
- F. M. 콘퍼드, 남경희 옮김, 『종교에서 철학으로』, 이화여자대학교 출판부, 1994.
- J.힐리스 밀러, 최은주 옮김, 『문학에 대하여』, 동문선, 2004.
- Sara Mills, 임경규 옮김, 『미셸 푸코』, 앨피, 2008.

- 강대진, 『일리아스, 영웅들의 전장에서 싹튼 운명의 서사시』, 그린비, 2010.
- 고장원, 『SF란 무엇인가?』, 부크크, 2015.
- 고장원, 『세계과학소설사』, 채륜, 2008.
- 김누리, 『우리에겐 절망할 권리가 없다』, ㈜해남출판사, 2022.
- 김보영, 『SF 거장와 걸작의 연대기』, 돌베개, 2019.
- 김선희, 『인공지능, 마음을 묻다』, 한겨레, 2021.

- 김세원, 『포스트휴먼의 초상』, 미다스북스, 2021.
- 김영식, 『과학, 인문학 그리고 대학』, 생각의나무, 2007.
- 김영옥, 『이미지 페미니즘 –젠더 정치학으로 읽는 시각예술』, 미디어일다, 2018.
- 김영진, 『영상조명의 미학적 원리와 방법』, ㈜성안당, 2017.
- 김용수, 『자크 라캉』, 살림, 2008.
- 김원익, 『신화, 세상에 답하다』, 바다출판사, 2009.
- 김이석·김성욱, 『영화와 사회』, 한나래, 2012.
- 김일영, 『언데드의 영원한 회귀』, 신아사, 2020.
- 김재인, 『혁명의 거리에서 들뢰즈를 읽자』, 느티나무책방, 2016.
- 김재홍, 『그리스 사유의 기원』, 살림, 2003.
- 김재희, 『시몽동의 기술철학』, 아카넷, 2017.
- 김주연, 『사라진 낭만의 아이러니』, 서강대학교 출판부, 2013.
- 김중순, 『토정비결이란 무엇인가』, 세일사, 1991.
- 김현경, 『사람, 장소, 환대』, 문학과지성사, 2015.
- 나이젤 섀드볼트·로저 햄프슨, 강명주 옮김, 『디지털 유인원』, 을유문화사, 2019.
- 노동렬, 『드라마 디자인』, 한국방송영상산업진흥원, 2008.
- 노스럽 프라이, 임철규 역, 『비평의 해부』, 한길사, 2000.
- 다케다 히로나리, 김상운 옮김, 『푸코의 미학』, 현실문화, 2018.
- 더글라스 알렌, 유요한 옮김, 『엘리아데의 신화와 종교』, 이학사, 2008.
- 레이 커즈와일, 김명남·장시형 옮김, 『특이점이 온다』, 김영사, 2007.
- 로버트 스콜즈·에릭 라프킨, 김정수·박오복 옮김, 『SF의 이해』, 평민사, 1993.
- 로버트 페페렐, 이선주 옮김, 『포스트휴먼의 조건』, 아카넷, 2017.
- 로이 케네스 해크, 이신철 옮김, 『그리스 철학과 신』, 도서출판b, 2011.
- 루돌프 오토, 길희성 옮김, 『성스러움의 의미』, 분도출판사, 1987.
- 류연웅 외 5인, 『미세먼지 : 안전가옥 앤솔로지 03』, 안전가옥, 2019.
- 리처드 로티, 김동석·이유선 역, 『우연성, 아이러니, 연대』, 사월의책, 2020.
- 마쓰오 유타카, 박기원 옮김, 『인공지능과 딥러닝 –인공지능이 불러올 산업 구조의 변화와 혁신』, 동아 엠앤비, 2014.

- 마틴 가드너, 전동렬 옮김, 『세상을 바꾼 위대한 과학 에세이』, 파워북, 2009.
- 마틴부버, 김천배 옮김, 『나와 너』, 대한기독교서회, 2000.
- 메리 셸리, 임종기 옮김, 『프랑켄슈타인』, 문예출판사, 2014.
- 미르치아 엘리아데, 이은봉 옮김, 『종교형태론』, 한길사, 1996.
- 미셸 푸코, 오생근 역, 『감시와 처벌-감옥의 역사』(번역 개정판 2쇄), 나남, 2016.
- 미셸 푸코, 이상길 옮김, 『헤테로토피아』, 문학과 지성사, 2014.
- 미셸 푸코, 심세광 옮김, 『주체의 해석학』, 동문선, 2007.
- 박영석, 『21세기 SF영화의 논점들』, 아모르문디, 2019.
- 박정자, 『시선은 권력이다』, 기파랑, 2008.
- 박희영 외, 『서양고대철학 1-철학의 탄생으로부터 플라톤까지』, 길, 2013.
- 배상준, 『장르 영화』, 커뮤니케이션북스, 2015.
- 백승영, 『니체, 디오니소스적 긍정의 철학』, 책세상, 2005.
- 버트런드 러셀, 김이선 옮김, 『종교와 과학』, 동녘, 2011.
- 베르나르 베르베르, 이세욱 옮김, 『나무』, 열린책들, 2003.
- 브렛 킹 외, 백승윤 옮김, 『증강현실』, 미래의 창, 2016.
- 브루노 스넬, 김재홍·김남우 옮김, 『정신의 발견』, 그린비, 2020.
- 서경식·노마 필드, 『교양, 모든 것의 시작』, 노마드북스, 2007.
- 서동욱 외, 『철학의 욕조를 떠도는 과학의 오리 인형』, 사이언스북스, 2021.
- 셰릴 빈트, 전행선 옮김, 『에스에프 에스프리-SF를 읽을 때 우리가 생각할 것들』, arte, 2019.
- 셰릴 빈트·마크 볼드, 송경아 옮김, 『SF 연대기 : 시간 여행자를 위한 SF 랜드마크』, 허블, 2021.
- 송영진, 『그리스 자연철학과 현대과학 제1권-그리스 신화와 자연철학』, 충남대학교출판문화원, 2014.
- 슈테판 헤어브레히터, 김연순·김응준 옮김, 『포스트휴머니즘: 인간 이후의 인간에 관한 문화철학적 담론』, 성균관대학교 출판부, 2012.
- 아리스토텔레스, 박문재 옮김, 『시학』, 현대지성, 2021.
- 어슐러 K. 르 귄, 최용준 옮김, 『어둠의 왼손』, 시공사, 2014.

- 안숙영, 『젠더, 공간, 권력』, 한울아카데미, 2020.
- 알베르 카뮈, 민희식 옮김, 『시지프스의 신화』, 육문사, 1992.
- 에른스트 디터 란터만, 이덕임 옮김, 『불안사회』, 책세상, 2019.
- 엘리자베스 그로스, 탈경계인문학연구단 공간팀 옮김, 『건축, 그 바깥에서: 잠재공간과 현실 공간에 대한 에세이』, 그린비, 2012.
- 유발 하라리, 김명주 옮김, 『호모데우스』, 김영사, 2017.
- 유평근·진형준, 『이미지』, 살림, 2001.
- 윤석진, 『멜로드라마 스캔들 근대적 상상력』, 푸른사상, 2004.
- 이길행·김기홍·박창준, 『가상현실 증강현실의 미래』, 콘텐츠 하다, 2018.
- 이도흠 외, 『과학기술글쓰기』, 새문사, 2017.
- 이루카, 『독립의 오단계』, 허블, 2020.
- 이상섭, 『문학비평사전』, 민음사, 2015.
- 이지용, 『한국 SF장르의 형성』, 커뮤니케이션북스, 2016.
- 이호규, 『테크놀로지와 낭만주의』, 커뮤니케이션북스, 2008.
- 자크 라캉, 권택영 외 옮김, 『욕망 이론』, 문예출판사, 1994.
- 장 보드리야르, 하태환 옮김, 『시뮬라시옹』, 민음사, 2001.
- 장 보드리야르, 배영달 옮김, 『암호』, 동문선, 2006.
- 장영란, 『장영란의 그리스 신화』, 살림, 2005.
- 장영란, 『호메로스의 일리아스, 신들의 전쟁과 인간들의 운명을 노래하다』, 사계절, 2021.
- 장정희, 『SF장르의 이해』, 도서출판 동인, 2016.
- 전태국, 『탈주술화와 유교문화 - 세계화하는 한국의 사회문화』, 한울아카데미, 2013.
- 정대현 외, 『표현인문학』, 생각의나무, 2000.
- 조대호, 『일리아스, 호메로스의 상상 세계』, 그린비, 2021.
- 조엘 마니, 김호영 옮김, 『시점』, 이화여자대학교 출판부, 2007.
- 주유신, 『시네 페미니즘: 여성의 시각으로 영화를 읽는 13가지 방법』, 호밀밭, 2017.
- 지그문트 바우만, 홍지수 옮김, 『방황하는 개인들의 사회』, 봄아필, 2013.
- 지그문트 바우만, 함규진 옮김, 『유동하는 공포』, 산책자, 2009.

- 차하리아스 불가리스, 안성준 옮김, 『데이터 과학자: 빅데이터 시대를 주도하는 사람들 – 그들은 무엇을 배우고 어떻게 준비하는가?』, 프리렉, 2017.
- 카를로 로벨리, 이중원 옮김, 『시간은 흐르지 않는다』, 쌤앤파커스, 2019.
- 캐서린 헤일스, 허진 옮김, 『우리는 어떻게 포스트휴먼이 되었는가』, 열린책들, 2013.
- 크누트 히케티어, 김영목(옮김), 『영화와 텔레비전 분석』, 연세대학교 출판부, 2007, 134쪽.
- 크리스 그레이, 석기용 옮김, 『사이보그 시티즌』, 김영사, 2016.
- 키에르케고르, 강성위 옮김, 『불안의 개념/죽음에 이르는 병』, 동서문화, 2018.
- 토머스 딕슨, 김명주 옮김, 『과학과 종교』, 교유서가(문학동네), 2017.
- 한국방송작가협회 편, 『드라마 아카데미』, 도서출판 펜타그램, 2005.
- 한국포스트휴먼학회, 『포스트휴먼 시대의 휴먼』, 아카넷, 2016.
- 한용환, 『소설학사전』, 문예출판사, 1999.
- 헤시오도스, 천병희 옮김, 『신들의 계보』, 숲, 2009.
- 호메로스, 천병희 옮김, 『일리아스』, 숲, 2007.
- 홍성욱, 『파놉티콘: 정보사회 감옥지옥』, 책세상, 2002.

3. 학술논문

- 곽은희, 「인간의 제국을 넘어 : 포스트휴먼 시대의 문학적 상상력」, 『한국문학연구』 57, 동국대 한국문학연구소, 2018.
- 곽인희 외, 「태양풍 변화에 따른 지구 자기장 교란 예측 및 분석」, 『한국컴퓨터종합학술대회 논문집』, 한국정보과학회, 2020.
- 권병국, 「증강현실기술 적용 무인항공기 시스템 운용 시 인적요인 고려사항」, 『The Journal of Social Convergence Studies』 Vol. 5, No. 5, 대구과학대학교 국방안보연구소, 2021.
- 김강원, 「'알파고' 이후 한국 TV 드라마의 AI(인공지능)에 대한 담론 – 〈너도 인간이니?〉를 중심으로」, 『이화어문논집』 50, 이화어문학회, 2020.
- 김미혜, 「영화 〈그녀〉를 통해 본 인공지능과 인간의 공존이 주는 의미」, 『한국콘텐츠학회논문지』 16(10), 한국콘텐츠학회, 2016.

- 김만태, 「한국 일생의례의 성격 규명과 주술성」, 『한국학』 34(1), 한국학중앙연구원, 2011. 2.
- 김민영, 「TV드라마에 나타난 인공지능 재현 양상 연구-〈나 홀로 그대〉를 중심으로」, 『문화와 융합』 43(1), 한국문화융합학회, 2021.
- 김상욱, 「인공지능 시대, 인문학적 상상력의 가치」, 『동아일보』, 2016. 5. 17.
- 김상환, 「해체론의 선물 : 데리다와 교환의 영점」, 『철학과 현실』 63, 철학문화연구소, 2004.
- 김수정·한혜원, 「SF 영화와 드라마에 나타난 기술적 타자로서의 인공지능 캐릭터 연구」, 『문학과 영상』 22(1), 문학과영상학회, 2021.
- 김영희, 「푸코의 '자기배려'에 대한 모색」, 『동서철학연구』, 한국동서철학회, 2022.
- 김은주, 「라캉 주체 개념의 형성과 스피노자의 철학」, 『철학』 130, 한국철학회, 2017.
- 김일영, 「로렌스 스턴의 〈트리스트람 샌디〉와 〈감성여행〉에 나타난 역할놀이」, 『근대영미소설』 3, 한국근대영미소설학회, 1996.
- 김중철, 「영화를 통한 공학교육과 인문학의 만남」, 『공학교육연구』 재18집 6호, 한국공학교육학회, 2015.
- 김중철, 「'프랑켄슈타인'과 언어의 문제」, 『사고와표현』 제9집 2호, 한국사고와표현학회, 2016.
- 김중철, 「소설 '오토포이에시스'를 통해 본 인공지능시대의 글쓰기」, 『리터러시』 제10집 6호, 한국리터러시학회, 2019.
- 김지미, 「한국 영화의 '판옵티콘'과 '시놉티콘'-시선의 권력과 성차화된 재현의 문제」, 『겨레어문학회』, 53(0), 2014.
- 김환석, 「과학과 인문학을 잇는 공학교육」, 『공학교육』 제17집 2호, 한국공학교육학회, 2010.
- 김휘택, 「담론의 재현을 통해 본 인공지능 형상화에 대한 연구」, 『문화와 융합』 40권 4호, 2018.
- 남 운, 「현대 SF장르의 사회적·문화적 기능과 의미 고찰」, 『독어교육』 72, 한국독어독문학교육학회, 2018. 9.
- 노대원, 「SF의 장르 특성과 융합적 문학교육」, 『영주어문』 42집, 영주어문학회, 2019.

- 노대원, 「인공지능이 인간을 지배할 때」, 『이화어문논집』 54, 이화어문학회, 2021.
- 노대원, 「포스트휴머니즘 비평과 SF」, 『비평문학』 68, 한국비평문학회, 2018.6.
- 노대원, 「포스트휴먼과 인공지능 SF서사」, 『K-문화융합저널 1.1』, K-문화융합협회, 2021.
- 노아영, 「영화적 전개와 관련한 주요 메타포 비교 분석 연구-영화'설국열차'와'옥자'를 중심으로」, 『CONTENTS PLUS』 제19권, 한국영상학회, 2021.
- 도나 헤러웨이, 「사이보그 선언」, 『헤러웨이 선언문』, 책세상, 2019.
- 윤석진, 「디지털 시대, TV드라마 연구 방법 시론」, 『한국극예술 연구』 37집, 한국극예술학회, 2012.
- 레드릭 제임슨, 박인성 옮김, 「하이퍼공간에서 (On Hyperspace)」, 『자음과 모음』 2016년 봄호.
- 류웅재, 「위험한 불확실성의 시대, 쓰레기가 되는 삶들-벡과 바우만을 경유해 '지금 이곳'의 주체를 돌아보기」, 『한국언론학보』 61(3), 한국언론학회, 2017. 6.
- 박경하·이대화, 「SF영화에 나타난 인공지능의 시대별 변화 양상과 특징」, 『문화와 융합』 40(6), 한국문화융합학회, 2018.
- 박명진, 「AI 로봇 소재 드라마에 나타난 기술적 대상과 객체화의 재현 양상-TV드라마 〈보그맘〉을 중심으로」, 『문화와 융합』 41, 한국문화융합학회, 2019. 2.
- 박성래, 「역사속 과학인물-토정비결의 창안자 이지함」, 『과학과 기술』 28(3), 한국과학기술단체총연합회, 1995. 3
- 박소연·함충범, 「2010년대 할리우드 영화 속 인간과 AI의 관계적 존재 양상 연구」, 『현대영화연구』 40, 한양대학교 현대영화연구소, 2020.
- 박소영, 「인간과 인공지능 공존 가능성에 대한 탐색:책임의 윤리와 문학적 상상력」, 『윤리연구』 124집, 한국윤리학회, 2019.
- 박영석, 「21세기 SF 영화와 포스트휴먼의 조건」, 『현대영화연구』, 한양대학교 현대영화연구소, 2018.
- 박영석, 「동시대 SF영화에서 구현되는 예외상태와 감시 및 통제 미디어 시스템」, 『문학과영상』19(3), 문학과영상학회, 2018.
- 박인성, 「한국 SF문학의 시공간 및 초공간 활용 양상 연구-배명훈·김초엽·김보영

- 의 소설을 중심으로」, 『한국현대소설』77, 한국현대소설학회, 2020.
- 박포규 외, 「정밀 지구자기장 측정 및 응용」, 『한국정밀공학회 춘계학술대회논문집』, 한국정밀공학회, 2015.
- 박희영, 「종교란 무엇인가?」, 『역사문화연구』 10, 한국외국어대학교 역사문화연구소, 1999.
- 배강원·박혜경, 「인간의 마음을 닮은 홀로그램 인공지능 공간에 관한 연구」, 『디자인학연구』 23, 한국디자인학회, 2010.
- 복도훈, 「밤의 공포보다 긴 촉수」, 『자음과 모음』(46), 자음과 모음, 2020 가을.
- 서곡숙, 「시간여행 영화의 쾌락 : 시간, 죽음, 두려움으로부터의 해방」, 『영상예술연구』 18, 영상예술학회, 2011.
- 서동욱, 「예언이란 무엇인가?」, 『현상학과 현대철학』 21, 한국현상학회, 2003. 11.
- 성신형, 「이 시대를 위한 유토피아론 – 지그문트 바우만을 중심으로」, 『인문사회 21』 10(5), 사단법인 아시아문화학술원, 2019. 10.
- 손나경, 「과학소설(SF)을 통해 배우는 서사적 추진력」, 『교양교육연구』 13(5), 한국교양교육학회, 2019.10.
- 송종인·박치완, 「이미지의 이중성과 복합성–이미지텔링, 그 이론적 토대 마련을 위한 시론」, 『글로벌문화콘텐츠』 8, 글로벌문화콘텐츠학회, 2012.
- 신선아·정지훈, 「SF 영화에 등장하는 인공지능 로봇의 분류체계」, 『PROCEEDINGS OF HCI KOREA 2016 학술대회 발표 논문집』, 한국HCI학회, 2016.
- 심규하, 「생태계의 순환구조에 담긴 인간다움의 의미」, 『동양철학연구』 75, 동양철학연구회, 2013.
- 연효숙, 「푸코의 바깥의 공간과 헤테로토피아 공동체」, 『시대와 철학』 통권 99호, 한국철학사상연구회, 2022.
- 오윤주, 「기술 문명 시대 문학의 대응 양상 연구」, 『우리말글』 88, 우리말글학회, 2021. 3.
- 우즈위, 최원호, 「디스토피아 영화에 나타난 인물과 세계관에 관한 연구」, 『영상문화콘텐츠연구』, 동국대학교 영상문화콘텐츠연구원, 2019.
- 윤석진, 「다매체 시대 HDTV드라마의 특징 고찰」, 『어문연구』 62, 어문연구학회,

2009.
- 이다운, 「일상의 파국과 상상된 재난 – 시네마틱드라마 SF8 연구」, 『어문논집』 85, 중앙어문학회, 2021. 3.
- 이다운, 「포스트 휴먼 시대의 텔레비전드라마-〈너도 인간이니?〉를 중심으로」, 『대중서사연구』 24(4), 대중서사학회, 2018. 11.
- 이미영, 「인간과 인공지능 로봇캐릭터의 비교 연구-너도 인간이니? 기반으로」, 『영상문화콘텐츠연구』 17, 동국대학교 영상문화콘텐츠연구원, 2019.
- 이상화, 「디스토피아에서 다시 유토피아로:올더스헉슬리의『섬』」, 『영어영문학』 40권/3호, 한국영어영문학회, 1994. 9, 493쪽.
- 이승은, 「한국문학 '읽기'에서의 '낭만주의' 재검토」, 『국제어문』 48, 국제어문학회, 2010.
- 이윤종, 「여성, 기계, 동물의 비체적 정동의 퀘스트 영화」, 『문화과학』 100, 문화과학, 2019.
- 이정명, 「화성에서 온 공학자, 금성에서 온 인문학도」, 『공학교육』 제19집 1호, 한국공학교육학회, 2012.
- 이주용, 「홀로그램의 재현과 예술적 접근」, 『물리학과 첨단기술』 9, 한국물리학회, 2000.
- 이지용, 「인공지능에 대한 개념적 은유 분석」, 『반교어문연구』 58, 반교어문학회, 2021.
- 이지용, 「한국 SF의 스토리텔링 연구」, 단국대학교 박사학위 논문, 2015.
- 이지용, 「한국 SF의 장르적 특징과 의의-근대화에 대한 프로파간다부터 포스트휴먼 담론까지」, 『대중서사연구』 25(2), 대중서사학회, 2019.
- 이지용, 「한반도 SF의 유입과 장르 발전 양상」, 『동아인문학』 40, 동아인문학회, 2017.
- 임채우, 「土亭秘訣 占法의 역학적 의미: 周易 및 道家점법과의 비교를 통해서」, 『동서철학연구』 77, 한국동서철학회, 2015. 9.
- 임태훈, 「비인간 경제 생태계로 이행하는 자본주의 미래사」, 『영상문화콘텐츠연구』 18, 동국대학교 영상문화콘텐츠연구원, 2019.
- 장명학, 「권력개념과 권력의 정당성: 베버, 아렌트, 하버마스 그리고 헤르만 헬러의

논의를 중심으로」, 『비폭력연구』 2, 경희대학교 비폭력연구소, 2009.
- 장성규, 「2000년대 한국 SF 문학 연구」, 『스토리앤이미지텔링』 16권, 건국대학교 스토리앤이미지텔링연구소, 2018.
- 장세연 외, 「ASMR 방송의 실존적 공간 연구」, 『글로벌문화콘텐츠』 24, 글로벌문화콘텐츠학회, 2016.
- 장영란, 「신화적 상상력과 과학기술」, 『크로스로드』(38), 아시아태평양이론물리센터, 2008. 11.
- 장일구, 「서사적 공간 구성과 시점론」, 『현대소설 시점의 시학』, 새문사, 1996.
- 전혜숙, 「유토피아와 디스토피아의 경계-바이오아트와 생명개입」, 『서양미술사학회 논문집』 41, 서양미술사학회, 2014.
- 정미숙, 「SF영화 속 생태주의:생태주의 관점에서 읽는〈블레이드 러너〉」, 『드라마연구』 27, 한국드라마학회, 2007.
- 정여울, 「최근 한국소설에 나타난 '가상의 재앙': 편혜영, 윤이형, 조하형을 중심으로」, 『한국현대문학회 학술발표회자료집』, 한국현대문학회, 2011.
- 조극훈, 「미셸 푸코의 권력이론과 감옥담론」, 『교정담론』 15권, 아시아교정포럼, 2021.
- 조미정, 「호모 나랜스의 창조적 수사학: '프랑켄슈타인'과 '오멜라스를 떠나는 사람들'을 중심으로」, 『영어영문학연구』 제55권 2호, 한국중앙영어영문학회, 2013.
- 조한기, 「SF영화 속 AI 캐릭터의 이미지와 정체성 연구」, 『인문학연구』 36호, 경희대학교 인문학연구원, 2018.
- 조헌국, 「4차 산업혁명에 따른 미래사회와 교육환경의 변화, 그리고 초·중등 과학교육 과제」, 『초등과학교육』 36(3), 한국초등과학교육학회, 2017.
- 주현식, 「텔레비전 드라마에 나타난 인공지능에 대한 불안의 의미」, 『문화와 융합』 43(10), 한국문화융합학회, 2021. 10.
- 천현득, 「인공 지능에서 인공 감정으로-감정을 가진 기계는 실현 가능한가」, 『철학』 제131집, 한국철학회, 2017. 5.
- 최민숙, 「미하엘 엔데의 아동청소년환상문학과 낭만주의 쿤스트메르헨의 상호텍스트성」, 『독일현대문학』 103, 한국독어독문학회, 2007.

- 추혜진, 「SF서사에서 나타나는 포스트휴먼과 새로운 주체로서의 가능성」, 『한국콘텐츠학회논문지』 20(12), 2020.
- 편장완, 「미국 SF영화와 식민주의: 누가 누구를 식민화하는가?」, 『공연과 리뷰』, 현대미학사, 1994.
- 한원종, 「SF영화에 나타난 공간 연출 표현 특성에 관한 연구—디스토피아적 장르를 중심으로—」, 『한국공간디자인학회논문집』 9권 3호, 한국공간디자인학회, 2014.
- 한의정, 「인간의 얼굴에서 사물의 얼굴로: 현대예술에서 인간–비인간의 관계성을 중심으로」, 『미학예술학연구』 62, 한국미학예술학회, 2021.
- 황지선, 「SF적 상상력의 변용과 AI로봇의 형상화: 「TRS가 돌보고 있습니다」와 〈간호중〉 각색 양상 연구」, 『문학과 영상』 제22호, 문학과영상학회, 2021.

윤석진(尹錫辰, Yun, Suk-Jin)
충남대학교 국어국문학과 교수, 2000년 8월 한양대 대학원에서 문학박사학위 취득, 2021년 7월부터 2년 임기의 충남대학교 인문과학연구소 소장 겸직, 2021년 3월부터 『한겨레』에 '윤석진의 캐릭터로 보는 세상' 칼럼 연재, 문화방송(MBC) 시청자위원회 위원·한국극예술학회 회장 등 역임, 서울드라마어워즈와 백상예술대상 TV부문 심사위원으로 활동, 「텔레비전드라마 〈시크릿 가든〉의 경제적 타자성과 판타지 장치」와 「과학기술의 상상적 구현과 표상으로서의 SF콘텐츠」(공저) 등 다수의 논문 발표, 『텔레비전드라마 역사를 전유하다』(공저, 소명출판, 2020) 등의 텔레비전드라마 관련 저서 출판, 현재 K-SF드라마를 중심으로 한국 텔레비전드라마의 미학적 특성과 문화산업적 동향에 관심을 갖고 연구 중.

김중철(金重哲, Kim, Joong-Chul)
안양대학교 아리교양대학 교수, 2000년 2월 한양대학교 대학원에서 문학박사학위 취득, 한양대학교 연구교수와 한양사이버대학교 전임강사 역임, 한국교육개발원 OECD AHELO사업의 채점위원, 한국장학재단 수기공모 심사위원, 겨레얼살리기 전국대학생 토론대회 심사위원 등으로 활동하였고, 한국언어문화학회, 대중서사학회, 문학과영상학회 등에서 이사를 역임한 바 있으며, 현재 한국사고와표현학회 부회장으로 활동 중임, 「〈프랑켄슈타인〉과 언어의 문제」, 「소설 〈오토포이에시스〉를 통해 본 인공지능 시대의 글쓰기」, 「영화를 통한 공학교육과 인문학의 만남」 등 다수의 논문과 『소설을 찾는 영화, 영화를 찾는 소설』(2008, 월인), 『영화에서 글쓰기를 보다』(2021, 북마크), 『과학기술글쓰기』(공저, 새문사, 2017) 등의 저서가 있음, 언어와 사고, 매체와 표현의 관계에 대한 강의와 연구를 계속하고 있음.

김태훈(金台勳, Kim, Tae-hoon)
배재대학교 미디어콘텐츠학과 강사, 동국대학교 문예창작학과(현 국어국문문예창작학부) 졸업, 동 대학원 문화콘텐츠학과 박사과정 수료, 현재 신화, 고전학, 구비문학 등에 기초한 신화비평(神話批評, myth criticism)의 관점에서 지금의 미디어와 문화콘텐츠, 특히 OTT와 모바일 콘텐츠에서 나타난 스토리텔링 작법, 장르, 세계관, 소재 및 테마에 대해 연구 중.

김홍대(金弘大, Kim, Hong-Dae)
대한항공 항공기술연구원 전문위원. 충남대학교 항공우주공학과 박사과정 수료(2021). 대한항공의 항공기술연구원에서 유무인 항공기 시스템 개발, 항공기 탑재장비 및 소프트웨어, 시뮬레이터 등의 연구 개발업무 수행. SF에 담긴 첨단 과학과 인문적 통찰력의 조화를 통해 인류의 미래를 조망하는 데 흥미를 느끼며, 충남대 인문과학연구소가 주최한 콜로키움(2021), 문원국제학술대회(2022)에서 SF콘텐츠와 인류문명의 관계에 관해 발제한 바 있음.

김규광(金奎光, Kim, Kyu Kwang)
충남대학교 국어국문학과 현대문학 박사과정 수료. 2020년 2월 충남대 대학원에서 「1950년대 대중소설의 '아프레 걸' 재현 양상 연구」로 석사 학위 취득. 2020년 「박탈된 존재의 "인공의 날개"-「날개」의 상승 구도와 가치 전도-」 논문 발표. 현재 한국에서 정상성의 척도로 작동하는 '인간' 형상이 문학 담론 내에서 어떤 욕망에 의해 구체화 되었는지 관심을 갖고 연구 중.

김지연 (金志蓮, Kim, Jiyeon)
한국방송통신대학교에서 국어국문학과 청소년교육학을 공부한 뒤, 2013년 서울시립대학교 국어국문학과에서 「이청준 소설에 나타난 허무주의 극복에 관한 연구」로 석사학위 취득. 충남대학교 국어국문학과 현대문학 박사과정 수료. 현재 대중서사와 아동청소년문학에 관심을 갖고 연구 중.

박종윤(朴鍾允, Park, Jong-Yoon)
충남대학교 대학원 국어국문학과 박사과정 수료. 2020년 8월 충남대학교 대학원에서 문학석사학위 취득, 1987년 2월 KAIST 대학원에서 공학석사학위 취득(전기 및 전자공학과), 1989년 2월부터 2001년 3월까지 (주)KT 연구원 역임, 2001

년 3월부터 2020년 6월까지 (주)KT-Skylife에서 방송연구팀장, 마케팅기획팀장, 감사실장, 서부총괄지사장 등 역임. 2022년 3월에 『월간문학』 신인 작품상(시 부문) 수상하면서 등단. 「김춘수 시 〈유월에〉의 반복성 고찰」 등의 논문 발표. 2022년 7월부터 11월까지 대전문인 사진·영상 아카이빙 사업(대전문학관 주관) 및 대전원로예술인구술채록사업(대전문화재단 주관)에 연구원으로 참여. 현재 박사학위논문으로 오세영의 시세계를 연구 중.

이근영(李謹永 Lee, Keun-Young)
충남대학교 국어국문학과 현대문학 박사과정 수료. 충남대학교 국어국문학과에서 「김동인의 예술가소설 연구」로 석사학위 취득. 「저항과 떠남을 통한 세계 인식 과정-김주영의 「아들의 겨울」을 중심으로」 등의 논문 발표. 현재 1960년대 소설가 이제하의 작품을 중심으로 주체와 타자에 대해 관심을 갖고 연구 중.

신다슬(申다슬, Shin, Da-Seul)
충남대학교 국어국문학과 박사과정 수료. 충남대학교 국어국문학과에서 「봉준호 영화의 등장인물 연구」로 석사학위 취득, 「김현석 영화의 비극적 과거 재현 양상 고찰 -〈YMCA 야구단〉, 〈스카우트〉, 〈아이 캔 스피크〉를 중심으로」와 「불안정한 세계에서 능동적 삶의 가능성 모색하기 - SF 드라마 〈만신〉을 중심으로」 등의 논문 발표. 현재 한국 SF 영화 및 드라마 장르에 관심을 갖고 연구 중.

박미경(朴美慶, Park, Mi-Kyoung)
충남대학교 국어국문학과 박사과정 재학, 충남대학교 교육대학원에서 「외국어로서의 한국어 문화교육을 위한 전통 의례 교수 방안 연구—오영진의 '민속 3부작'을 중심으로」로 석사학위 취득, 현재 충청대학교 한국어 강사. 『K-Culture로 만나는 한국/한국인 [1]』(공저), 2022년 10월 충남대학교 인문과학연구소 주최 콜로키움에서 SF드라마 〈그리드〉를 대상으로 SF드라마의 재현과 알레고리 양상에 관한 논문 발표. SF드라마의 과학기술과 극적 리얼리티 구현 양상에 관심을 갖고 연구 중.

김민주(金岷珠, Kim, Min-Ju)

충남대학교 국어국문학과 석사과정 수료, 2023년 2월 「한강 소설에서 자유의 형식과 표현 방법 연구」로 석사학위 취득 예정. 현재 현대 소설을 중심으로 인간의 본질과 삶의 방식에 관심을 갖고 연구 중.

오명숙(吳明淑, Oh, Myung-Suk)

충남대학교 국어국문학과 석사과정 재학. 2021년 대전 시민인권지킴이로 활동. 2022년 도시문제해결형 디자인 리빙랩 참여단으로 '포스트 코로나19 극복과 골목상권 부흥을 위한 대전여행지도 개발하기' 프로젝트 활동. 현재 현대문학 소설 속에 나타난 자아 찾기의 과정과 의식의 흐름 기법에 관심을 갖고 연구 중.

이미옥(李美玉, Lee, Mi-Ok)

충남대학교 대학원 국어국문학과 현대문학 석사과정. 2022 대전 문인 사진·영상 아카이빙 연구원으로 활동. 김해자 시집 『무화과는 없다』(복간본) 해설 「멸종과 회생 사이, 자연의 가족」 집필. 현재 김해자 시를 대상으로 생명 사상과 생태위기에 관한 대안적 공동체 연구 중.